am Puls 8

Biologie

Barbara Fischer
Michel Fleck
Uwe K. Simon

www.oebv.at

Inhalt

So arbeitest du mit „am Puls Biologie"

Kapiteleinstieg

Lerninhalte
Hier findest du eine Übersicht über die wichtigsten Lerninhalte des Kapitels.

Kapiteleinstieg
Ein neues Kapitel beginnt immer mit einer spannenden Einleitung. Mit aktuellen Fragestellungen und Themen des Alltags wirst du auf die kommenden Inhalte eingestimmt.

Online-Codes
Hier findest du ergänzendes Material. Einfach den Code in das Suchfenster auf www.oebv.at eingeben und du wirst direkt zum passenden Bonusmaterial weitergeleitet.

Themenseite

Kernaussagen
In der Randspalte findest du wichtige Kernaussagen zu einem Thema. Hier findest du auch Symbole der Basiskonzepte. Sie weisen dich auf die farbig hervorgehobenen Passagen im Text hin.

Glossar
Wichtige Fachbegriffe werden im Glossar erklärt.
Eine Sammlung dieser Fachbegriffe findest du auf www.oebv.at mit diesem Online-Code:
🌐 955f9j Online-Glossar

Aufgaben
Überprüfe dein Wissen!
Die Symbole W, E und S weisen darauf hin, welche Handlungskompetenzen (siehe S. 5) bei dieser Aufgabe geübt werden.

Basiskonzepte
Hier findest du zusätzliche Informationen zu den Passagen, die im Text oben farblich markiert sind und auf ein Basiskonzept hinweisen.

Hier findest du die Basiskonzepte

Basiskonzepte sind wichtige Grundprinzipien und Eigenschaften lebendiger Systeme. Du wirst ihnen das ganze Jahr lang bei unterschiedlichen Themen begegnen. Eine Übersicht über die sieben Basiskonzepte findest du auf den Seiten 6 und 7. So werden die Basiskonzepte im Buch gekennzeichnet:

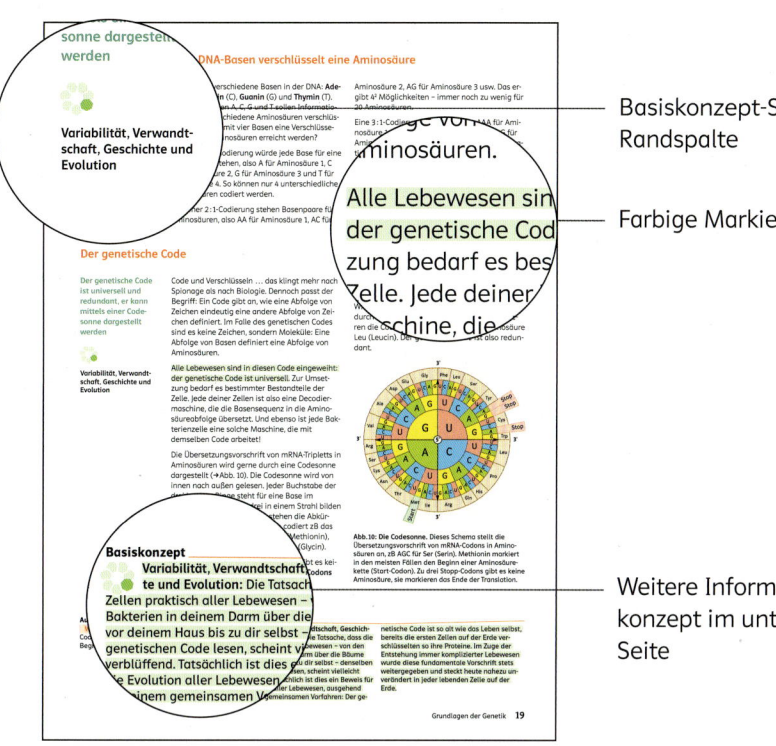

Basiskonzept-Symbole in der Randspalte

Farbige Markierung im Text

Weitere Informationen zum Basiskonzept im unteren Bereich der Seite

Sonderseiten

„Methoden in der Praxis"
Auf diesen Seiten lernst du wichtige Methoden kennen, die in der Wissenschaft oder in der Medizin angewendet werden. Es werden spannende Beispiele vorgestellt, wie die eben gelernte Therorie in der Praxis angewendet werden kann.

„Blick in die Forschung"
Auf diesen Seiten werfen wir einen Blick in die aktuelle Forschung. Welche Fragen stellen sich Wissenschafterinnen und Wissenschafter? Wie versuchen sie Antworten zu finden?

Handlungskompetenzbereiche

Mit jeder Aufgabe in diesem Buch wird eine der drei Handlungskompetenzen trainiert.
Die Buchstaben vor der Aufgabennummer zeigen diese Handlungskompetenzen an.

W
. . . Wissen organisieren
Du lernst dir Fachwissen anzueignen, biologische Vorgänge zu benennen und zu erklären.

E
. . . Erkenntnisse gewinnen
Du lernst duch Beobachten und Experimentieren selbst Erkenntnisse zu gewinnen und eigene Fragen und Hypothesen zu formulieren.

S
. . . Schlüsse ziehen
Du lernst fachlich Standpunkte zu begründen und die Bedeutung, Chancen und Risiken der erlernten Inhalte für deinen Alltag und für die Gesellschaft abzuschätzen.

Basiskonzepte

Basiskonzepte sind themenverbindende Grundprinzipien bzw. Phänomene, die quer über verschiedene Bereiche der Biologie wiederkehren. Sie helfen, die Vielfalt biologischer Themen zu ordnen, erleichtern die Vernetzung unterschiedlicher Themen und helfen, Rückbezüge zu bereits erlernten Inhalten herzustellen.

Du wirst im Laufe des Jahres verschiedenen unterschiedlichen biologischen Mechanismen und Prinzipien begegnen, die sich einem von sieben themenverbindenden Basiskonzepten zuweisen lassen. Nutze die Seiten 79 und 141, um einen Überblick zu gestalten.

Steuerung und Regelung

Lebewesen können auf Veränderungen der Umwelt reagieren. Ebenso ist es möglich, die **inneren Zustände** in einer Zelle, in einem Organ oder in einem Organismus trotz wechselnder Umwelt- und Lebensbedingungen in etwa gleich zu halten.

In diesem Jahr lernst du viele **genetische Steuerungsmechanismen** kennen. Sie sind notwendig, um die als Basensequenz der DNA codierte Erbinformation zu lesen und damit anschließend Proteine zusammengebaut werden können. Damit genau diejenigen Proteine hergestellt werden, die eine Zelle zu einem bestimmten Zeitpunkt benötigt, müssen Prozesse auf mehreren Ebenen exakt gesteuert werden. Solche Regelmechanismen finden nicht nur innerhalb der Zelle statt, auch zwischen Zellen muss besonders bei Vielzellern eine Abstimmung erfolgen – eine Folge der Zellteilung und Spezialisierung.

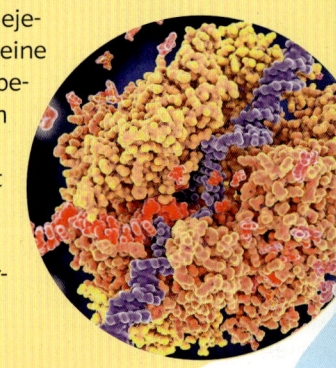

Kompartimentierung

Lebende Systeme bestehen aus abgegrenzten Reaktionsräumen, aus Kompartimenten. In den verschiedenen Kompartimenten können nebeneinander unterschiedliche Prozesse ablaufen, ohne einander zu beeinflussen. Die räumliche Trennung solcher Reaktionsräume wird auch als **Bausteinprinzip** bezeichnet. Wenn die einzelnen, spezialisierten Kompartimente (Bausteine) zusammenwirken und dadurch komplizierte Prozesse effizienter ablaufen können, spricht man von **Arbeitsteilung**.

Deutlich wird dieses Prinzip bei der **Entstehung vielzelliger Organismen**: In vielzelligen Organismen können unterschiedliche Zelltypen entstehen, die sich auf verschiedene Aufgaben und Funktionen spezialisieren. Dies erhöht die Effizienz des gesamten Organismus (→ S. 65).

Struktur und Funktion

Bei Lebewesen hängen Bau und Form von Merkmalen (**Strukturen**) mit deren Eigenschaften und Aufgaben (**Funktion**) zusammen. Diesen Zusammenhang findet man bei Zellen und ihren Bestandteilen sowie bei Geweben, Organen oder dem Körperbau ganzer Individuen.

Ein gutes Beispiel für den Zusammenhang von Struktur und Funktion sind **Proteine**. Du hast bereits in früheren Jahren erfahren, dass Proteine aus miteinander verknüpften Aminosäuren bestehen und dass sie je nach Aminosäurensequenz eine bestimmte räumliche Struktur einnehmen. Diese räumliche Struktur ist entscheidend dafür, dass ein Protein eine bestimmte Funktion ausüben kann.

Dieses Jahr wirst du außerdem die so genannte **tRNA** kennenlernen. Diese Moleküle sind mit Aminosäuren beladen und ermöglichen gemeinsam mit der sogenannten mRNA und mit Ribosomen die Verknüpfung in der richtigen Reihenfolge. Dabei formt sich die tRNA von selbst, so dass die Form entsteht, die dem Zweck entspricht: Ein Adapter, der in die Öffnung der Ribosomen passt (→ S. 22).

Reproduktion

Organismen haben eine begrenzte Lebensdauer. Um ein Aussterben der Art zu vermeiden, müssen sie ch reproduzieren. D. h., Lebewesen können sich selbst ver- ltigen. Möglich ist das dadurch, dass jede Zelle ihren gesam- lan in Form der DNA gespeichert hat.

ion der DNA ist ein molekularer Reproduktionsvorgang: Ein trang wird mittels mehrerer Enzyme verdoppelt, indem durch ise Ergänzen einzelner Bausteine zwei identische Kopien her- rden (→ S. 16).

plan wird bei der **sexuellen Vermehrung** in jeder Generation ndert. Durch die Meiose und die Kombination lichen und weiblichen Geschlechtszel- ehen neue, genetisch einzigartige en in den Folgegenerationen. Die- bilität ist eine Grundvorausset- ir evolutionäre Anpassungspro- Ein bedeutsamer Prozess in esem Zusammenhang ist das so genannte **Crossing-Over**, wel- ches die genetische Varia- tion zusätzlich erhöht (→ S. 37).

Information und Kommunikation

Lebewesen – und auch Zellen und Gewebe – haben die Fähigkeit, Informationen aufzunehmen, zu bear- beiten und an andere Organismen weiterzuleiten.

Für eine funktionierende Kommunikation ist entscheidend, dass der **Empfänger** die Signale des **Senders** nicht nur emp- fängt, sondern auch richtig entschlüsseln kann. Das gilt für die Kommunikation zwischen Menschen genauso wie für die Kommu- nikation zwischen Zellen.

Durch die **Weitergabe der durch die DNA codierten Erbinfor- mation** findet auch eine Kommunikati- on von Generation zu Generation statt. Diese Weitergabe wird bei Zellteilungen durch Mutationen beeinflusst. Die Information kann verändert oder ganz zerstört werden oder auch nahezu unverändert bleiben (→ S. 45).

Stoff- und Energie- umwandlung

Lebewesen sind für alle Abläufe und Vorgänge (Bewegung, Zellstoffwechsel, Wachstum, etc.) auf Energiezufuhr von außen angewiesen. Um die chemische Energie aus der aufgenommenen Nahrung freizusetzen, ent- wickelten Lebewesen im Laufe der Evolution eine Vielzahl unter- schiedlicher Stoffwechselwege.

Als der Sauerstoffgehalt in der Atmosphäre durch fotosynthetisch aktive Cyanobakterien anstieg, wurde der **aerobe Stoffwechsel** möglich. Auch die Zellatmung wurde von Bakteri- en „erfunden". Energiereiche Verbindungen wie Glukose konnten jetzt mit Sauerstoff vollständig zu CO_2 veratmet werden, wobei viel mehr Energie in Form von ATP gespeichert werden kann als bei anaeroben Vorgängen (→ S. 63).

Variabilität, Verwandtschaft, Geschichte und Evolution

Lebewesen sind an die Umweltbedingungen, in denen sie leben, angepasst. Diese **Anpassungen** sind das Ergebnis eines Entwicklungsprozesses über viele Generationen. Die ständig sich verändernden Umweltbedingungen bewirken, dass diese Anpassungsprozesse niemals zu Ende sind.

Zwei Faktoren sind für die Anpassungsvorgänge besonders wichtig: **Variation und Selektion** (→ S. 70). Die Anzahl der Merkmale, die durch Selektion angepasst werden, scheint grenzenlos: Dies betrifft äußere Merkmale wie Körperbau, Färbung oder Verhalten, aber genauso „innere" Merkmale wie molekulare und physiologische Pro- zesse.

Diese Basiskonzept begleitet dich durch die gesamte 8. Klasse. Tat- sächlich betrachten es viele Biolo- ginnen und Biologen als das zentrale Konzept, das alle anderen miteinander verknüpft.

7. Semester

» Was erwartet dich in diesem Semester

Das neue Schuljahr und Semester beginnen wir mit den **Grundlagen der Genetik**. Vieles davon wurde in den früheren Schuljahren bereits gestreift und einige Begriffe werden dir bekannt vorkommen: „DNA" zum Beispiel – erinnerst du dich, wofür diese Abkürzung steht? (Falls nicht – im ersten Kapitel wird es wiederholt.)

Diese Grundlagen sind die Voraussetzung für das zweite Kapitel. Hier erörtern wir, wie und nach welchen Regeln bestimmte Merkmale von einer Generation an die nächste weitergegeben werden können und welche Folgen diese **Vererbungsregeln**, insbesondere auch Störungen dieser Prozesse auf uns Menschen haben können. Das Teilgebiet der Biologie, das sich speziell mit dem Erbgut des Menschen beschäftigt, heißt **Humangenetik**.

Schließlich geht es im dritten Kapitel um **Evolution**. „Nichts in der Biologie ergibt irgendeinen Sinn, es sei denn im Lichte der Evolution." Dieses eindrucksvolle Zitat wird dem bedeutenden Biologen Theodosius Dobzhansky zugeschrieben. Es veranschaulicht die zentrale Bedeutung der Evolution für das ge-samte Wissensgebiet der Biologie, die ohne die Erkenntnisse der Evolutionsforschung nicht mehr denkbar ist.

Ein weiterer Biologe, einer der bedeutendsten überhaupt, spielt in diesem Kapitel natürlich auch eine wichtige Rolle: Charles R. Darwin. Warum er so wichtig war, und bis heute ist, erfährst du in diesem Kapitel.

1. Grundlagen der Genetik

Du lernst in diesem Kapitel ...

Bonusmaterial
⊕ za54i6

W Wissen organisieren

... Du erfährst, wie **genetische Information** auf molekularer Ebene gespeichert, verarbeitet und kopiert wird.

... Du lernst die Regulation und Steuerung von Genen kennen und wirst verstehen, wie die Zelle Gene ein- bzw. ausschaltet.

E Erkenntnisse gewinnen

... Du wirst in der Lage sein, die Information der **DNA in RNA** und die **Aminosäuresequenz** eines Proteins zu **übersetzen**.

... Du lernst wie man **experimentell nachweisen** kann, dass DNA das Trägermolekül des Erbguts ist und wie man verschiedene DNA und Proteine **trennen** kann.

S Schlüsse ziehen

... Du lernst, die Bedeutung von **genetischen Mechanismen** zu beurteilen.

... Du lernst, Argumente zur **Epigenetik** fachlich korrekt zu bewerten.

» Wer sind die Eltern? Wer ist der Täter oder die Täterin?

Gentests helfen, diese und andere Fragen zu beantworten. Wenn einem Vater Zweifel kommen, ob sein Sohn wirklich sein leibliches Kind ist, kann ein DNA-Test (DNA = Desoxyribonukleinsäure, das Material der Erbanlagen) Klarheit schaffen. Die Eltern lassen einen solchen Test durchführen, und das Ergebnis ist überraschend: Nicht nur der Vater ist mit dem Sohn nicht verwandt, auch die Mutter ist das nicht. Der Verdacht liegt nahe: Das Baby wurde nach der Geburt in der Klinik mit einem anderen Neugeborenen verwechselt.

Doch auch die Kriminalpolizei nutzt Gentests, etwa um nach einem Verbrechen genetische Spuren am Tatort (etwa aus Blut oder Sperma) mit dem „genetischen Fingerabdruck" des mutmaßlichen Täters oder der Täterin zu vergleichen.

Heißer diskutiert werden Gentests, mit denen sich herausfinden lässt, ob bei einer Person im weiteren Verlauf ihres Lebens eine (unheilbare) Erbkrankheit zum Ausbruch kommen wird. Sollen Ärzte und Ärztinnen dies der Person mitteilen? Würdest du dieses Ergebnis wissen wollen?

Immer mehr stehen Methoden der Genetik und der Gentechnik im öffentlichen Interesse: Journalisten und Journalistinnen, Juristen und Juristinnen, Beschäftigte bei Krankenversicherungen u.v.m. haben immer mehr mit diesen Themen zu tun. Wer mitreden und urteilen will, benötigt Grundwissen über die moderne Genetik.

1.1 Das Genom im Überblick

Die Genetik erforscht, wie Merkmale entwickelt, vererbt und verteilt werden

Reproduktion

„Ganz die Mama!", „Das hat er von seinem Opa!"... solche Bemerkungen kennst du sicher von Familientreffen. Verwandte gleichen sich in vielen Merkmalen. Viel weniger kommentiert, aber ebenso bemerkenswert ist, dass Menschenkinder Menschen sind und Katzenkinder Katzen. Das erscheint dir offensichtlich, doch wieso ist das so?

Die Information, dass die befruchtete Eizelle sich zu einem Menschen entwickeln soll, wird nicht wie ein Familienerbstück weitergegeben. Aber wie sonst?

Die Erbinformation, die festlegt, dass ein Kind zwei Beine und zwei Arme hat, steckt im Erbgut – ebenso wie die Information über die Augenfarbe. Diese Erbinformation kannst du dir vereinfacht als Bauanleitung für Proteine vorstellen, die dann zu einem Merkmal führen. Eine einzelne solcher Bauanweisungen heißt **Gen**, die gesamte Erbinformation eines Lebewesens **Genom**.

Unter den biologischen Wissenschaftszweigen nimmt die **Genetik** (Vererbungslehre) breiten Raum ein, indem sie Lebensvorgänge, die mit Vererbung zu tun haben, auf allen Strukturebenen untersucht (→Abb. 1).

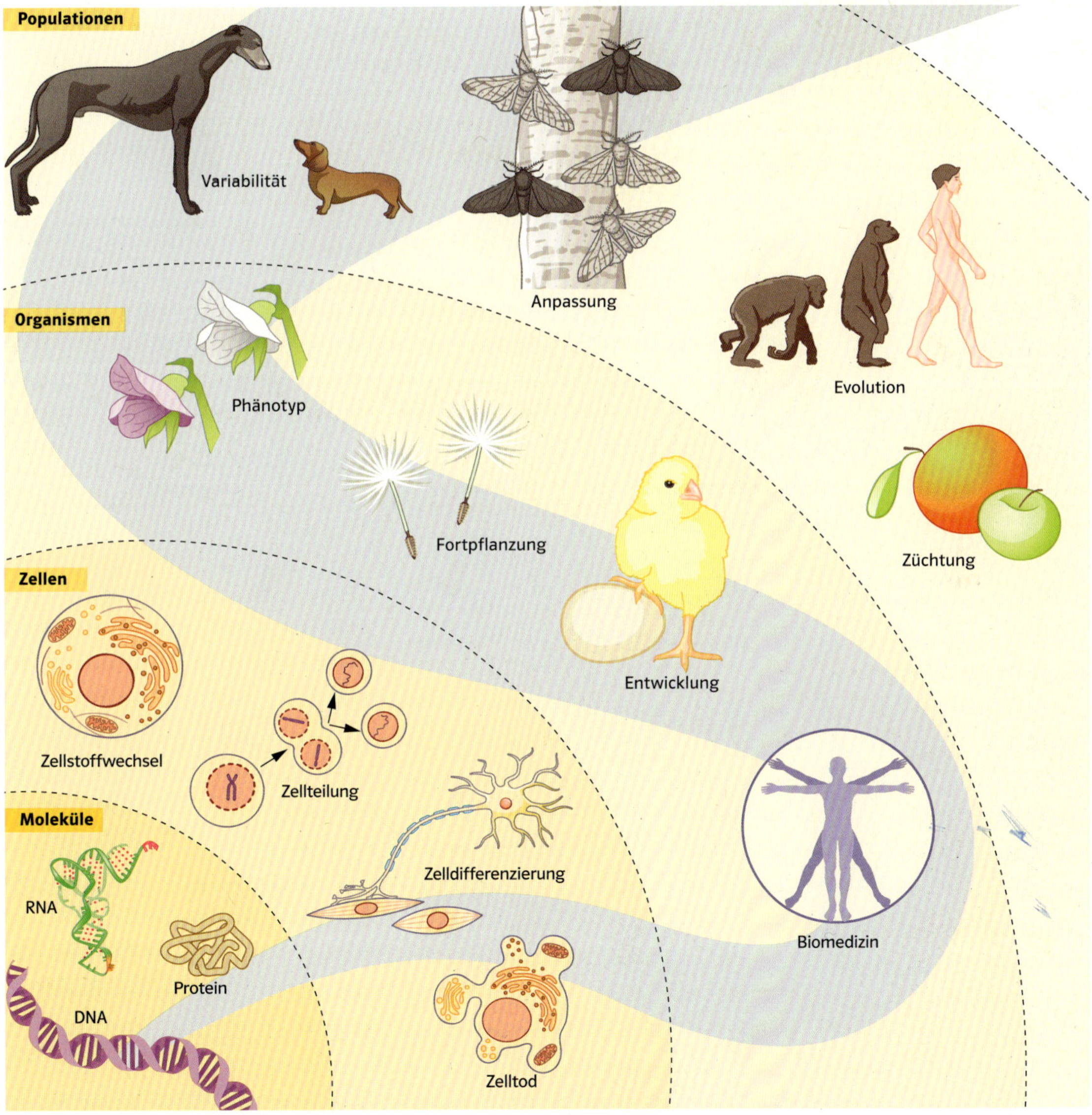

Populationen

Variabilität

Anpassung

Organismen

Phänotyp

Fortpflanzung

Evolution

Züchtung

Entwicklung

Zellen

Zellstoffwechsel

Zellteilung

Zelldifferenzierung

Biomedizin

Moleküle

RNA

Protein

DNA

Zelltod

Abb.1: Die Genetik untersucht mit Vererbung zusammenhängende Lebensvorgänge auf verschiedenen Ebenen.

Basiskonzept

 Reproduktion: Ein wichtiges Merkmal aller Lebewesen ist die Fähigkeit zur Reproduktion. Dabei geben sie Erbinformation in Form von DNA an die Folgegeneration weiter. Die Basis für diesen Vorgang ist die identische Verdoppelung der Erbinformation.

Die Erbinformation wird durch Nukleinsäuren weitergegeben

Genetische Informationen werden über Gene weitergegeben, die aus DNA bestehen

Und wo stecken die Gene? Sie sind Stücke eines sehr langen DNA[1]-Moleküles – jedes Gen ist also ein Abschnitt auf der DNA. Dies wurde erstmals an Bakterien bewiesen, als in den 1920er Jahren Frederick Griffith[2] nach Impfstoffen gegen *Streptococcus pneumoniae* suchte. Diese Bakterien können Lungen- oder Hirnhautentzündung auslösen.

Griffith arbeitete mit Mäusen und so genannten S- und R-Bakterien-Stämmen. Die S-Stämme sind infektiös, die R-Stämme nicht (→Abb. 2). Er stellte fest, dass bestimmte Eigenschaften von einem Bakterium auf das andere übergehen können (→Abb. 3). Dieses als **Transformation**[3] bezeichnete Phänomen lässt sich im Gefäß zeigen. Auch abgetötete S-Bakterien können die Eigenschaft weitergeben.

Erst etwa 20 Jahre später konnte ein Team um Oswald T. Avery[4] zeigen, dass diese Eigenschaft über die DNA weitergegeben wird: In verschiedenen Proben mit abgetöteten S-Bakterien wurden jeweils andere Stoffe (DNA, Proteine, etc.) zerstört. Dabei kamen sie zu folgendem Ergebnis: Eine Transformation (der nicht infektiösen Zellen) findet nicht statt, wenn die DNA der infektiösen Stämme zerstört wurde. Folglich muss die Eigenschaft „infektiös" durch die DNA vermittelt und übertragen werden. Spätere Experimente bestätigten dieses Ergebnis, die Struktur der DNA blieb aber weiterhin ein Rätsel, bis sie 1953 aufgeklärt wurde (S. 14).

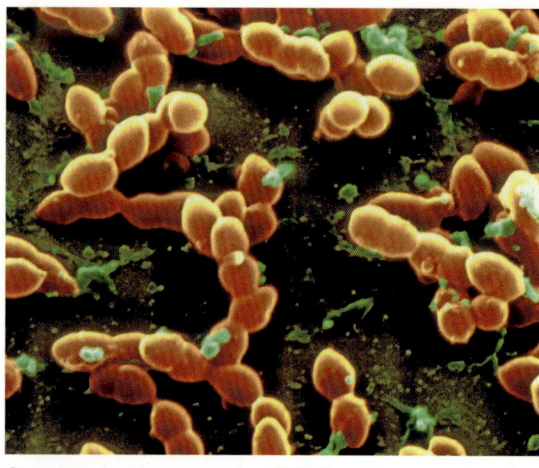

Streptococcus pneumoniae (REM)

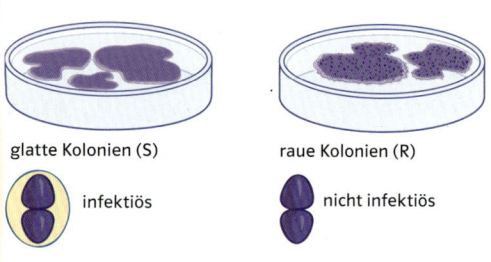

glatte Kolonien (S) infektiös

raue Kolonien (R) nicht infektiös

S-Bakterien (s für engl. smooth) tragen eine Kapsel aus Kohlenhydraten, die sie vor dem Immunsystem schützt.

R-Bakterien (r für engl. rough) können vom Immunsystem erkannt und vernichtet werden, weil ihnen die Kapsel fehlt.

Abb. 2: S-Bakterien und R-Bakterien von *Streptococcus pneumoniae* unterscheiden sich in einem Merkmal.

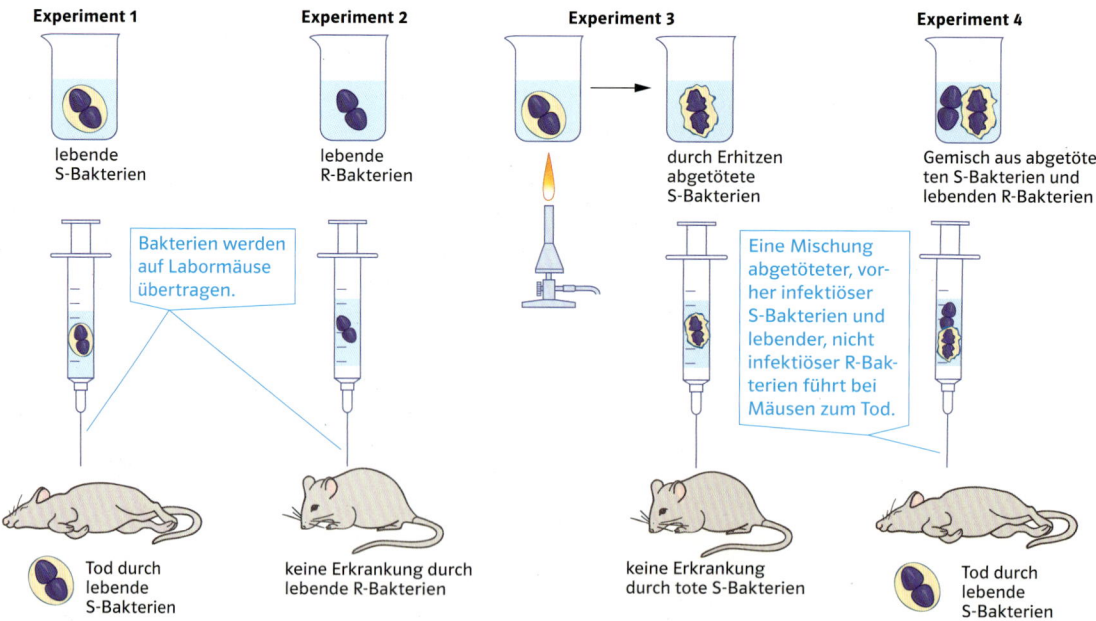

Experiment 1 – lebende S-Bakterien – Bakterien werden auf Labormäuse übertragen. – Tod durch lebende S-Bakterien

Experiment 2 – lebende R-Bakterien – keine Erkrankung durch lebende R-Bakterien

Experiment 3 – durch Erhitzen abgetötete S-Bakterien – keine Erkrankung durch tote S-Bakterien

Experiment 4 – Gemisch aus abgetöteten S-Bakterien und lebenden R-Bakterien – Eine Mischung abgetöteter, vorher infektiöser S-Bakterien und lebender, nicht infektiöser R-Bakterien führt bei Mäusen zum Tod. – Tod durch lebende S-Bakterien

Abb. 3: Transformation. Die Fähigkeit zur Infektion kann von S-Bakterien auf R-Bakterien übergehen und macht sie dann infektiös.

Glossar

[1] **DNA**, vom Englischen *deoxyribonucleic acid* für Desoxyribonukleinsäure.

[2] **Frederick Griffith** (1877 bis 1941), britischer Mediziner und Pathologe.

[3] **Transformation:** Unter diesem Begriff versteht man in der Genetik und Molekularbiologie die Übertragung von freier DNA zwischen Zellen. Damit können Eigenschaften zwischen Bakterien übertragen werden.

[4] **Oswald T. Avery** (1877 bis 1955), kanadischer Mediziner. Er wurde 38 Mal für den Nobelpreis nominiert, aber niemals damit ausgezeichnet.

Aufgabe

E 1 Versuch von Griffith: Wenn im Versuch von Abb. 3 der Schritt des Abtötens entfällt, sterben die Versuchstiere, denen das Gemisch injiziert wird. Dieses Ergebnis ist wertlos. Begründe diese Tatsache.

Prokaryoten haben ringförmige DNA-Moleküle

In der Prozyte liegt die DNA als ringförmiges Molekül vor, daneben gibt es kleinere DNA-Ringe, die Plasmide

Viele Erkenntnisse über die DNA entstammen Versuchen mit Bakterien. Bei diesen Prokaryoten ist die DNA ein ringförmiges Molekül. Beim Bakterium *Escherichia coli* ist dieses Molekül ca. 1 mm lang und trägt etwa 3000 Gene. Die DNA liegt frei in der Zelle (bei Prokaryoten gibt es ja keinen Zellkern), der Bereich rund um die DNA wird als **Nukleoid** bezeichnet.

Neben dem ringförmigen DNA-Molekül, das im Wesentlichen das Erbgut eines jeden Prokaryo-ten darstellt, finden sich in den Zellen oft kleinere DNA-Ringe mit bis zu zwei Dutzend Genen. Diese kleinen Ringe werden als **Plasmide** bezeichnet und spielen eine wesentliche Rolle bei der Übertragung von Eigenschaften zwischen Bakterienzellen: Durch Plasmide können DNA-Abschnitte, also Gene, zwischen Bakterien ausgetauscht werden, und damit Eigenschaften übertragen werden (siehe S. 12).

Bei Eukaryoten ist die DNA mit Proteinen zu Chromatin verpackt

Die DNA der Euzyte unterscheidet sich von der DNA der Prozyte: Sie ist viel länger, sie ist linear (nicht ringförmig), und sie ist um Histone zu Chromatin gewickelt (in Prozyten gibt es kein Chromatin).

Struktur und Funktion

Bei Eukaryoten ist die DNA linear (im Gegensatz zur ringförmigen DNA der Prokaryoten). Außerdem ist sie viel umfangreicher: Die DNA jeder deiner Zellen ist etwa 1,8 m lang! Stell dir zur Veranschaulichung Zwirnfäden vor, die 18 km lang sind und in einem Tischtennisball untergebracht werden müssen. Und zwar nicht irgendwie: Die DNA muss so gepackt sein, dass jede Stelle jederzeit abgelesen und kopiert werden kann. Das Chromatin stellt also einen Zustand dar, in dem die Gene abgelesen und kopiert werden können.

Im Lichtmikroskop kann man DNA nur bei geeigneter Färbung sehen: Diese gefärbte Substanz im Zellkern wird als **Chromatin**[1] bezeichnet. Es besteht aus etwa 40 % DNA, 40 % **Histonen** (Verpackungsproteine), 15 % anderen Proteinen und 5 % RNA (S. 14). Die DNA ist um Histone gewickelt, ähnlich wie bei Haaren um Lockenwickler (→Abb. 4). Sie können verschoben werden, um unterschiedliche DNA-Abschnitte zum Ablesen freizugeben.

Wird die Nukleosomenkette weiter aufgewickelt und spiralisiert, entsteht schließlich die dichteste Form des Chromatins, die lichtmikroskopisch sichtbaren **Chromosomen**[2]. Diese können während der Mitose im Mikroskop fotografiert und am Bildschirm der Größe nach angeordnet werden. Ein solches Bild aller Chromosomen einer Zelle nennt man **Karyogramm**[3]. Jede Zelle einer Organismen-Art besitzt die gleichen Chromosomen – die Anzahl und der Bau der Chromosomen sind also artspezifisch. Jede menschliche Zelle enthält beispielsweise 46 Chromosomen (Ausnahme: Geschlechtszellen, →S. 49)

Im Normalfall liegt die DNA nicht in ihrer dichtesten Packform vor, also nicht als Chromosomen. Diese stellen die Transportform dar, die bei der Zellteilung sinnvoll ist.

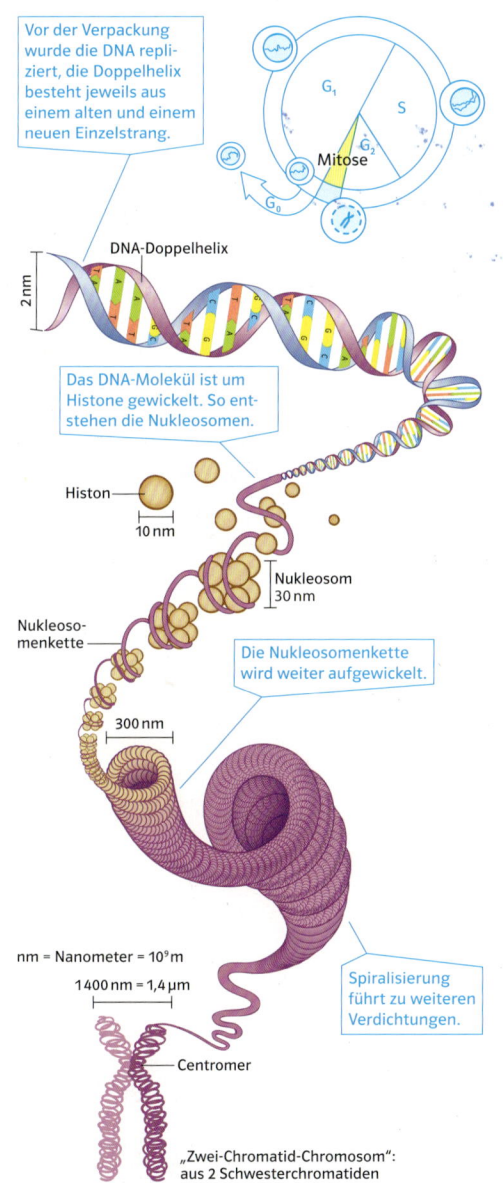

Vor der Verpackung wurde die DNA repliziert, die Doppelhelix besteht jeweils aus einem alten und einem neuen Einzelstrang.

DNA-Doppelhelix

2 nm

Das DNA-Molekül ist um Histone gewickelt. So entstehen die Nukleosomen.

Histon

10 nm

Nukleosom 30 nm

Nukleosomenkette

Die Nukleosomenkette wird weiter aufgewickelt.

300 nm

nm = Nanometer = 10⁻⁹ m

1400 nm = 1,4 µm

Spiralisierung führt zu weiteren Verdichtungen.

Centromer

„Zwei-Chromatid-Chromosom": aus 2 Schwesterchromatiden

Abb. 4: Die DNA der Eukaryoten ist während der Kernteilung zu Chromosomen verpackt.

Glossar

[1] **Chromatin** vom Griech. *chromos* für Farbe.
[2] **Chromosom** vom Griech. *soma* für Körper.
[3] **Karyogramm**: vom Griechischen karyon für Kern und gramma für Geschriebenes

Aufgabe

W 1 Unsichtbare Chromosomen: Chromosomen sind in den Zellen nur zeitweise lichtmikroskopisch sichtbar. Erkläre diesen Befund.

Basiskonzept

Struktur und Funktion: Die Packung eines langen Fadens zu einem kompakten Körper wird durch mehrfaches Aufwickeln erreicht. Dadurch kann die enorme Länge auf einen winzigen Bereich gepackt werden, ohne dass ein wirres Knäuel entsteht.

1.2 Die Struktur der Nukleinsäuren

In der DNA bilden zwei Nukleotidstränge eine Doppelhelix, die RNA ist ein Einzelstrang

Ein DNA-Molekül bildet eine Doppelhelix aus zwei gegenläufigen Nukleotid-Strängen

Ein RNA-Molekül ist einzelsträngig und kürzer als DNA und besitzt Ribose als Zucker sowie Uracil anstelle von Thymin

Wie kann ein Stoff aussehen, der Erbinformationen speichern und weitergeben kann? Er muss stabil sein, um die Lebenszeit einer Zelle zu überdauern sowie die Informationen lesbar, übertragbar und regulierbar aufweisen.

Genetikern und Genetikerinnen war klar, dass die Aufklärung der molekularen Struktur der DNA Wissenschaftsgeschichte schreiben würde. Der Durchbruch gelang schließlich James D. Watson[1] und Francis Crick[2], die anhand aller verfügbaren Informationen ein Modell entwickelten, das sich als korrekt erwies. Parallel erstellten Rosalind Franklin[3] und Maurice Wilkins[4] Untersuchungen an DNA-Kristallen, die das Modell von Francis und Crick bestätigten: Das DNA-Molekül hat die Form einer Strickleiter, die um ihre Längsachse verdreht ist. Man nennt diese Form eine **Doppelhelix** (→Abb. 5 links).

Die beiden Ränder der Doppelhelix werden von sich abwechselnden Zucker- (Desoxyribose) und Phosphatmolekülen gebildet. Die Stränge sind gegenläufig angeordnet: Dem Anfang des einen liegt das Ende des anderen Strangs gegenüber. Die Sprossen der Strickleiter bestehen immer aus Basenpaaren, und zwar jeweils einer größeren Purin-Base (**Adenin** oder **Guanin**) und einer kleineren Pyrimidin-Base (**Thymin** oder **Cytosin**).

Die Basen der beiden Stränge sind mit Wasserstoffbrücken verbunden: Adenin (A) bindet über zwei Wasserstoffbrücken mit Thymin (T), Guanin (G) bindet über drei Wasserstoffbrücken mit Cytosin (C). A passt also zu T, G passt zu C – es sind **komplementäre Basen**. In der Reihenfolge der Basen, der Basensequenz, steckt verschlüsselt die Erbinformation.

Neben der doppelsträngigen DNA gibt es einen weiteren Typ von Nukleinsäure, die RNA (Ribonukleinsäure, →Abb. 5 rechts). Im Unterschied zur DNA besitzt sie eine **Ribose** statt einer Desoxyribose und die Pyrimidinbase **Uracil** statt Thymin. Zudem liegen RNA-Moleküle meist als **Einzelstränge** vor, die viel kürzer sind als DNA-Moleküle.

Wenn du die DNA eines Organismus als eine Bibliothek zahlreicher Bücher betrachtest, stellt die RNA dann die Abschrift einzelner Seiten da. Diese Abschriften können verschiedene Funktionen erfüllen, etwa Information aus dem Zellkern zu transportieren (S. 27) oder Strukturen wie Ribosomen ihre Form zu geben.

Franklin lieferte die Grundlagen zur DNA-Entschlüsselung

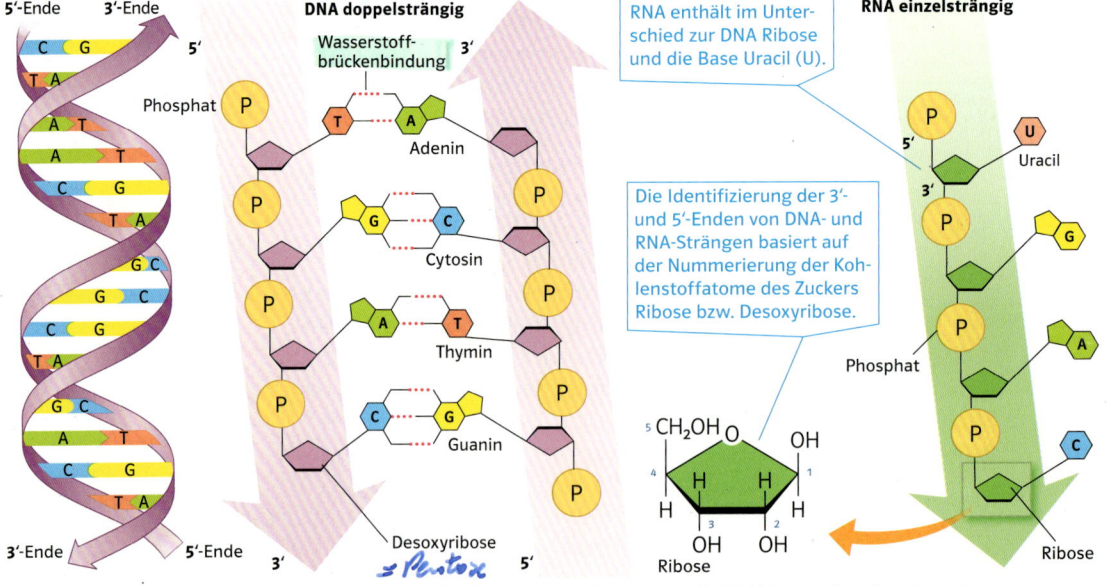

Abb. 5: DNA und RNA. Die DNA ist eine Doppelhelix aus zwei Strängen, die RNA ist meist einzelner Strang.

Glossar
[1] **James D. Watson** (geb. 1928), US-amerikanischer Molekularbiologe
[2] **Francis Crick** (1916–2004), britischer Molekularbiologe.
[3] **Rosalind Franklin** (1920–1958), britische Biochemikerin.
[4] **Maurice Wilkins** (1916–2004), neuseeländischer Physiker.

Der molekulare Aufbau der DNA bestimmt ihre Eigenschaften

Nukleotide bestehen aus Zucker, Phosphat und Base

Wie zuvor angesprochen, besteht die DNA aus zwei komplementären Strängen. Jeder Strang besteht wiederum aus einem „Rückgrat" aus Zucker- und Phosphatmolekülen sowie den Basen A, T, G und C. Die Kombination aus Phosphat, Zucker und Base bezeichnet man als **Nukleotid** (→Abb. 6). Das Nukleotid ist also die kleinste Einheit einer Nukleinsäure.

Abbildung 6 zeigt auch, wie die Nukleotide miteinander verknüpft werden: An das 3'-Ende des Zuckers (die Zahlen beziehen sich auf die Nummerierung der C-Atome) wird das nächste Phosphat geknüpft, usw. Der Strang verläuft also von 5' zu 3', verbunden durch feste kovalente Bindungen.

Die Wasserstoffbrücken dagegen zwischen den Basen sind schwache Bindungen. Über die gesamte Länge der DNA halten sie die beiden Stränge sehr fest zusammen. Lokal können die Bindungen aber von Enzymen leicht getrennt werden, so dass die DNA an jeder Stelle wie ein kaputter Zippverschluss geöffnet werden kann – und sich auch wieder verschließt.

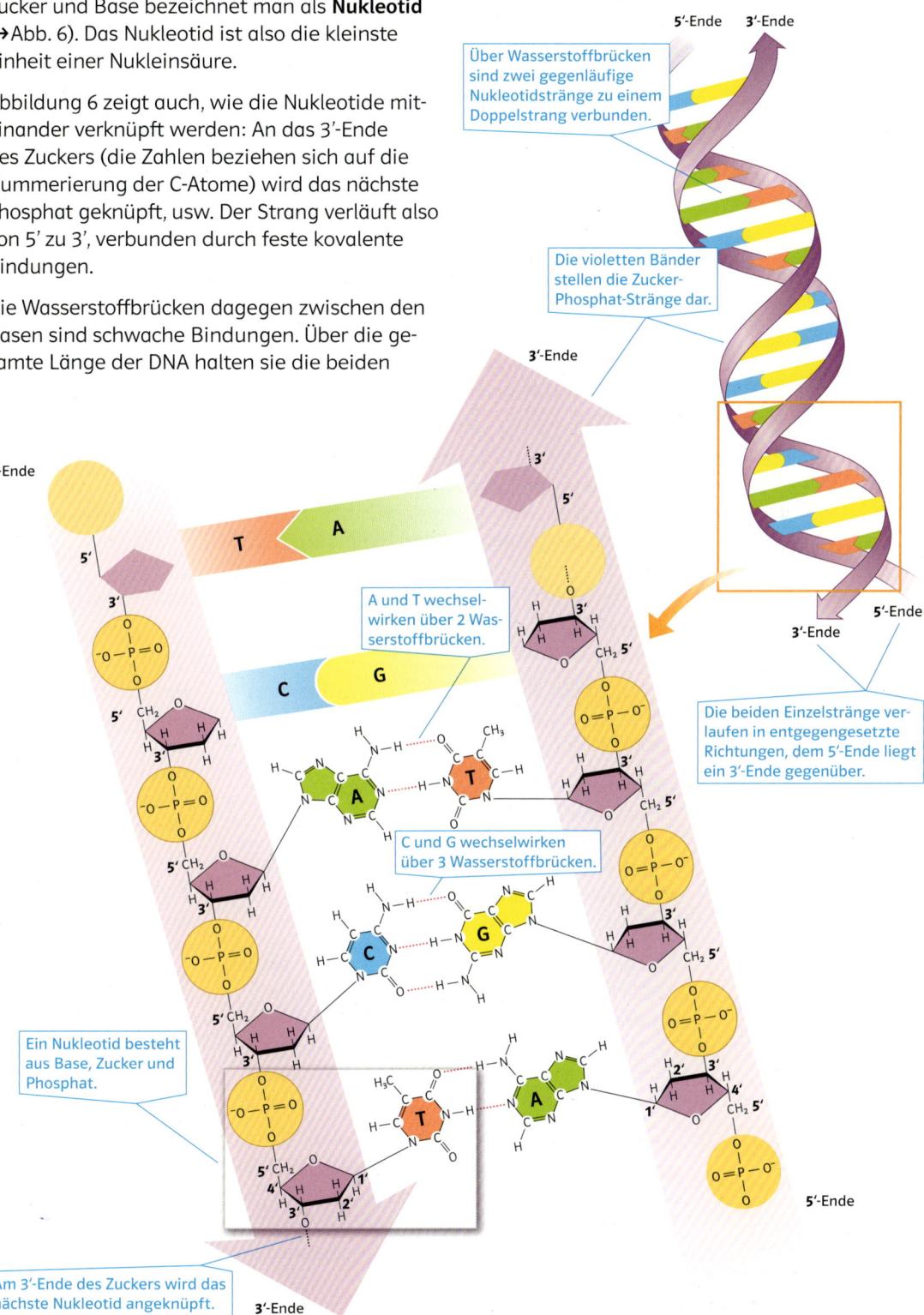

Über Wasserstoffbrücken sind zwei gegenläufige Nukleotidstränge zu einem Doppelstrang verbunden.

Die violetten Bänder stellen die Zucker-Phosphat-Stränge dar.

Die beiden Einzelstränge verlaufen in entgegengesetzte Richtungen, dem 5'-Ende liegt ein 3'-Ende gegenüber.

A und T wechselwirken über 2 Wasserstoffbrücken.

C und G wechselwirken über 3 Wasserstoffbrücken.

Ein Nukleotid besteht aus Base, Zucker und Phosphat.

Am 3'-Ende des Zuckers wird das nächste Nukleotid angeknüpft.

Abb. 6: DNA im Detail. Die DNA besteht aus zwei gegenläufigen Strängen.

Aufgabe

W 1 Komplementäre Basen: Ergänze zu einem DNA-Einzelstrang aus fünf selbst gewählten Nukleotiden den Komplementärstrang.

1.3 Die Replikation der DNA

In einer Phase des Zellzyklus wird die DNA verdoppelt

Vor jeder Zellteilung wird die DNA verdoppelt, dann erfolgt die Mitose

In deinem Körper entstehen ständig neue Zellen, um verbrauchte zu ersetzen: Haare und Fingernägel wachsen, Wunden heilen … und dein ganzer Körper ist ja schließlich aus einer einzigen Zelle entstanden! Die Vermehrung von Zellen erfolgt durch Teilung, die **Mitose** genannt wird (siehe Band 5).

Wenn sich Zellen teilen, durchlaufen sie mehrere Schritte, die sich bei mehrmaliger Teilung wiederholen. Diesen Ablauf nennt man **Zellzyklus** (→Abb. 7). Bevor sich Zellen jedoch teilen können, müssen nötige Proteine erzeugt werden (G_1-Phase) und DNA verdoppelt werden (S-Phase). Diese Verdopplung heißt **Replikation**. Danach werden Proteine für die Mitose erzeugt (G_2-Phase), worauf die Mitose erfolgen kann.

Eine normale Körperzelle durchläuft den Zyklus ca. 10- bis 100-mal. Danach stellt sie sich ganz auf ihre Funktion im Körper ein und verliert ihre Teilungsfähigkeit. Sie arbeitet dann bis zu ihrem Tod, ohne sich weiter zu teilen (G_0-Phase).

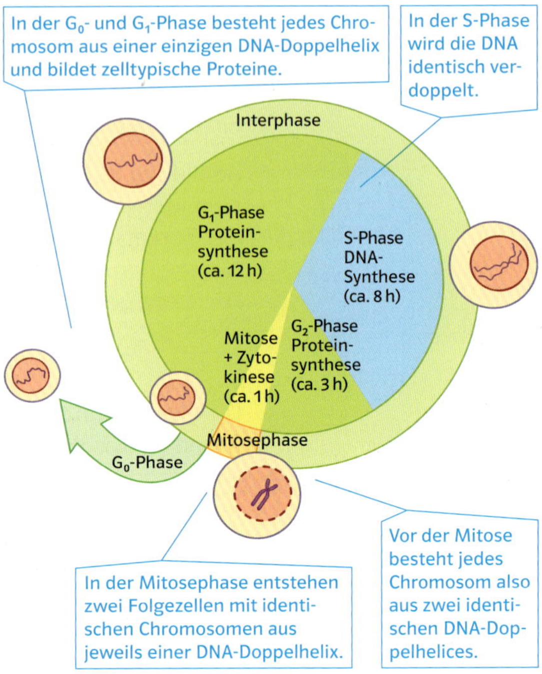

In der G_0- und G_1-Phase besteht jedes Chromosom aus einer einzigen DNA-Doppelhelix und bildet zelltypische Proteine.

In der S-Phase wird die DNA identisch verdoppelt.

Interphase

G_1-Phase Proteinsynthese (ca. 12 h)

S-Phase DNA-Synthese (ca. 8 h)

Mitose + Zytokinese (ca. 1 h)

G_2-Phase Proteinsynthese (ca. 3 h)

Mitosephase

G_0-Phase

In der Mitosephase entstehen zwei Folgezellen mit identischen Chromosomen aus jeweils einer DNA-Doppelhelix.

Vor der Mitose besteht jedes Chromosom also aus zwei identischen DNA-Doppelhelices.

Abb. 7: Zellzyklus: Jede sich teilende Zelle durchläuft einen Zyklus aus Interphase und Zellteilung (S steht für Synthese, G für Gap, vom Englischen für Lücke).

Die DNA wird kopiert

Die Verdopplung der DNA erfolgt mit Hilfe eines Komplexes von Enzymen

Reproduktion

Du kennst das Kopieren von Dokumenten am Fotokopierer oder von Dateien am PC. Doch wie kopiert eine Zelle die DNA-Doppelhelix?

Wenn du dir die Struktur der DNA vorstellst, erinnert diese ja an einen (verdrillten) Zippverschluss. Und genau wie du einen Zippverschluss öffnen kannst, muss auch der Doppelstrang getrennt werden, damit die DNA kopiert – genauer: repliziert – werden kann.

Mit dem Öffnen alleine ist es nicht getan: An der Replikation ist ein ganzer Komplex spezieller **Replikationsenzyme** beteiligt. Jedes dieser Enzyme hat eine eigene Aufgabe in diesem Vorgang. Eine Schlüsselrolle nimmt die **DNA-Polymerase** ein (hellblau in →Abb. 8 auf S. 17).

Ist der Doppelstrang geöffnet, werden beide Einzelstränge gleichzeitig „kopiert", jedoch in unterschiedlicher Weise. Das liegt daran, dass die DNA gegenläufig ist, die Polymerase aber nur am 3'-Ende eines DNA-Stranges Nukleotide anknüpfen kann.

Das heißt, dass nur einer der beiden Einzelstränge kontinuierlich kopiert wird – die Leitstrang-Matrize. Der andere Strang, die Folgestrang-Matrize, wird dagegen stückchenweise abgelesen. Diese Stückchen werden nach ihren Entdeckern Okazaki-Fragmente[1] genannt. Der genaue Ablauf ist in →Abb. 8 auf S. 17 gezeigt:

Die Replikation beginnt mit dem Öffnen der DNA durch das Enzym **Helicase** (→Abb. 8 a). Einzelstrangbindende Proteine (→Abb. 8 b) stabilisieren die Öffnung der DNA-Gabel und verhindern, dass sich die Stränge wieder vereinen.

Primasen bereiten die Ansatzstellen für die DNA-Polymerasen vor (→Abb. 8 c), indem sie die ersten Nukleotide an den Einzelstrang anfügen. Dieses erste Stück besteht aus RNA-Nukleotiden und heißt **Primer**[2]. Für den Leitstrang ist nur ein Primer nötig, am Folgestrang wird jedes Okazaki-Fragment durch einen Primer „gezündet". Der Primer ist die Ansatzstelle für die RNA-Polymerase.

Glossar

[1] **Okazaki-Fragment**, benannt nach den Entdeckern Tsuneko Okazaki (geb. 1933) und Reiji Okazaki (1930 bis 1975), japanische Mikrobiologen.

[2] **Primer** vom Englischen für Zünder

Aufgabe

S **1** Strickleiter oder Zippverschluss: Die DNA wird bildhaft oft als Strickleiter oder als Zippverschluss bezeichnet. Bewerte diese Modellvorstellung und ihre Grenzen.

Basiskonzept

Reproduktion: Die Replikation der DNA ist ein molekularer Reproduktionsvorgang: Ein DNA-Doppelstrang wird mittels mehrerer Enzyme verdoppelt, indem durch das stückweise Ergänzen einzelner Bausteine zwei identische Kopien hergestellt werden.

Die Polymerase kopiert die DNA, indem sie passende Nukleotide an den Einzelstrang anlagert

Struktur und Funktion

Die **DNA-Polymerase** ist das eigentliche Kopier-Enzym (→Abb. 8 d). Sie knüpft an das 3'-Ende des Primers Nukleotide an, indem sie Zucker und Phosphatrest verbindet. Die Basen finden ihren Partner durch die komplementäre Basenpaarung.

Am Folgestrang werden die Okazaki-Fragmente durch **Ligasen** verknüpft, nachdem der RNA-Primer durch DNA ersetzt wurde (→Abb. 8 e).

Durch das Aufdrillen der DNA in einem Abschnitt kommt es an anderen Stellen zu einem Überdrillen. Verschiedene Enzyme wie **Topoisomerasen** (→Abb. 8f) verhindern dies, indem sie den DNA-Doppelstrang durchschneiden und wieder verknüpfen. Funktionell entspricht dies Drehgelenken in der DNA.

Das ringförmige Bakterienchromosom (S. 13) wird in einem Durchgang in etwa 20 bis 40 Minuten repliziert. Eukaryoten besitzen wesentlich mehr DNA, die auf mehrere lineare Stücke, die Chromosomen, verteilt ist. Diese Stücke werden nicht in einem kopiert. Vielmehr beginnt die Replikation an mehreren Stellen der DNA gleichzeitig. So kann die DNA einer Zelle in wenigen Stunden kopiert werden.

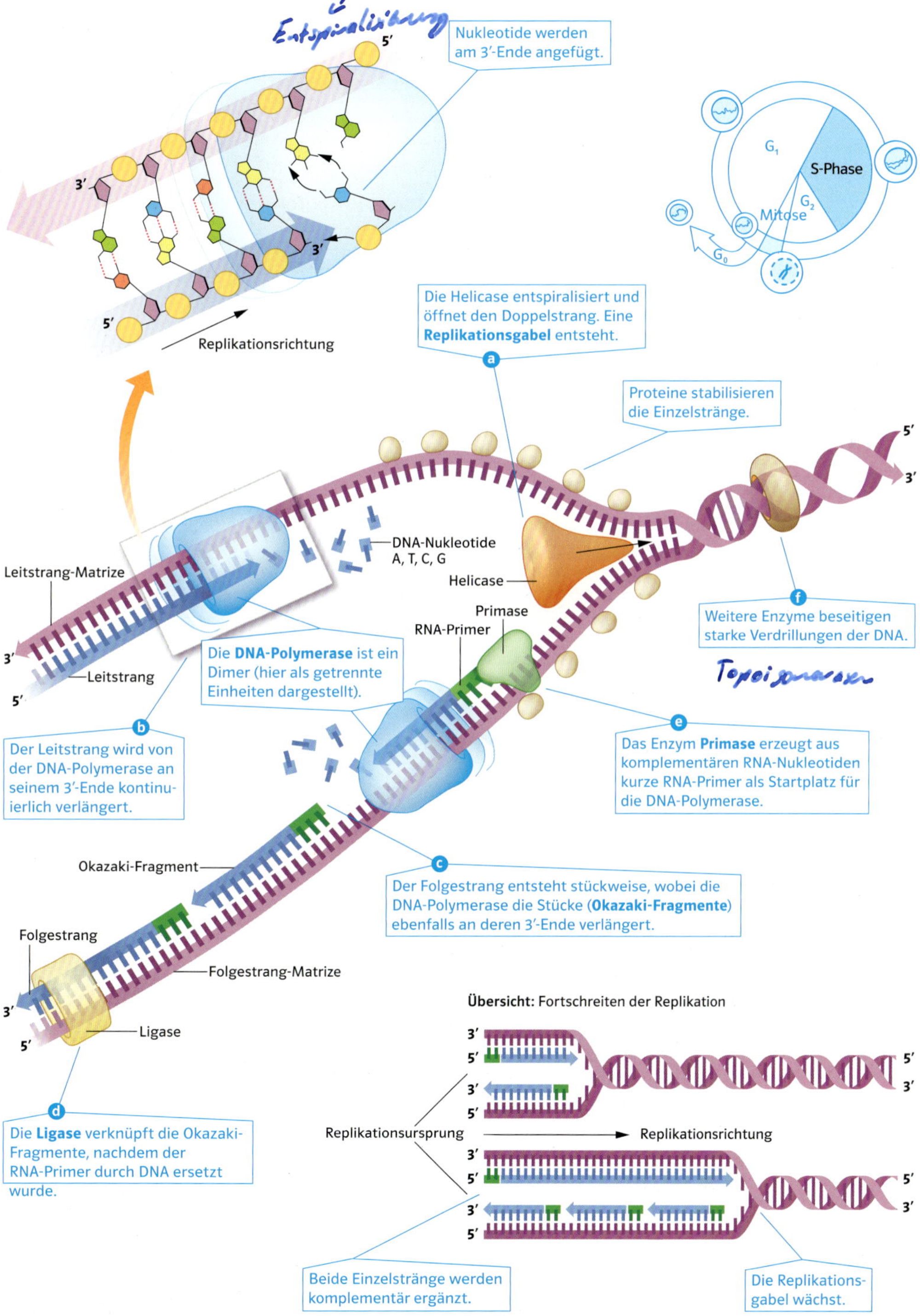

Entspiralisierung

Nukleotide werden am 3'-Ende angefügt.

3'
5'
5'
Replikationsrichtung

Die Helicase entspiralisiert und öffnet den Doppelstrang. Eine **Replikationsgabel** entsteht.
a

Proteine stabilisieren die Einzelstränge.

G₁
S-Phase
G₂
Mitose
G₀

5'
3'

Leitstrang-Matrize

DNA-Nukleotide A, T, C, G

Helicase

Primase
RNA-Primer

Weitere Enzyme beseitigen starke Verdrillungen der DNA.
f

Topoisomerasen

3'
Leitstrang
5'

Die **DNA-Polymerase** ist ein Dimer (hier als getrennte Einheiten dargestellt).

Der Leitstrang wird von der DNA-Polymerase an seinem 3'-Ende kontinuierlich verlängert.
b

Das Enzym **Primase** erzeugt aus komplementären RNA-Nukleotiden kurze RNA-Primer als Startplatz für die DNA-Polymerase.
e

Okazaki-Fragment

Der Folgestrang entsteht stückweise, wobei die DNA-Polymerase die Stücke (**Okazaki-Fragmente**) ebenfalls an deren 3'-Ende verlängert.
c

Folgestrang

3'
Folgestrang-Matrize
Ligase
5'

Die **Ligase** verknüpft die Okazaki-Fragmente, nachdem der RNA-Primer durch DNA ersetzt wurde.
d

Übersicht: Fortschreiten der Replikation

3'
5'
3'
5'
5'
3'

Replikationsursprung

Replikationsrichtung

3'
5'
3'
5'
5'
3'

Beide Einzelstränge werden komplementär ergänzt.

Die Replikationsgabel wächst.

Abb. 8: Die Replikation der DNA. Eine Gruppe von Enzymen kopiert die DNA, sodass zwei identische Stränge entstehen.

Basiskonzept

Struktur und Funktion: Die Paarung der Basen erfolgt aufgrund der chemischen Struktur: Die Form der Moleküle ermöglicht die Bindungen, die dazu führen, dass zwei Einzelstränge zu einem Doppelstrang verbunden werden.

1.4 Die Proteinsynthese im Überblick

Die Information in der DNA wird als Bauanleitung für Proteine genutzt

Bei der Genexpression wird die DNA zu mRNA umgeschrieben. Die mRNA-Sequenz wird in Ribosomen abgelesen und entsprechend wird eine Kette aus Aminosäuren hergestellt

Gene bestimmen unsere Merkmale. Doch wie kommt es dazu, dass ein Gen – ein Abschnitt auf der DNA – etwa festlegt, welche Blutgruppe oder Augenfarbe du hast? Die Merkmale eines Lebewesens werden durch Proteine festgelegt: Sie können zB als Muskelproteine Bewegung ermöglichen, oder als Enzyme bestimmen, welche Stoffe unsere Zellen herstellen. Dein Körper kann viele tausend verschiedene Proteine herstellen

Ein Protein besteht aus einer Kette von Aminosäuren mit einer bestimmten räumlichen Struktur. Insgesamt gibt es 20 verschiedene Aminosäuren, die in natürlichen Proteinen vorkommen. Die Reihenfolge (Sequenz) bestimmt die spätere Faltung und damit Bau und Funktion des Proteins.

Wie schafft es nun die Zelle, die Information der Gene abzulesen und nach dieser Vorlage ein Protein zu bauen? Diese als **Genexpression** bezeichnete Umsetzung läuft in mehreren Schritten ab (→Abb. 9):

Zunächst wird der gewünschte DNA-Abschnitt in **mRNA**[1] umgeschrieben. RNA ist aufgrund ihrer Kürze mobiler als DNA. Das Umschreiben von DNA in RNA wird als **Transkription**[2] bezeichnet und findet bei Eukaryoten im Zellkern statt.

Die mRNA wird danach ins Zellplasma transportiert. Dort wird die Reihenfolge der Nukleotide (Basensequenz) an den Ribosomen in die Aminosäuresequenz übersetzt. Dieser Übersetzungsschritt wird **Translation**[3] genannt und erfolgt an den Ribosomen. Dort entstehen also die Aminosäureketten, die sich zu Proteinen falten.

Bei Eukaryoten erfolgt zwischen Transkription und Translation noch ein weiterer Schritt, die **RNA-Prozessierung**. Dabei wird die RNA bearbeitet und zurechtgeschnitten, bevor sie den Kern verlässt (→S. 24).

Die grundsätzliche Richtung des Informationsflusses ist also von DNA zu RNA zu Proteinen. Dies wird als **zentrales Dogma**[4] **der Molekularbiologie** bezeichnet.

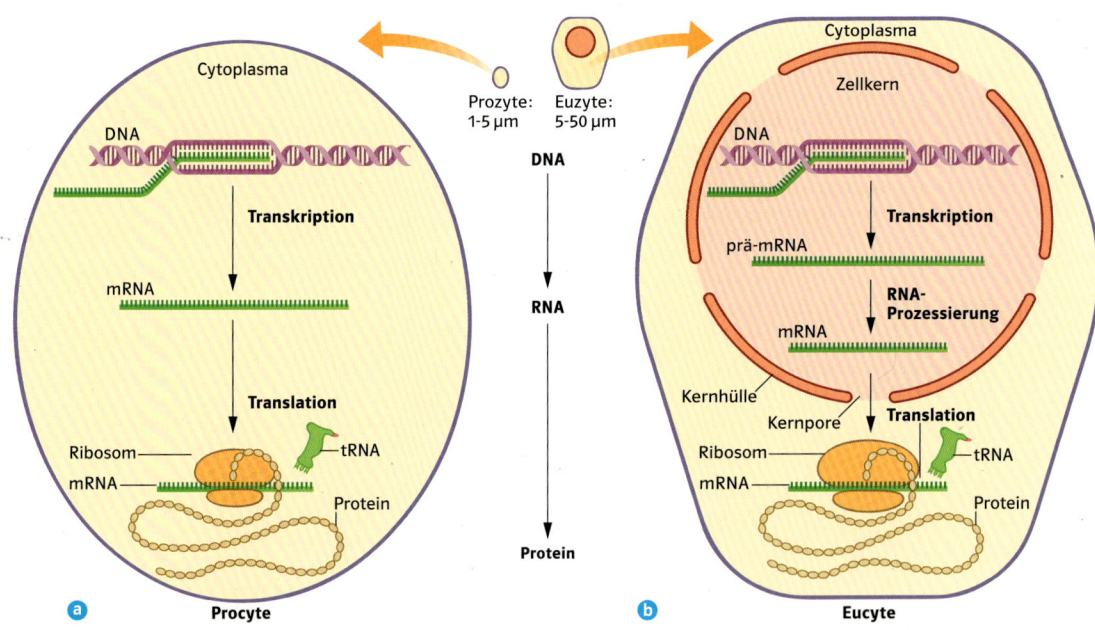

Abb. 9: Genexpression. Das Abschreiben der Gene (Transkription) und Übersetzen in eine Aminosäuresequenz (Translation) erfolgt bei Prokaryoten und Eukaryoten nach dem gleichen Schema. Bei Eukaryoten wird die mRNA im Zellkern noch bearbeitet (prozessiert).

Glossar
[1] **mRNA**, messengerRNA, aus dem Englischen für Boten-RNA.
[2] **Transkription**: vom Lateinischen *transcribere* für Abschreiben, auch Umschreiben oder schriftlich übertragen
[3] **Translation**: vom Lateinischen *translatio* für Übertragung oder Übersetzung.
[4] **Dogma**: griechisch für Meinung, Lehrsatz, steht für eine feststehende Definition oder grundlegende Aussage.

Aufgabe
W **1** **Proteinsynthese im Überblick:** Nachdem du den Text dieser Seite gelesen hast, betrachte die Abb. 9 zwei Minuten lang und versuche, dir möglichst viele Details zu merken. Schließe dann das Buch und zeichne die Abbildung aus dem Gedächtnis nach. Beschreibe jeden Teilschritt in einem Satz. Vergleiche abschließend deine Skizze mit Abb. 9.

Eine Dreiergruppe der DNA-Basen verschlüsselt eine Aminosäure

Eine Gruppe aus drei Basen ergibt 64 Kombinationsmöglichkeiten, genug um 20 Aminosäuren zu verschlüsseln

Es gibt vier verschiedene Basen in der DNA: **Adenin** (A), **Cytosin** (C), **Guanin** (G) und **Thymin** (T). Diese vier Basen A, C, G und T sollen Informationen für 20 verschiedene Aminosäuren verschlüsseln. Wie kann mit vier Basen eine Verschlüsselung für 20 Aminosäuren erreicht werden?

Bei einer 1:1-Codierung würde jede Base für eine Aminosäure stehen, also A für Aminosäure 1, C für Aminosäure 2, G für Aminosäure 3 und T für Aminosäure 4. So können nur 4 unterschiedliche Aminosäuren codiert werden.

Mit einer 2:1-Codierung stehen Basenpaare für Aminosäuren, also AA für Aminosäure 1, AC für Aminosäure 2, AG für Aminosäure 3 usw. Das ergibt 4^2 Möglichkeiten – immer noch zu wenig für 20 Aminosäuren.

Eine 3:1-Codierung bedeutet, dass AAA für Aminosäure 1 steht, AAC für Aminosäure 2, AAG für Aminosäure 3 etc. Hier ergeben sich 4^3 Kombinationen, also 64 – mehr als genug für 20 Aminosäuren. Experimente mit RNA haben gezeigt: Es sind tatsächlich **Basentripletts**, die Aminosäuren codieren.

Der genetische Code

Der genetische Code ist universell und redundant, er kann mittels einer Codesonne dargestellt werden

Variabilität, Verwandtschaft, Geschichte und Evolution

Code und Verschlüsseln … das klingt mehr nach Spionage als nach Biologie. Dennoch passt der Begriff: Ein Code gibt an, wie eine Abfolge von Zeichen eindeutig eine andere Abfolge von Zeichen definiert. Im Falle des genetischen Codes sind es keine Zeichen, sondern Moleküle: Eine Abfolge von Basen definiert eine Abfolge von Aminosäuren.

Alle Lebewesen sind in diesen Code eingeweiht: der genetische Code ist universell. Zur Umsetzung bedarf es bestimmter Bestandteile der Zelle. Jede deiner Zellen ist also eine Decodiermaschine, die die Basensequenz in die Aminosäureabfolge übersetzt. Und ebenso ist jede Bakterienzelle eine solche Maschine, die mit demselben Code arbeitet!

Die Übersetzungsvorschrift von mRNA-Tripletts in Aminosäuren wird gerne durch eine Codesonne dargestellt (→Abb. 10). Die Codesonne wird von innen nach außen gelesen. Jeder Buchstabe der drei inneren Ringe steht für eine Base im RNA-Nukleotid, immer drei in einem Strahl bilden ein **Codon**. Im äußeren Ring stehen die Abkürzungen für die Aminosäuren. So codiert zB das Triplett AUG die Aminosäure Met (Methionin), das Triplett GGG die Aminosäure Gly (Glycin).

Zu drei Tripletts (UAA, UAG und UGA) gibt es keine Aminosäuren. Sie werden als **Stopp-Codons** bezeichnet. D.h., diese Tripletts markieren das Ende einer Aminosäuresequenz.

Wie du siehst, werden die meisten Aminosäuren durch mehrere Tripletts verschlüsselt, zB codieren die Codons UUA und UUG für die Aminosäure Leu (Leucin). Der genetische Code ist also redundant.

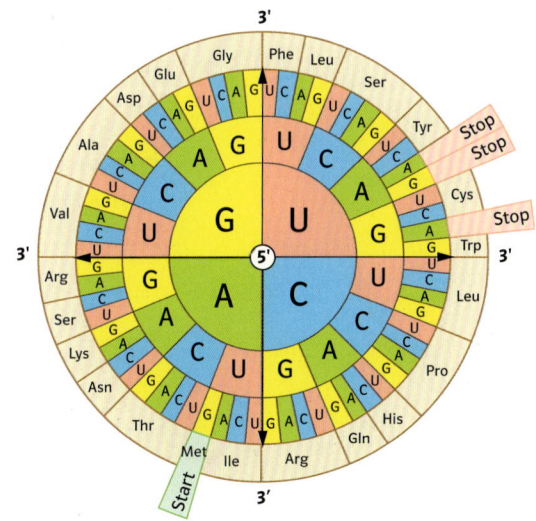

Abb. 10: Die Codesonne. Dieses Schema stellt die Übersetzungsvorschrift von mRNA-Codons in Aminosäuren an, zB AGC für Ser (Serin). Methionin markiert in den meisten Fällen den Beginn einer Aminosäurekette (Start-Codon). Zu drei Stopp-Codons gibt es keine Aminosäure, sie markieren das Ende der Translation.

Aufgabe

W 1 Der genetische Code: Der genetische Code ist universell und redundant. Erkläre die Begriffe.

Basiskonzept

Variabilität, Verwandtschaft, Geschichte und Evolution: Die Tatsache, dass die Zellen praktisch aller Lebewesen – von den Bakterien in deinem Darm über die Bäume vor deinem Haus bis zu dir selbst – denselben genetischen Code lesen, scheint vielleicht verblüffend. Tatsächlich ist dies ein Beweis für die Evolution aller Lebewesen, ausgehend von einem gemeinsamen Vorfahren: Der genetische Code ist so alt wie das Leben selbst, bereits die ersten Zellen auf der Erde verschlüsselten so ihre Proteine. Im Zuge der Entstehung immer komplizierter Lebewesen wurde diese fundamentale Vorschrift stets weitergegeben und steckt heute nahezu unverändert in jeder lebenden Zelle auf der Erde.

1.5 Die Transkription

Ein Stück DNA wird abgeschrieben: die mRNA entsteht

Der codogene DNA-Strang dient als Vorlage für die Erstellung der mRNA

Wie du oben gelesen hast, ist der erste Schritt der Proteinsynthese das Abschreiben der DNA auf mRNA. Dieser Schritt heißt Transkription.

Du hast bereits zuvor einen „Kopiervorgang" an der DNA kennengelernt: Vor jeder Zellteilung muss die DNA verdoppelt werden. Bei dieser Replikation der DNA wird an jedem DNA-Einzelstrang eine „Negativ-Kopie" aus DNA-Nukleotiden erstellt – vermittelt von Enzymen.

Die Transkription verläuft vergleichbar: Auch hier wird der DNA-Doppelstrang geöffnet und anhand der Vorlage eine neue Nukleinsäure hergestellt.

Allerdings besteht die Abschrift aus RNA, und nur einer der beiden Stränge wird als Vorlage verwendet. Dieser Strang wird als **codogener Strang** bezeichnet, er enthält also die eigentliche Anleitung für den Bau der Proteine.

Der zweite DNA-Strang (der komplementäre Strang) ist vereinfacht gesagt nur ein Negativ des codogenen Stangs. In Gendatenbanken[1] wird die Basenabfolge dieses komplementären Stanges angegeben, da die Basenabfolge ja so ist wie auf der mRNA – mit der Ausnahme, dass in der DNA T statt U vorliegt.

Bei der Transkription wird nicht die gesamte DNA in RNA umgeschrieben, sondern nur ein bestimmter Bereich, ein Gen: Dabei handelt es sich um ein Teilstück der DNA, das die Information für ein Protein enthält.

Als bildhafter Vergleich möge die Vorstellung dienen, dass aus einem dicken Buch mit tausenden Bauanleitungen (den Genen) nur eine einzelne Seite kopiert wird. Schließlich ist ja nur diese eine Bauanleitung nötig, um ein bestimmtes Bauwerk herzustellen.

Der Ablauf der Transkription ist im Überblick in Abbildung 11 gezeigt. Wie bei der Replikation der DNA spielen Enzyme eine wichtige Rolle. Das wichtigste Enzym ist die **RNA-Polymerase**. Sie verwendet als Bausteine RNA-Nukleotide, die komplementär zu den Basen der DNA-Matrize verknüpft werden.

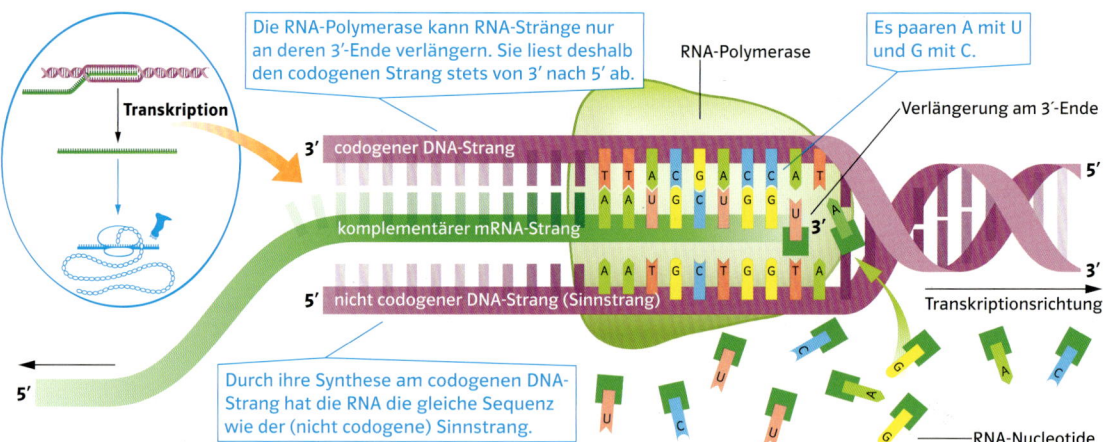

Die RNA-Polymerase kann RNA-Stränge nur an deren 3'-Ende verlängern. Sie liest deshalb den codogenen Strang stets von 3' nach 5' ab.

Es paaren A mit U und G mit C.

RNA-Polymerase

Verlängerung am 3´-Ende

3' codogener DNA-Strang

komplementärer mRNA-Strang

5' nicht codogener DNA-Strang (Sinnstrang)

Transkriptionsrichtung

RNA-Nucleotide

Durch ihre Synthese am codogenen DNA-Strang hat die RNA die gleiche Sequenz wie der (nicht codogene) Sinnstrang.

Abb.11: Die Transkription. An den codogenen DNA-Strang werden komplementäre RNA-Nukleotide angelagert, so dass ein Strang mRNA entsteht.

Glossar

[1] **Gendatenbank:** In einer Gendatenbank werden die Abfolgen der Basen entschlüsselter Gene gespeichert. Viele derartige Daten sind im Internet frei zugänglich (etwa die Datenbank der U.S. amerikanischen National Center for Biotechnology Information: www.ncbi.nlm.nih.gov/gene).

Aufgabe

W 1 RNA-Polymerase und DNA-Polymerase: Vergleiche die Aufgabe und Arbeitsweise von RNA- und DNA-Polymerase. Stelle diese Unterschiede in einer übersichtlichen Tabelle gegenüber.

Die Transkription verläuft in mehreren Schritten

Die Transkription beginnt und endet an bestimmten Stellen der DNA, am Promotor bzw. am Terminator

Wie läuft die Transkription nun im Detail ab? Schau dir die Arbeitsweise der RNA-Polymerase in →Abb. 12 an:

Der erste Schritt, der Beginn der Transkription, wird als Initiation bezeichnet. Hier dockt die RNA-Polymerase an die DNA an. Doch woran erkennt die Polymerase, wo ein Gen beginnt, also wo sie andocken muss? Jedes Gen besitzt einen **Promotor**, das ist eine bestimmte DNA-Sequenz, an die die RNA-Polymerase binden kann und wo die Transkription startet (→Abb. 12 a). Hier öffnet die RNA-Polymerase die DNA-Doppelhelix und lagert das erste passende RNA-Nukleotid an. Weitere RNA-Nukleotide werden am 3'-Ende des

vorherigen Nukleotids angeknüpft (→Abb. 12 b). Auf diese Art „fährt" die RNA-Polymerase die DNA ab und synthetisiert die mRNA, die sich dann von der DNA löst. Dahinter schließt sich die DNA wieder (→Abb. 12 c). Diese Phase wird als **Elongation** bezeichnet.

Der letzte Schritt, die **Termination**, wird durch eine bestimmte DNA-Sequenz ausgelöst, die Terminator genannt wird. Hier löst sich die RNA-Polymerase von der DNA (→Abb. 12 d).

Nach erfolgter Synthese verlässt die mRNA dann den Zellkern durch die Kernporen (bei Eukaryoten) und gelangt zu den Ribosomen, wo der nächste Schritt der Proteinsynthese erfolgt.

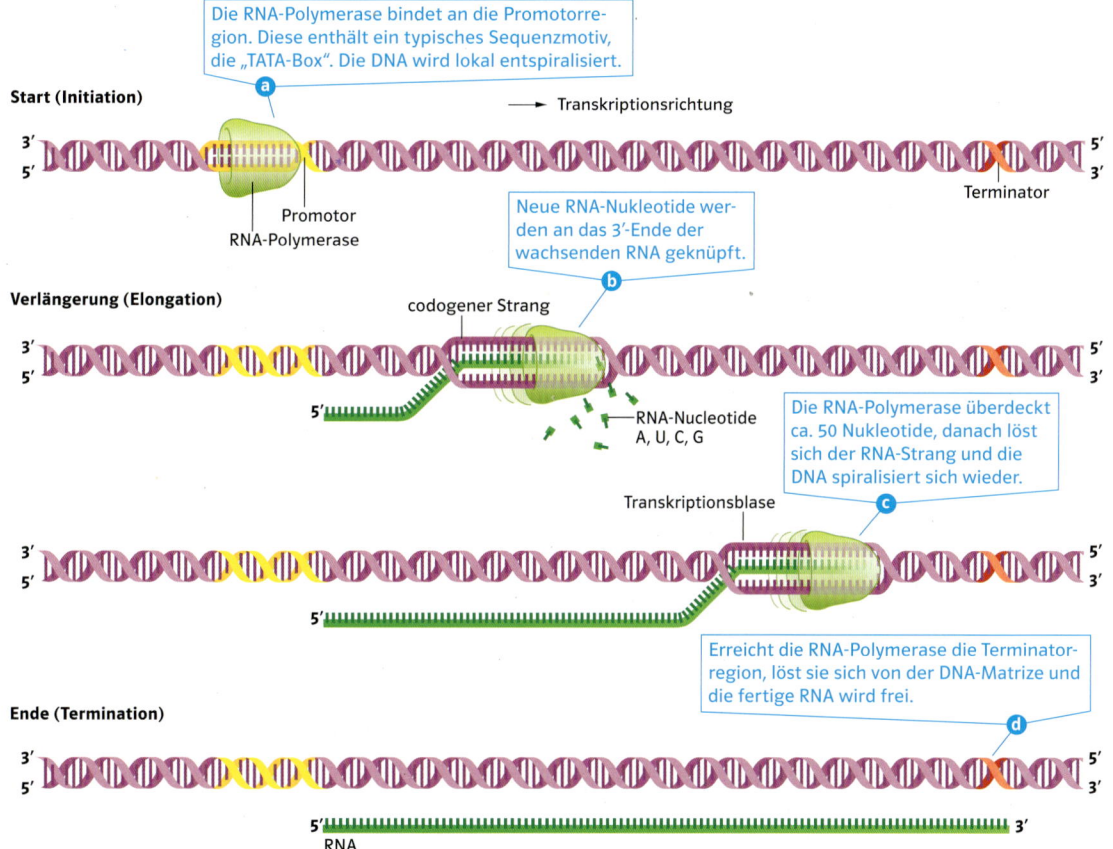

Die RNA-Polymerase bindet an die Promotorregion. Diese enthält ein typisches Sequenzmotiv, die „TATA-Box". Die DNA wird lokal entspiralisiert. (a)

Start (Initiation)

→ Transkriptionsrichtung

3' / 5' — 5' / 3'

Promotor
RNA-Polymerase
Terminator

Neue RNA-Nukleotide werden an das 3'-Ende der wachsenden RNA geknüpft. (b)

Verlängerung (Elongation)

codogener Strang

3' / 5' — 5' / 3'

RNA-Nucleotide A, U, C, G

Die RNA-Polymerase überdeckt ca. 50 Nukleotide, danach löst sich der RNA-Strang und die DNA spiralisiert sich wieder. (c)

Transkriptionsblase

3' / 5' — 5' / 3'

Erreicht die RNA-Polymerase die Terminatorregion, löst sie sich von der DNA-Matrize und die fertige RNA wird frei. (d)

Ende (Termination)

3' / 5' — 5' / 3'

5' — 3' RNA

Abb. 12: Ablauf der Transkription. Ausgehend vom Start (Initiation) wird die mRNA verlängert (Elongation), bis das komplette Gen kopiert ist. Dann erfolgt der Abschluss (Termination).

Auch andere RNA-Moleküle werden als Transkripte der DNA synthetisiert

rRNA ist ein Bauteil der Ribosomen, tRNA dient zum Transport von Aminosäuren

Die in dem oben beschriebenen Vorgang hergestellte mRNA dient ja sozusagen als Bote, um die Information des Gens (die Bauanleitung eines Proteins) zu den Ribosomen zu bringen. In der Zelle gibt es aber auch andere Arten von RNA:

Die **ribosomale RNA** (rRNA) ist Hauptstrukturbestandteil der eben genannten Ribosomen. Diese kleinen Einheiten sind ja die molekularen „Maschinen", an denen die Proteine zusammengebaut werden. Jedes Ribosom besteht aus zwei Untereinheiten (eine große und eine kleine).

Ein weiterer Typ von RNA ist die **transferRNA** (tRNA), die für den Transport von Aminosäuren sorgt. Diese tRNA-Moleküle sind wesentlich für den Zusammenbau der Proteine, deren genaue Funktion ist auf den folgenden Seiten beschrieben.

Mittlerweile kennt man viele weitere Typen von RNA, die andere Funktionen in der Zelle erfüllen. Alle diese RNA-Moleküle werden ebenso hergestellt wie die mRNA, auch wenn sie andere Funktionen erfüllen.

1.6 Die Translation

Bei der Translation wird die Basensequenz in die Aminosäuresequenz übersetzt

Aus der mRNA-Basensequenz muss die Zelle nun ein Protein bauen, also Aminosäuren in der gewünschten Reihenfolge aneinanderketten. Dieser als **Translation** bezeichnete Vorgang erfolgt in allen Zellen nach demselben Mechanismus an den Ribosomen. Wie dieses Aneinanderketten genau funktioniert, wird im Folgenden erklärt und ist in Abbildung 15 dargestellt:

Als Vermittlerin der Translation arbeitet die transfer-RNA (tRNA). Diese Art von RNA zeigt eine spezifische Struktur (→Abb. 13): An einem Ende hat sie eine Erkennungsstelle für ein Basentriplett der mRNA. Dieses Triplett ist komplementär zu einem Codon der mRNA und heißt demnach **Anticodon**. Am anderen Ende der tRNA haftet die Aminosäure, die zu diesem Codon gehört. Mit diesen beiden Bindungsstellen gleicht die tRNA einem Adapter zwischen mRNA und Aminosäure.

Die „Beladung" der tRNA mit der zum Anticodon gehörenden Aminosäure wird durch ein spezifisches Enzym katalysiert, die Aminoacyl-tRNA-Synthetase (→Abb. 14). Dieses Enzym ist der eigentliche Dolmetscher der Nukleinsäure-Sprache in die Protein-Sprache.

Die mit ihren Aminosäuren beladenen tRNA-Moleküle gelangen zu den Ribosomen. Dort werden die Aminosäuren in der durch die mRNA vorgegebenen Reihenfolge verbunden. Dazu legt sich der mRNA-Strang zwischen die beiden Untereinheiten des Ribosoms. Die mRNA-Tripletts sind dort so ausgerichtet, dass jeweils ein Anticodon der tRNA binden kann.

Die Translation startet, wenn eine tRNA mit passendem Anticodon an das mRNA-Triplett AUG bindet (→Abb. 15 a). Dort bindet die tRNA, die mit der Aminosäure Met (Methionin) beladen ist. Am folgenden Codon (hier: CCG) bindet die nächste passende tRNA, beladen mit Pro (Prolin), das sich mit Met verbindet (→Abb. 15 b und c). Die mRNA rückt ein Codon weiter in 5'-Richtung. Dadurch wird die entladene tRNA freigesetzt. Eine weitere Aminosäure (hier Tyrosin, Tyr) kann an das nächste Codon binden (→Abb. 15 d). Dies schreitet voran, bis ein Stopp-Codon erreicht wird (→Abb. 15 e). Dann zerfällt das Ribosom, die Aminosäurekette wird frei (→Abb. 15 f). Die mRNA wurde sozusagen durch das Ribosom hindurchgefädelt und ist nun für eine weitere Translation bereit.

Strukturmodell der tRNA

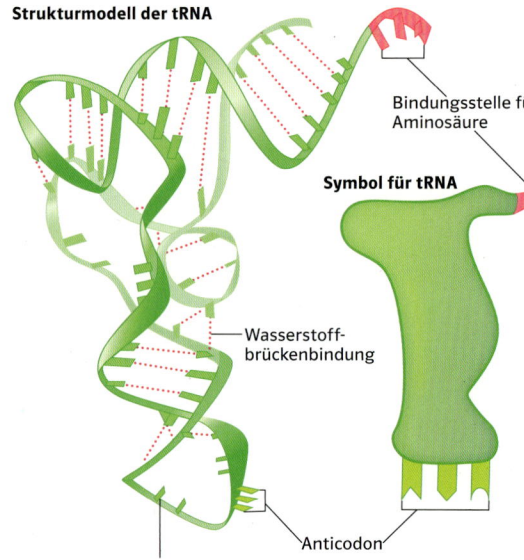

Symbol für tRNA

Bindungsstelle für Aminosäure

Wasserstoffbrückenbindung

Anticodon

Ribonucleinsäure (RNA)

Abb. 13: transferRNA. Die tRNA hat eine Erkennungsstelle für das mRNA-Molekül, das Anticodon, sowie eine Bindungsstelle für die zugehörige Aminosäure.

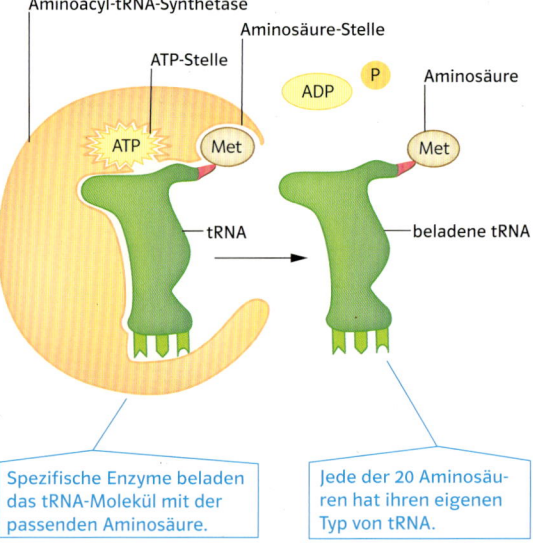

Aminoacyl-tRNA-Synthetase

Aminosäure-Stelle

ATP-Stelle

ADP P

Aminosäure

ATP   Met

Met

tRNA

beladene tRNA

Spezifische Enzyme beladen das tRNA-Molekül mit der passenden Aminosäure.

Jede der 20 Aminosäuren hat ihren eigenen Typ von tRNA.

Abb. 14: Beladung der tRNA. Die passende Aminosäure wird mittels eines Enzyms, der Aminoacyl-tRNA-Synthetase, an die jeweilige tRNA angehängt. Dies erfolgt unter Verbrauch von Energie (in Form von ATP).

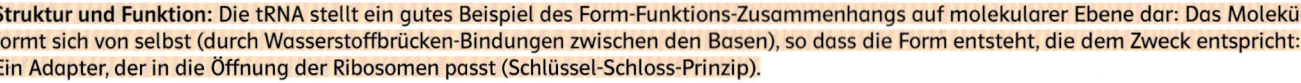

Basiskonzept

Struktur rund Funktion: Die tRNA stellt ein gutes Beispiel des Form-Funktions-Zusammenhangs auf molekularer Ebene dar: Das Molekül formt sich von selbst (durch Wasserstoffbrücken-Bindungen zwischen den Basen), so dass die Form entsteht, die dem Zweck entspricht: Ein Adapter, der in die Öffnung der Ribosomen passt (Schlüssel-Schloss-Prinzip).

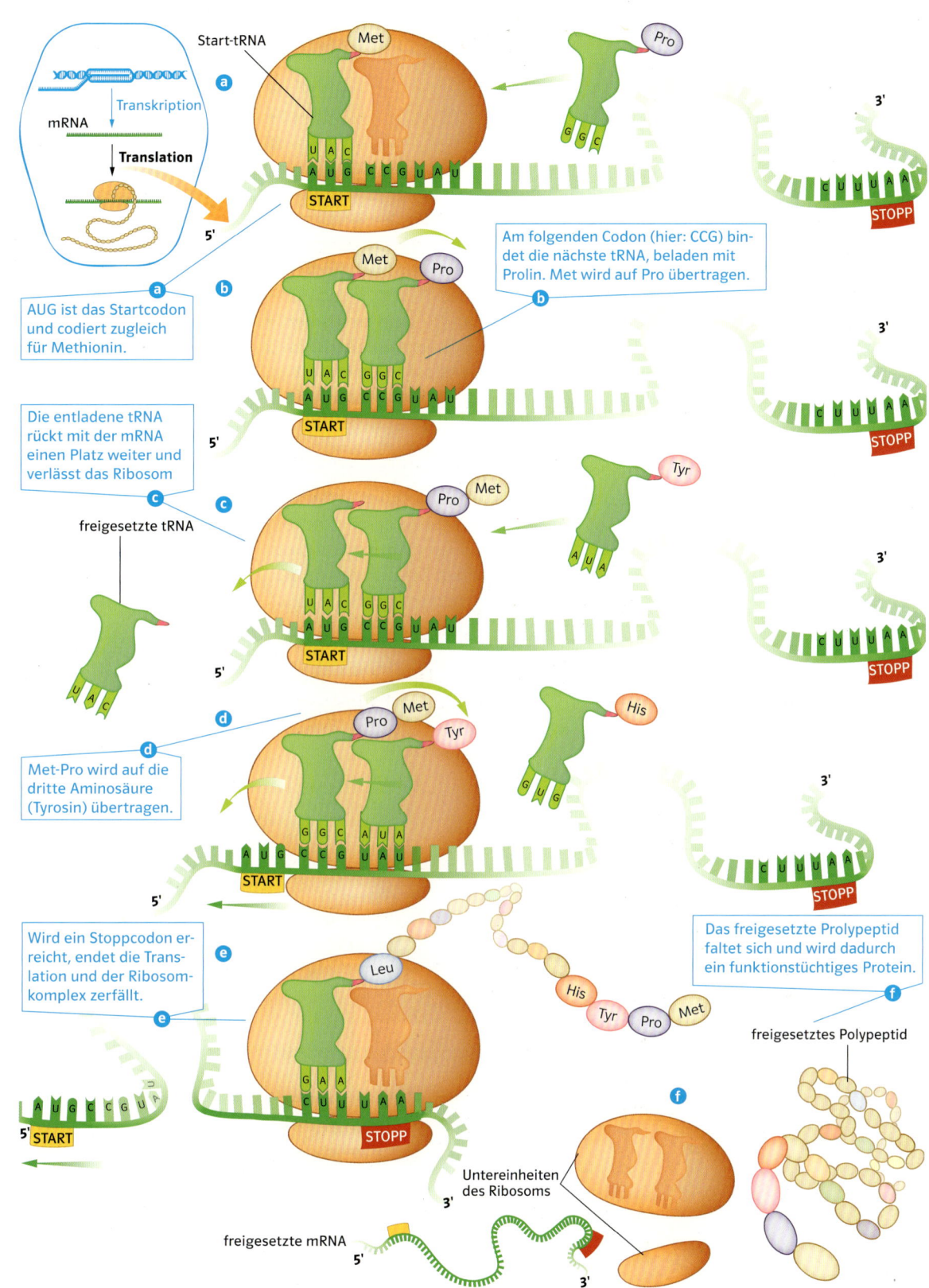

Am folgenden Codon (hier: CCG) bindet die nächste tRNA, beladen mit Prolin. Met wird auf Pro übertragen.

AUG ist das Startcodon und codiert zugleich für Methionin.

Die entladene tRNA rückt mit der mRNA einen Platz weiter und verlässt das Ribosom

freigesetzte tRNA

Met-Pro wird auf die dritte Aminosäure (Tyrosin) übertragen.

Wird ein Stoppcodon erreicht, endet die Translation und der Ribosomkomplex zerfällt.

Das freigesetzte Prolypeptid faltet sich und wird dadurch ein funktionstüchtiges Protein.

freigesetztes Polypeptid

Untereinheiten des Ribosoms

freigesetzte mRNA

Abb.15: Ablauf der Translation. Bei der Translation rückt die mRNA triplettweise durch das Ribosom. Dabei werden die Aminosäuren der Reihe nach zu einer Kette verknüpft. Sobald in der mRNA ein Stopp-Codon auftritt, endet die Translation, weil es dazu keine passende tRNA gibt. Das Ribosom zerfällt dann in beide Untereinheiten, die mRNA wird frei und kann eine weitere Translation durchlaufen. Die freigesetzte Aminosäurekette – ein Polypeptid – faltet sich und wird so zu einem funktionstüchtigen Protein.

Aufgabe

W 1 **Entschlüssle den Code:** Schreibe die folgende DNA-Basensequenz zuerst in mRNA um und übersetze dieses Transkript anschließend in eine Aminosäureabfolge. Verwende dazu die Codesonne auf Seite 19.

DNA: 3'-TACTCAGAACTGCGGCAATTTGATACT-5'

RNA: _____

Aminosäuren: _____

Basiskonzept

Struktur und Funktion: Je nach Reihenfolge der verketteten Aminosäuren, faltet sich das Polypeptid selbständig zu einer bestimmten räumlichen Struktur. Erst diese Form ermöglicht die spezifische Funktion des Proteins (siehe Band 5, S. 43).

1.7 RNA-Prozessierung

Eukaryotische RNA wird noch im Kern zerschnitten und neu zusammengefügt

Beim Spleißen werden nicht-codierende DNA-Stücke (Introns) aus der mRNA herausgeschnitten

Bei der Transkription im Zellkern der Eukaryoten entsteht ein langes RNA-Molekül, das – im Unterschied zur RNA der Prokaryoten – noch weiter bearbeitet werden muss, bevor es zur Translation geeignet ist. Die transkribierte RNA ist also genau genommen noch nicht die mRNA, sondern deren Vorläufer – die prä-mRNA. Diese enthält Abschnitte, die gar keine genetische Information enthalten. Diese Stücke werden als **Introns**[1] bezeichnet. Vergleichst du die Information mit unserer Sprache, kannst du dir die Introns als Zwischengeräusche oder Stammeln vorstellen. Während wir einen Satz auch mit Zwischengeräuschen verstehen können, muss die Zelle die nicht codierenden Abschnitte herausschneiden. Dieser Vorgang wird als **Spleißen** (splicing) bezeichnet: Die Introns werden entfernt, die **Exons**[2] zusammengefügt (→Abb. 16).

Aus manchen prä-mRNAs können auch verschiedene Abschnitte herausgeschnitten werden, und dann bausteinartig in unterschiedlicher Weise zusammengebaut werden. Man nennt dies **alternatives Spleißen** (→Abb. 16 unten). So können aus einem transkribierten DNA-Abschnitt mehrere mRNAs erzeugt werden, und entsprechend mehrere Proteine.

Das Spleißen erfolgt durch einen großen Enzymkomplex, das **Spleißosom**. In diesem Komplex werden auch die Enden der mRNA markiert. Erst durch diese Vorgänge, die zusammen als **RNA-Prozessierung** bezeichnet werden, reift die prä-mRNA zur eigentlichen mRNA, die dann durch die Kernporen ins Zytoplasma gelangt.

Wieso gibt es überhaupt Introns? Diese DNA-Abschnitte der Eukaryoten lassen sich auf DNA-Sequenzen zurückführen, die im Laufe der Evolution funktionslos geworden sind. Dennoch sind sie vorhanden und wurden früher als „DNA-Müll" bezeichnet. Heute gibt es verschiedene Hypothesen zur Funktion von Introns, etwa dass sie Vorteile für evolutionäre Veränderungen bieten (siehe S. 30).

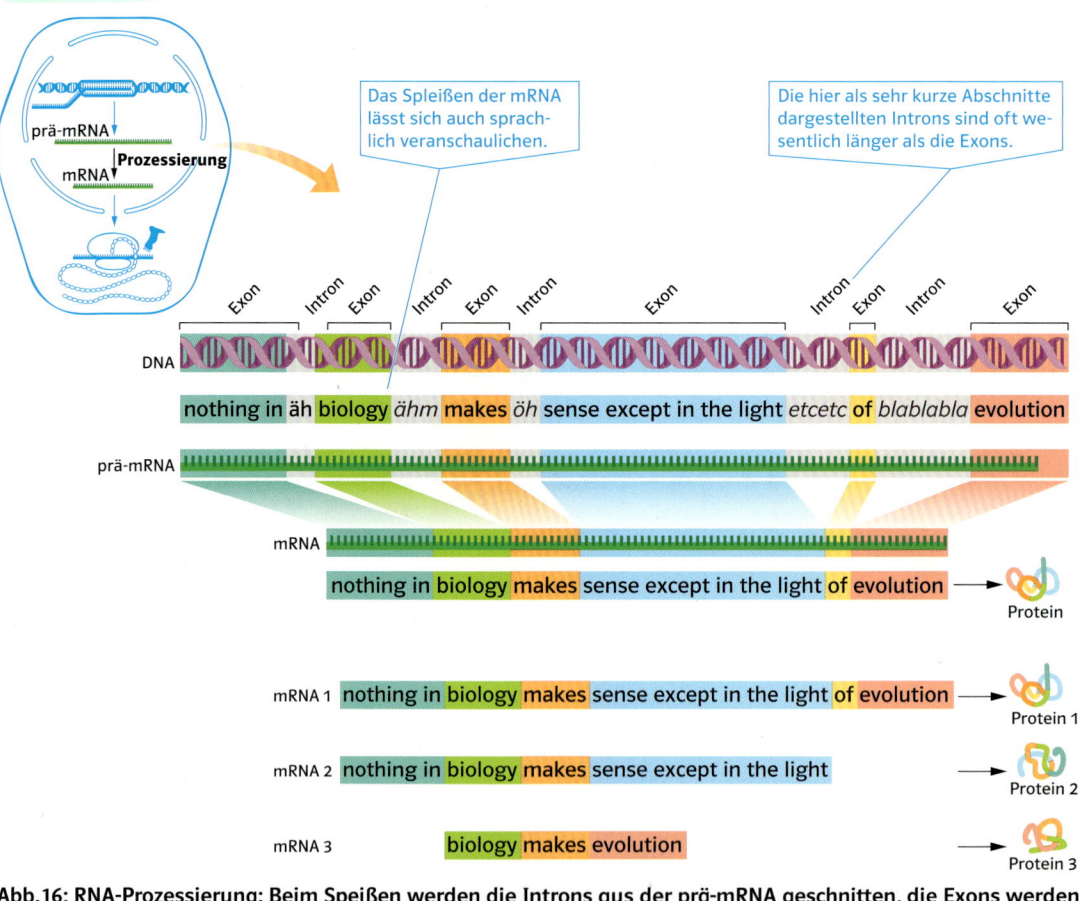

Das Spleißen der mRNA lässt sich auch sprachlich veranschaulichen.

Die hier als sehr kurze Abschnitte dargestellten Introns sind oft wesentlich länger als die Exons.

nothing in *äh* biology *ähm* makes *öh* sense except in the light *etcetc* of *blablabla* evolution

nothing in biology makes sense except in the light of evolution → Protein

mRNA 1 nothing in biology makes sense except in the light of evolution → Protein 1

mRNA 2 nothing in biology makes sense except in the light → Protein 2

mRNA 3 biology makes evolution → Protein 3

Abb.16: RNA-Prozessierung: Beim Speißen werden die Introns aus der prä-mRNA geschnitten, die Exons werden zur reifen mRNA verknüpft. Dieser Vorgang ist hier anhand eines sprachlichen Beispiels veranschaulicht (anhand eines Zitats von Theodosius Dobzhansky[3]). Beim alternativen Spleißen (unten) können verschiedene mRNAs aus der gleichen prä-mRNA hergestellt werden.

Glossar

[1] **Introns**, Kurzwort vom Englischen *Intragenetic regions*.
[2] **Exons**, Kurzwort vom Englischen *executable* für ausführbar.

[3] **Theodosius Dobzhansky** (1900–1975), russisch-US-amerikanischer Genetiker.

Aufgabe

W/S **1** **Alternatives Spleißen:** Durch alternatives Spleißen wird die genetische Variabilität erhöht. Erläutere diese Aussage in eigenen Worten.

1.8 Regulation der Genaktivität

Nicht alle Gene sind ständig aktiv

Gene können durch bestimmte Moleküle ein- oder ausgeschaltet werden

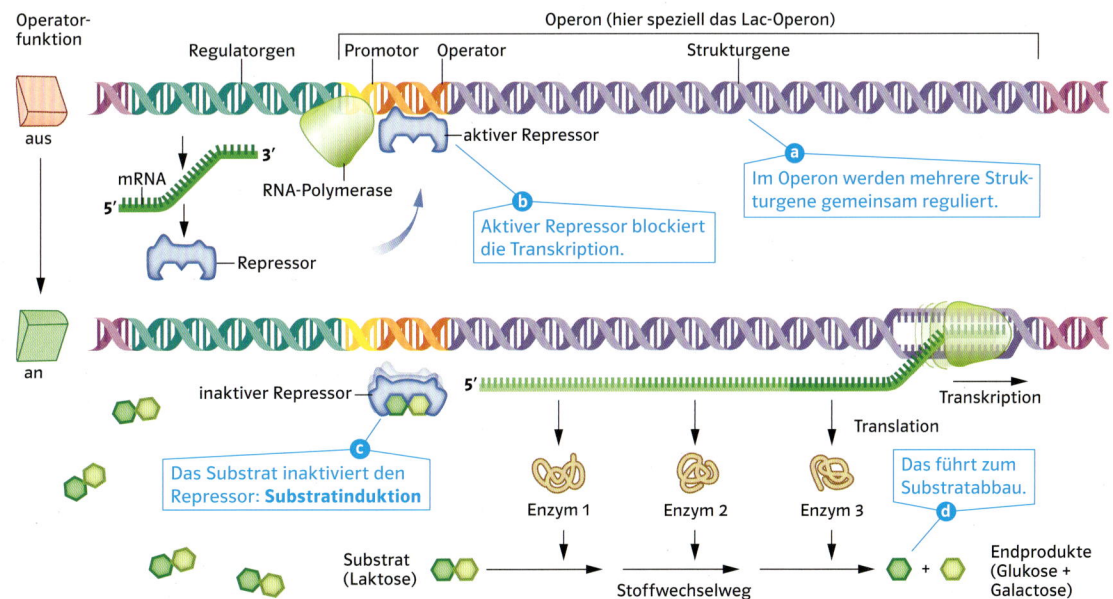

Steuerung und Regelung

Dir ist bekannt, dass alle Zellen deines Körpers dieselben Gene enthalten. Warum unterscheiden sich diese Zellen dann? Wie kommt es, dass eine Muskelzelle Muskelproteine herstellt und nicht etwa Verdauungsenzyme oder Haarproteine?

Tatsächlich existieren verschiedene Regulationsmechanismen, die dafür sorgen, dass Gene nur dann aktiv sind, wenn die Zelle die entsprechenden Proteine braucht. Eukaryotenzellen besitzen viele Möglichkeiten der Regulation, bei Prokaryoten gibt es zwei Varianten: Entweder ist ein Gen grundsätzlich abgeschaltet und wird durch bestimmte Stoffe angeschaltet – oder umgekehrt. Beide Fälle der Regulation von Genaktivität können durch das so genannte **Operon**-Modell beschrieben werden.

Ein **Operon** ist eine funktionelle Einheit, die aus mehreren DNA-Bereichen besteht: Ein Promotor, die Bindungsstelle für die RNA-Polymerase, ein **Operator**, und einige Gene, die Strukturgene. Die Transkription dieser Gene wird mit dem Operator gesteuert: Er liegt zwischen dem Promotor und den Strukturgenen und ist sozusagen der An-Aus-Schalter. Bedient wird er durch einen **Repressor**, ein Proteinmolekül, das durch ein Regulatorgen codiert wird. Bindet der Repressor an den Operator, ist der Promotor blockiert (Schalterstellung „aus"). Kann der Repressor nicht an den Operator binden, startet die Transkription (Schalterstellung „an").

Induktion – Gene werden eingeschalten

Beim Lac-Operon induziert das Substrat die Transkription, indem es an den Repressor bindet

Das Operon-Modell wurde 1960 von F. Jakob und J. Monod[1] anhand der Laktose-Verdauung beim Bakterium *Escherichia coli* formuliert. Das **Lac-Operon** ist grundsätzlich ausgeschaltet, weil der Repressor an den Operator bindet (→Abb. 17 oben). Die Anschaltung erfolgt durch das **Substrat**, das verdaut werden soll, also die Laktose (Milchzucker). Gelangt Laktose in die Zelle, bindet diese an den Repressor und deaktiviert ihn so.

Der inaktive Repressor kann nicht mehr an den Operator binden, das Operon wird angeschaltet. D.h., die Transkription beginnt und es werden Enzyme gebildet, die Laktose abbauen (→Abb. 17 unten). Ist schließlich die gesamte Laktose abgebaut, nimmt der Repressor wieder die aktive Form an uns schaltet das Operon „aus". Das Substrat induziert also die Einschaltung (**Substrat-Induktion**).

Operatorfunktion · Regulatorgen · Promotor · Operator · Strukturgene · Operon (hier speziell das Lac-Operon) · aus · mRNA · 3′ · 5′ · RNA-Polymerase · Repressor · aktiver Repressor · **a** Im Operon werden mehrere Strukturgene gemeinsam reguliert. · **b** Aktiver Repressor blockiert die Transkription. · an · inaktiver Repressor · 5′ · **c** Das Substrat inaktiviert den Repressor: **Substratinduktion** · Enzym 1 · Enzym 2 · Enzym 3 · Transkription · Translation · **d** Das führt zum Substratabbau. · Substrat (Laktose) · Stoffwechselweg · Endprodukte (Glukose + Galactose)

Abb.17: Das Lac-Operon. Bei diesem Typ von Operon ist das Gen grundsätzlich ausgeschaltet. Gelangt das Substrat in die Zelle (in diesem Fall Laktose) wird das Gen angeschaltet: Man spricht von Substrat-Induktion.

Glossar
[1] **Francois Jakob** (1920–2013) und **Jacques L. Monod** (1910–1976), französische Molekularbiologen (Nobelpreis 1965)

Basiskonzept
Steuerung und Regulation: Je nach Art und Alter der Zelle lesen diese unterschiedliche Gene ab. Anders gesagt: Die Genexpression ist von Zelle zu Zelle verschieden und lässt Zellen unterschiedlich aussehen und arbeiten. Es ist also klar, dass die Genaktivität reguliert werden muss, ansonsten würde jede Zelle ständig alle Proteine herstellen.

Repression – Gene werden ausgeschaltet

Beim Trp-Operon unterdrückt das Endprodukt die Transkription, in dem es den Repressor aktiviert

Das **Trp-Operon** von *E. coli* (→Abb. 18) stellt den umgekehrten Fall des Lac-Operons dar: Hier ist das Operon grundsätzlich „an", erst durch ein Substrat wird der Operator ausgeschaltet – diesen Vorgang nennt man **Repression**[1].

Das Trp-Operon codiert Enzyme, die zur Synthese der lebenswichtigen Aminosäure Tryptophan benötigt werden (→Abb. 18 oben). Dieser Vorgang läuft so lange ab, bis Tryptophan in ausreichender Menge vorliegt.

Ist eine gewisse Konzentration an Tryptophan erreicht, kann es an die vorliegenden inaktiven Repressormoleküle binden. Im Unterschied zu den Repressoren des Lac-Operons sind diese Proteine inaktiv und werden erst durch die Bindung mit Tryptophan aktiviert. Ist dies der Fall, kann der Repressor an den Operator binden und das Operon so abschalten (→Abb. 18 unten). Man spricht hier von **Endprodukt-Repression**.

Diese Regulationsmechanismen (sowohl Substrat-Induktion als auch Endprodukt-Repression) kann in dieser Form nur bei Prokaryoten funktionieren: Im Gegensatz zu Eukaryoten erfolgt bei den kleinen Zellen der Prokaryoten Transkription und Translation ja räumlich und zeitlich nahe aneinander. Sie erfolgen direkt und fast gleichzeitig. Dadurch liegen die Moleküle des Stoffwechsels (Substrat, Produkte, Enyzme) genügend nahe an der DNA, dass sie mit dem Operon in Wechselwirkung treten können.

Die hier genannten Vorgänge sind nur zwei Beispiele dafür, wie Regulationsmechanismen an der DNA wirken können. Molekularbiologinnen und Molekularbiologen kennen heute eine Vielzahl von derartigen zum Teil deutlich komplizierteren Mechanismen.

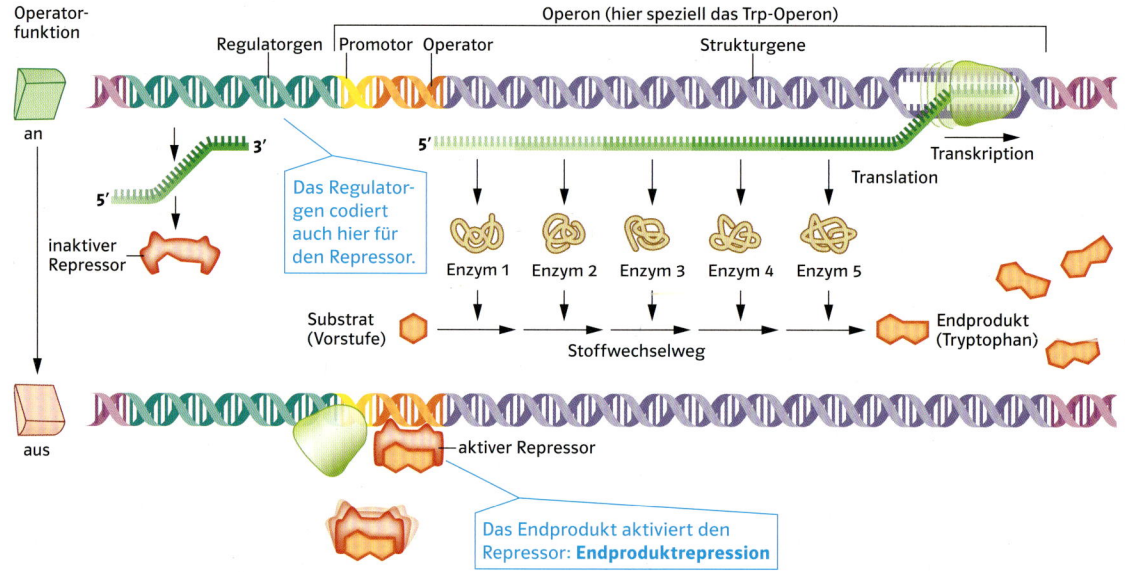

Abb. 18: Das Trp-Operon. Bei diesem Typ von Operon ist das Gen grundsätzlich angeschaltet, die Zelle produziert Enyzme, die ein Endprodukt herstellen (in diesem Fall Tryptophan). Erreicht die Konzentration des Endprodukts in der Zelle eine gewisse Konzentration, kann es den Repressor aktivieren. Der Repressor kann an den Operator binden – das Gen wird abgeschaltet: Man spricht von Endprodukt-Repression.

Glossar

[1] **Repression** (vom Lateinischen *reprimere* für zurückdrängen) bedeutet Unterdrückung, sowohl im allgemeinen Sprachgebrauch als auch hier als Fachbegriff der Genetik.

Regulation der Genexpression bei Eukaryoten

Bei Eukaryoten kann die Genexpression an vielen Stellen reguliert werden.

Regulation erfolgt über die Packung der DNA, Steuerung der Transkription, der RNA-Prozessierung, und der Translation sowie der fertigen Proteine

Steuerung und Regelung

Im Vergleich zu den Prokaryoten ist der Weg von der DNA bis zum fertigen Protein deutlich länger und komplizierter, wie du an der Übersicht in Abbildung 19 sehen kannst. Zum einen ist bei Eukaryoten die DNA zu Chromosomen verpackt. Zum anderen erfolgt die Transkription im Zellkern, die Translation aber im Cytoplasma, d.h. die mRNA muss erst transportiert werden. Schließlich existiert der zusätzliche Schritt der RNA-Prozessierung. An all diesen Punkten kann die Zelle nun regulierend eingreifen.

Erstens wird die Aktivität dadurch reguliert, wie dicht die DNA gepackt ist (→Abb. 19 a). Schon im Lichtmikroskop kann man intensiver gefärbte Bereiche der DNA erkennen. Sie sind besonders stark spiralisiert und genetisch wenig aktiv, d.h. hier findet wenig Genexpression statt. DNA-Abschnitte können auch durch Enzyme chemisch abgewandelt werden, etwa durch Methylierung von Basen kann die DNA in einem Bereich inaktiviert werden.

Wie auch bei Prokaryoten ist die Transkription eine wichtige Ansatzstelle für Regulation (→Abb. 19 b). Neben den vorher beschriebenen Promotor- und Operator-Bereichen gibt es andere Stellen in der DNA, an die Regulatorabschnitte binden können: **Enhancer** verstärken die Wirkung des Promotors, **Silencer** vermindern diese. Diese Regulatorabschnitte können weit entfernt vom eigentlichen Gen liegen (sogar auf anderen Chromosomen), kommen aber durch Verschlingungen der DNA miteinander in Kontakt und sorgen für die Aktivierung bzw. Stillschaltung eines Gens.

Verschiedene Proteine, die **Transkriptionsfaktoren**, können an DNA-Bereichen wie Promotoren, Enhancern oder Silencer binden und so die Genexpression weiter regulieren.

Auch nach der Transkription kann regulatorisch eingewirkt werden, in dem die RNA unterschiedlich gespleißt wird (→Abb. 19 c). Die dabei entstehenden RNA-Schnipsel können später an mRNA binden und eine Translation verhindern (**RNA-Interferenz**, S. 28). Außerdem erreichen nicht alle mRNA-Moleküle die Ribosomen – manche werden vorher zerschnitten (→Abb. 19 d).

Umgekehrt kann die Produktion von Proteinen deutlich gesteigert werden, indem gleich mehrere Ribosomen hintereinander ein mRNA-Molekül ablesen (solche Ribosomen-Gruppen werden **Polysom** genannt).

Zu den hier beschriebenen Mechanismen kommt noch eine Regulationsmöglichkeit auf Ebene der Proteine dazu. Die Proteine können chemisch abgewandelt werden (**posttranslationale** Modifikation, →Abb. 19 f). Schlussendlich kann die Zelle auch über den Abbau von Proteinen regulativ eingreifen (→Abb. 19 g).

Du siehst anhand dieser Beispiele, dass die Steuerung und Regulation der Genexpression bei Eukaryoten ein sehr komplexer Prozess ist. Entsprechend sind diese Abläufe von Genetikerinnen und Genetikern heute nur oberflächlich verstanden. Dieser Bereich der Genetik ist daher ein sehr aktiv untersuchtes Forschungsfeld.

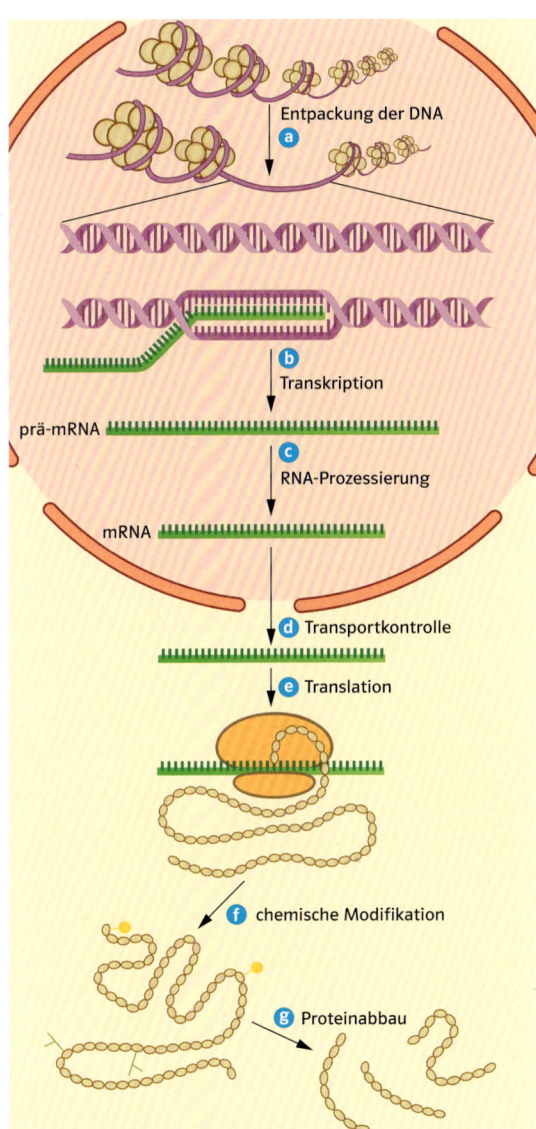

Abb. 19: Regulation der Genexpression bei Eukaryoten: Auf dem Weg vom Gen zum Protein kann an unterschiedlichen Ebenen regulierend eingegriffen werden.

Basiskonzept

Steuerung und Regelung: Bei Eukaryoten kann die Steuerung und Regulation der Genexpression auf sehr vielen Ebenen erfolgen. Dementsprechend kann die Zelle sehr fein abgestuft regulieren. Das hat damit zu tun, dass die Zellen der Eukaryoten sowohl funktionell als auch strukturell sehr viel komplizierter sind als die der Prokaryoten. Zudem gibt es auch vielzellige Eukaryoten, die sehr verschiedene Zelltypen aufweisen, die wiederum ganz unterschiedliche Proteine herstellen müssen. Außerdem ist es nötig, dass die Zellen nicht nur „alleine" funktionieren, die Regulation erfolgt auch zwischen den Zellen.

Genetische Information wird zum Schweigen gebracht

Bei RNA-Interferenz wird doppelsträngige RNA zerschnitten, die als Fremdkörper eine Bedrohung für die Zelle darstellt

Laut dem zentralen Dogma der Molekularbiologie verläuft der Informationsfluss ausschließlich von der DNA über die RNA zum Protein. Die RNA nimmt hier also eine passive Rolle ein – sie dient als Überträgerin, als Botin. Unter bestimmten Bedingungen kann die RNA aber aktiv in die Bildung von Proteinen eingreifen.

Die beim Spleißen anfallenden RNA-Schnipsel (als mikro-RNA bezeichnet) können an Abschnitte der DNA binden, die dann nicht mehr transkribiert werden können. Dieser Bereich wird also stillgelegt (Silencing). Die mikro-RNA kann auch in Keimzellen vorkommen und damit an Nachkommen weitergegeben werden.

Die regulatorische Wirkung der mikro-RNA hat sich im Laufe der Evolution vermutlich aus der RNA-Interferenz (RNAi) entwickelt. Dieser Mechanismus wurde 1998 von Andrew Z. Fire[1] und Craig C. Mello[2] entdeckt, die dafür 2006 den Nobelpreis für Physiologie oder Medizin erhielten.

Dieser Vorgang dient Zellen von Eukaryoten dazu, die Translation doppelsträngiger RNA zu verhindern. Doppelsträngige RNA stammt in der Regel von Viren und kann entsprechend eine Gefahr für die Zelle darstellen (siehe S. 31). Ein Häcksler-Enzym (dicer[1]) schneidet doppelsträngige RNA in Stücke von ca. 20 Basenpaaren (→Abb. 20 a). Diese Fragmente werden dann von anderen Enzymen in Einzelstränge getrennt. Ein Enzymkomplex namens RISC (RNA-induced silencing complex) belädt sich nun mit einem der Stücke (→Abb. 20 b) und erkennt damit weitere unerwünschte RNA an der Sequenz und zerschneidet diese (→Abb. 20 c). Die Fremd-RNA wird so zum Schweigen gebracht.

In der Gentechnik nutzt man diesen Vorgang, um bestimmte Gene zum Verstummen zu bringen. Genau genommen werden nicht die Gene, sondern die transkribierte RNA still gelegt.

Variabilität, Verwandtschaft, Geschichte und Evolution

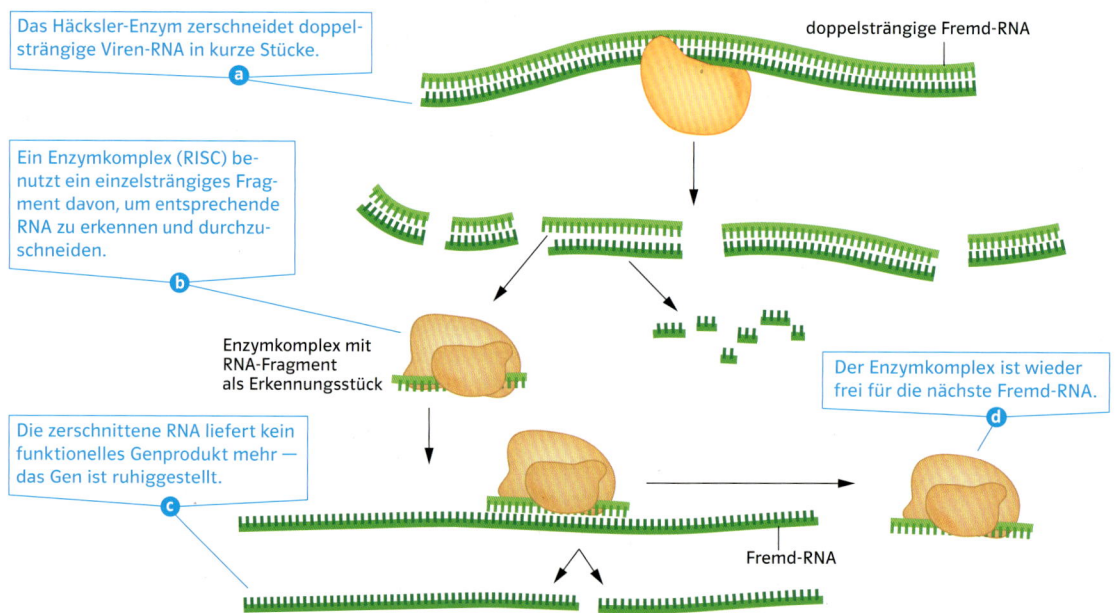

Das Häcksler-Enzym zerschneidet doppelsträngige Viren-RNA in kurze Stücke.
a

Ein Enzymkomplex (RISC) benutzt ein einzelsträngiges Fragment davon, um entsprechende RNA zu erkennen und durchzuschneiden.
b

Die zerschnittene RNA liefert kein funktionelles Genprodukt mehr — das Gen ist ruhiggestellt.
c

doppelsträngige Fremd-RNA

Enzymkomplex mit RNA-Fragment als Erkennungsstück

Der Enzymkomplex ist wieder frei für die nächste Fremd-RNA.
d

Fremd-RNA

Abb. 20: RNAi. Beim Vorgang der RNA-Interferenz kann RNA zum Verstummen gebracht werden. Der Mechanismus dient dem Erkennen von Fremd-DNA (etwa von Viren), die als Doppelstrang vorliegt.

Glossar

[1] **Dicer** vom Englischen *to dice* für „in Würfel schneiden"

[2] **Andrew Z. Fire** (geb. 1959), US-amerikanischer Biologe

[3] **Craig C. Mello** (geb. 1960), US-amerikanischer Biochemiker

Aufgabe

W 1 RNA-Interferenz: RNAi stellt für die zelleigene RNA keine Gefahr dar. Erkläre diese Tatsache.

Basiskonzept

Variabilität, Verwandtschaft, Geschichte und Evolution: Der Mechanismus der RNA-Interferenz ist ein gutes Beispiel für einen Funktionswandel eines molekularen Mechanismus: Aus dem ursprünglichen Schutzmechanismus gegen Fremd-DNA entstand eine weitere Funktion als Regulationswerkzeug der Genexpression.

1.9 Epigenetik

Umweltfaktoren können die Genaktivität beeinflussen

Epigentische Änderungen sind chemische Modifikationen der DNA, die die Aktivität der Gene beeinflussen

Lange Zeit war es die gängige Lehrmeinung, dass die DNA alleine festlegt, welche Proteine und damit welche Merkmale eine Zelle ausbildet. Jüngere Forschungsergebnisse haben gezeigt, dass auch Umweltfaktoren auf die Genregulation wirken, in dem sie die DNA biochemisch verändern. Dieses junge Forschungsgebiet wird als **Epigenetik**[1] bezeichnet.

Damit ein Gen abgelesen werden kann, muss es für die RNA-Polymerase zugänglich sein. Im Chromatin ist die DNA um Histonproteine gewickelt. Transkription ist nur möglich, wenn die DNA relativ locker gepackt ist. Nun ist es so, dass die Packungsdichte durch chemische Veränderung von DNA-Bereichen beeinflusst werden.

Eine Variante dieser Veränderung ist die **Methylierung** von DNA oder Histonen (→Abb. 21 a). Dieses Anhängen von Methylgruppen ($-CH_3$) bewirkt eine stärkere Spiralisierung der DNA und damit das Abschalten der betroffenen Gene.

Eine gegenteilige Wirkung hat die **Acetylierung** von Histonen (→Abb. 21 b). Dabei werden Acetylgruppen ($-C(O)CH_3$) an die DNA oder Histone angehängt, was die Spiralisierung verringert und das Ablesen betroffener Gene fördert.

Methyl- und Acetylgruppen bilden auf der DNA-Doppelhelix bzw. auf den Histonen ein typisches Muster. Dieses Muster wird als Epigenom der Zelle bezeichnet – es bestimmt die Genexpression der Zelle. Umwelteinflüsse beeinflussen also, wie die DNA abgewandelt und damit die Regulation der Genaktivität beeinflusst wird. Diese Änderungen werden auch bei Mitosen von Zelle zu Zelle weitergegeben.

Wir können also die Genexpression durch unsere persönliche Lebensweise beeinflussen. Natürlich sind viele unserer Merkmale von der Umwelt kaum zu steuern, etwa die Blutgruppe. Andere Merkmale sind sehr wohl von der Umwelt regulierbar – doch in welchem Ausmaß?

Gerade bei sehr komplexen Merkmalen wie zB Intelligenz, Talent, Übergewicht oder der Anfälligkeit für Krankheiten ist es sehr schwierig zu ermitteln, wie weit diese erblich sind und welchen Einfluss Umweltbedingungen nehmen können.

Welcher Zusammenhang besteht zwischen Ernährung, Erziehung, Sport oder starkem Medienkonsum und der genetischen Aktivität eines Menschen? Derartige vielschichtige Fragestellungen lassen sich nur durch umfangreiche Forschungsprojekte beantworten.

Neben den Veränderungen an der DNA gibt es auch Forschungsergebnisse, die darauf hindeuten, dass auch RNA epigenetisch wirksam ist. So genannte microRNAs können an mRNAs binden und so die Proteinsynthese hemmen.

Eine weitere spannende Frage betrifft die Vererbung epigenetischer Änderungen. Grundsätzlich ist es so, dass das Epigenom während der Meiose wieder gelöscht wird. Man könnte auch sagen, dass auf diese Weise der nächsten Generation ein Neustart ermöglicht wird. Doch überraschenderweise ist diese „Reinigung" des Genoms unvollständig, und so werden manche der erworbenen Markierungen über die Eizelle oder die Spermienzelle vererbt. Die Zygote ist also epigenetisch kein ganz „unbeschriebenes Blatt", sondern hat bereits einen väterlichen und einen mütterlichen Stempel. Sie ist „genomisch geprägt". Man nennt dieses Phänomen **Imprinting**. Dieser Teilbereich der Epigenetik wird gegenwärtig sehr aktiv beforscht.

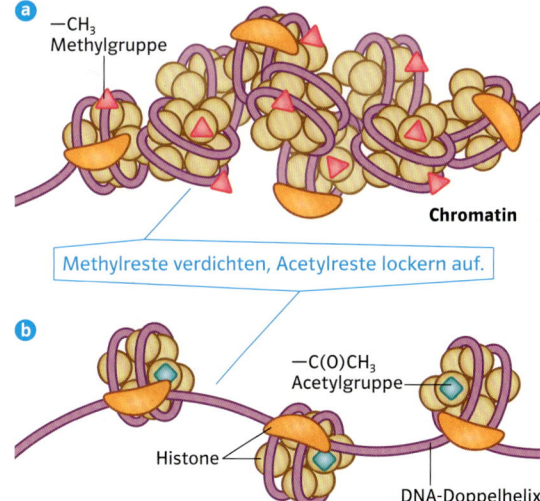

Abb. 21: Epigenetik. Je nach Art der Modifikation wird die DNA stärker oder weniger stark verdichtet und damit die Aktivität der Gene beeinflusst.

Glossar

[1] **Epigenetik**, vom Griechischen *epi* für dazu oder darüber.

Aufgabe

E 1 **Zwillingsforschung:** Um herauszufinden, inwieweit Umweltfaktoren Einfluss auf erbliche Merkmale haben, versucht man eineiige und zweieiige Zwillinge miteinander zu vergleichen. Erstelle eine Hypothese, wie die Zwillingsforschung helfen kann, epigenetische Änderungen nachzuweisen.

Basiskonzept

Steuerung und Regelung: Das Epigenom erteilt gewissermaßen Leserechte für bestimmte Gene. Je nach Art der epigenetischen Änderung (Methylierung oder Acetylierung) werden genetische Programme gestartet oder blockiert.

Eukaryotische Zellen können sich nur begrenzt teilen

Die Endstücke der DNA heißen Telomere, sie übernehmen Schutzfunktion und verhindern, dass bei der Zellteilung Gene verloren gehen

Auf Seite 24 hast du gelesen, dass die DNA der Eukaryoten nicht nur aus Genen besteht. Tatsächlich vermuten Genetikerinnen und Genetiker, dass nur etwa 5 % der DNA für Proteine codieren. Zum übrigen, nicht-codierenden Teil der DNA zählen zB die Introns in den Genen (→S. 24) oder Abschnitte neben den Genen, die als Andockstellen für Enzyme dienen.

Einen weiteren Fall von nicht-codierenden DNA-Abschnitten stellen die Telomere[1] dar. Das sind die Endabschnitte der DNA der Eukaryoten (→Abb. 22 links).

Sie bestehen aus sich vielfach wiederholenden (repetitiven) Sequenzen – bei den Körperzellen des Menschen ist das TTAGGG, ca. 2000-mal wiederholt. Diese Telomere binden Proteine und bilden so „Schutzkappen", die dafür sorgen, dass

Chromosomen nicht verkleben und bei der Zellteilung sauber getrennt werden können.

Dazu verhindern die Telomere, dass bei der Replikation Gene verloren gehen, denn am Ende der Doppelhelix kann die DNA-Polymerase nur den Leitstrang vollständig kopieren. Am Folgestrang wird das Stück, das dem Primer entspricht, nicht kopiert (→Abb. 22 rechts). D.h., mit jeder Zellteilung wird das Chromosom um ca. 100 Basenpaare kürzer. Die Zelle kann den Verlust verkraften, da es sich dabei ja um Telomere und nicht um Gene handelt.

Telomere werden sozusagen als Lebensuhren der Zellen bezeichnet: Nach ca. 25 Teilungsschritten sind sie verbraucht, die Zelle kann sich dann nicht mehr teilen.

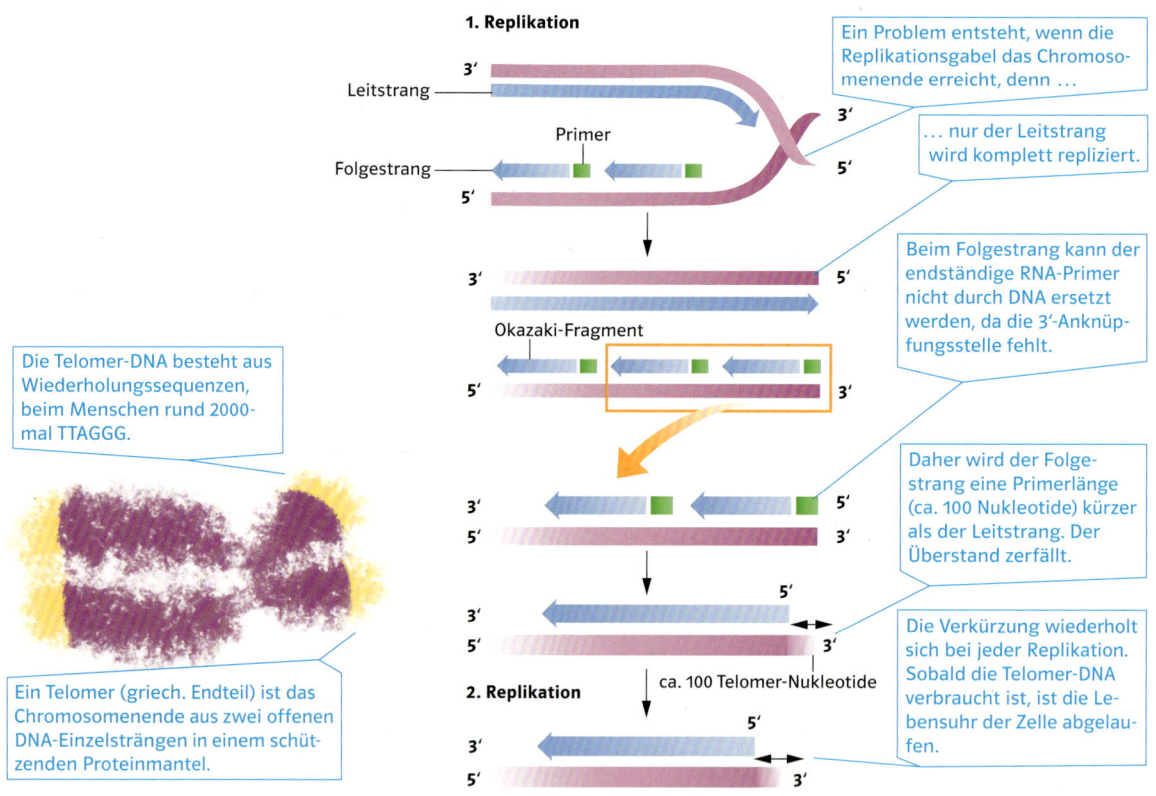

1. Replikation

Leitstrang

Primer

Folgestrang

Okazaki-Fragment

2. Replikation

ca. 100 Telomer-Nukleotide

Ein Problem entsteht, wenn die Replikationsgabel das Chromosomenende erreicht, denn …

… nur der Leitstrang wird komplett repliziert.

Beim Folgestrang kann der endständige RNA-Primer nicht durch DNA ersetzt werden, da die 3'-Anknüpfungsstelle fehlt.

Daher wird der Folgestrang eine Primerlänge (ca. 100 Nukleotide) kürzer als der Leitstrang. Der Überstand zerfällt.

Die Verkürzung wiederholt sich bei jeder Replikation. Sobald die Telomer-DNA verbraucht ist, ist die Lebensuhr der Zelle abgelaufen.

Die Telomer-DNA besteht aus Wiederholungssequenzen, beim Menschen rund 2000-mal TTAGGG.

Ein Telomer (griech. Endteil) ist das Chromosomenende aus zwei offenen DNA-Einzelsträngen in einem schützenden Proteinmantel.

Abb. 22: Telomere. Die Endstücke eines Chromosoms werden nur unvollständig verdoppelt, folglich wird die DNA mit jeder Zellteilung um ein Stück kürzer, bis die Telomere aufgebraucht sind.

Glossar

[1] **Telomer**, vom griechischen *telos* für Ende und *meros* für Teil

Aufgaben

E/S **1** **Stammzellen:** Recherchiere, warum sich Stammzellen endlos teilen können, Körperzellen aber nicht.

1.11 Viren – Piraten der Zelle

Viren sind keine Lebewesen und nutzen lebende Zellen zur Vermehrung

Viren sind keine Zellen oder Lebewesen, sie bestehen aus Nukleinsäuren mit Proteinhüllen

Du hast sicher schon mindestens einmal in deinem Leben Bekanntschaft mit Viren[1] gemacht: Viren bescheren uns Schnupfen, grippale Infekte, Feuchtblattern (Windpocken) oder Warzen – in schlimmen Fällen auch Influenza, AIDS oder andere schwere Krankheiten.

Viren sind also oft pathogen, und werden daher vielfach in einem Atemzug mit anderen Krankheitserregern wie Bakterien genannt. Tatsächlich sind Viren aber etwas völlig anderes – sie sind nicht einmal Lebewesen!

Was zeichnet Viren nun aus? Viren sind keine Zellen, sondern bestehen nur aus Nukleinsäure (DNA oder RNA) in einer Proteinhülle, dem **Capsid**. Manche sind zusätzlich von einer Membran umgeben. Vermehren können sich Viren nur, wenn ihre Nukleinsäure in eine lebende Zelle gelangt und deren Stoffwechsel nutzen kann (→Abb. 24).

Viren treten in unterschiedlichen Größen und Formen auf – die meisten sind sehr klein (die kleinsten sind nur 15 nm groß, also kleiner als Ribosomen) und einfach gebaut. Es gibt aber auch besonders auffällige Formen: **Bakteriophagen**[2] (→Abb. 23 d) etwa sind bis zu 200 nm groß und sehen aus wie Objekte aus einem Science-Fiction-Film. Diese Viren „landen" wie Mondfähren auf Bakterien und injizieren ihre DNA durch das Schwanzrohr in die Bakterienzelle.

Reproduktion

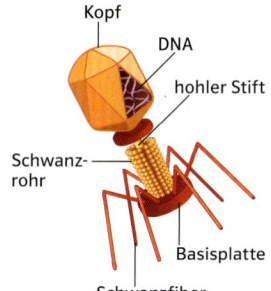

Abb. 23: Bakteriophage

Labels: Kopf, DNA, hohler Stift, Schwanzrohr, Basisplatte, Schwanzfiber

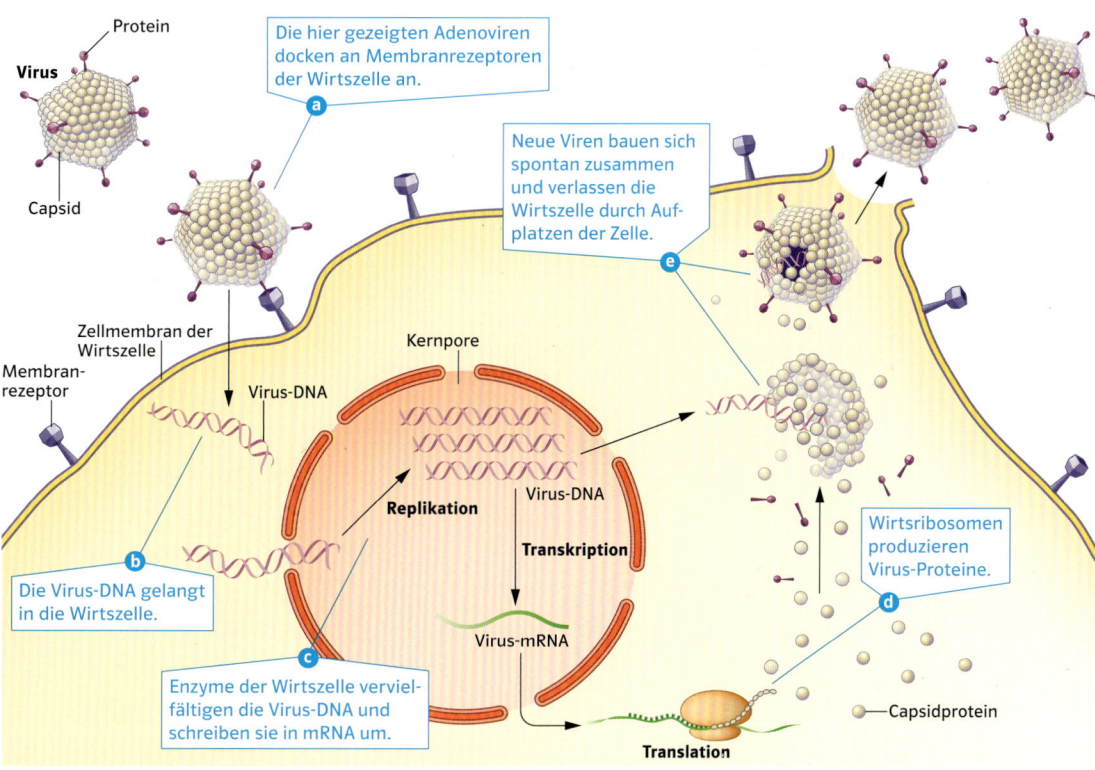

Abb. 24: Vermehrung von Viren. Viren schleusen ihre DNA (oder RNA) in die Wirtszelle ein, nachdem sie an Membranproteinen andocken (a und b). Danach wird die Virus-DNA entweder direkt abgelesen oder in die DNA der Wirtszelle integriert (c). Die Zelle produziert dann Virusproteine (d), aus denen sich neue Viruspartikel bilden, die dann aus der Zelle freigesetzt werden (e).

Glossar

[1] **Virus**, vom Lateinischen Wort für Gift. Ein einzelnes Viruspartikel wird als Virion bezeichnet.
[2] **Bakteriophagen**, vom Griechischen *bakterion* (Stäbchen) und *phagein* (fressen), sind relativ große Viren mit kompliziertem Aufbau, die Bakterien befallen

Aufgabe

W **1** „Viren sind keine Lebewesen". Bestätige diese Aussage, indem du die Kennzeichen des Lebens wiederholst und überprüfst, welche davon auf Viren zutreffen.

Basiskonzept

Reproduktion: Viren nutzen die Vermehrungs-Maschinerie von Wirtszellen. Das zeigt, dass der genetische Code und die genetischen Reproduktionsmechanismen universell sind. Zellen können nicht zwischen eigener und Virus-DNA unterscheiden, beide werden mit den gleichen Enzymen vervielfältigt und abgelesen.

Gel-Elektrophorese

Die Zelle enthält eine Vielfalt von Proteinen und Nukleinsäuren

Jedes Protein ist eine lange Kette aus Aminosäuren, die – je nach Aminosäureabfolge - eine bestimmte Faltung einnehmen, woraus sich Form und Funktion des Proteins ergeben. Natürliche Proteine setzen sich aus 20 verschiedenen Aminosäuren zusammen, und die Länge der Aminosäurekette variiert von ca. 100 bis zu einigen Tausend Aminosäuren – entsprechend groß ist die Vielfalt der Proteine.

Ebenso gibt es unzählige verschiedene Nukleinsäuren – zwar sind DNA und RNA strukturell und funktionell bei weitem nicht so vielfältig wie Proteine, aber dennoch unterscheiden sich DNA- und RNA-Moleküle, v.a. in ihrer Länge.

Wie lassen sich verschiedene Proteine oder Nukleinsäuren voneinander trennen?

In der Molekularbiologie ist es oft wichtig, ein Protein oder ein bestimmtes Stück DNA in Reinform vorliegen zu haben, etwa für die Untersuchung der Molekülstruktur.

Molekularbiologinnen und -biologen nutzen zur Trennung von Protein- oder Nukleinsäuregemischen die Methode der Gel-Elektrophorese[1].

In →Abb. 25 siehst du eine Gel-Ektrophorese-Apparatur. Das Protein- oder Nukleinsäuregemisch wird angefärbt und in kleine Gruben im Gel[2] eingefüllt.

Dann wird eine schwache Gleichspannung über zwei Elektroden angelegt. Man macht sich hier die Tatsache zu Nutze, dass Proteine ebenso wie Nukleinsäuren nicht in neutralem Zustand vorliegen, sondern negativ geladen sind. Sie werden also von der Anode angezogen und wandern entsprechend schnell durch das Gel. Entscheidend ist hier die Molekülgröße: Kleine Moleküle wandern schneller (da sie weniger Widerstand durch das Gel erfahren). Nach Abschalten der Spannung wird das Gel entnommen. Die Laufstrecke der Proben wird mit Laufstrecken von bekannten Molekülen (so genannten Molekulargewichtstandards) verglichen. So kann die Molekülgröße bestimmt werden.

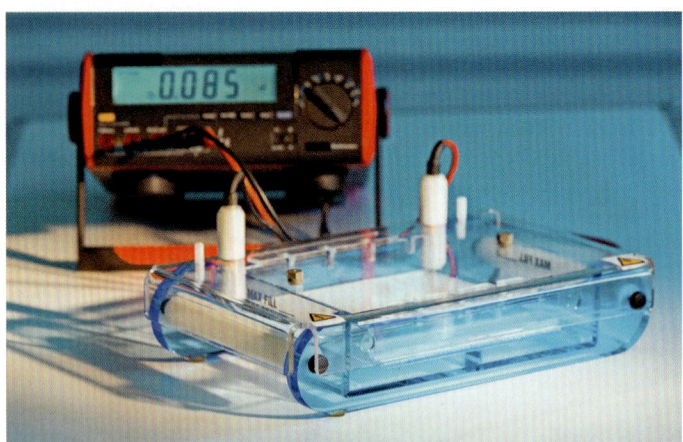

Abb. 26: Gel-Elektrophorese-Apparat zur Trennung von DNA-Proben.

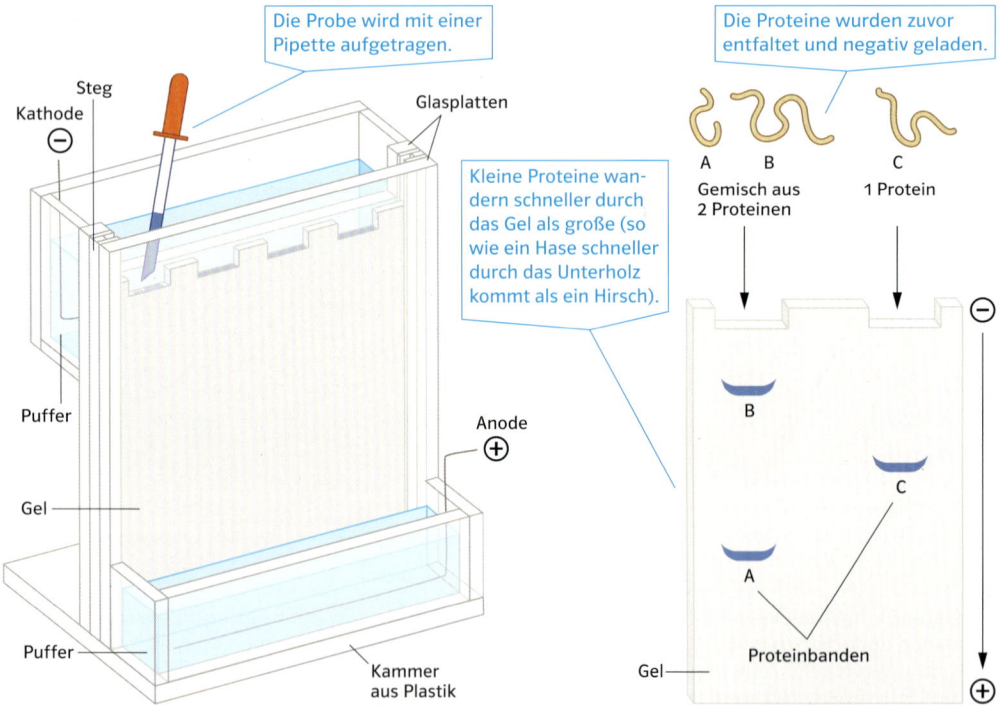

Die Probe wird mit einer Pipette aufgetragen.

Die Proteine wurden zuvor entfaltet und negativ geladen.

Kleine Proteine wandern schneller durch das Gel als große (so wie ein Hase schneller durch das Unterholz kommt als ein Hirsch).

Steg
Kathode ⊖
Glasplatten
Puffer
Anode ⊕
Gel
Puffer
Kammer aus Plastik

A B C
Gemisch aus 2 Proteinen   1 Protein
⊖
B
C
A
Proteinbanden
Gel
⊕

Abb. 25: Gel-Elektrophorese. Mit dieser Methode können Moleküle nach ihrer Größe getrennt werden. Die abgebildete Apparatur wird zur Trennung von Proteinen verwendet, für Nukleinsäuren kommen horizontale Apparaturen zur Anwendung (→Abb. 26).

Glossar

[1] **Gel-Elektrophorese:** vom Griechischen *pherein* für tragen.
[2] **Gel:** Verschiedene Gele können als Trägermedium genutzt werden. Am häufigsten kommen Agarose-Gele (Agar) oder Polyacrylamid-Gele zum Einsatz.

Aufgabe

W/E 1 Die Gel-Elektrophorese nutzt die Tatsache, dass Proteine und Nukleinsäuren nicht in neutraler Form vorliegen, sondern negative Ladungen tragen. Dies kommt daher, dass bei beiden Molekülen funktionelle Gruppen vorliegen, die in wässriger Lösung H+ abspalten können. Stelle Hypothesen auf, welche funktionellen Gruppen das sein können und überprüfe danach deine Hypothesen im Internet

Der zelluläre Reparatur-Notdienst

Irren ist menschlich...

Wir alle machen Fehler. Auch auf molekularer Ebene kommt es ständig zu spontanen Schäden. In einer menschlichen Zelle sind es ca. 10 000 am Tag. Diese entstehen durch „molekulares Versagen", also Fehler zB bei der Replikation der DNA, aber auch durch Einflüsse von außen, wie durch Gifte (etwa aus Zigarettenrauch) oder UV-Strahlung.

Die Biochemikerin **Dea Slade** von der Universität Wien erforscht mit ihrem Team, wie die Zelle diese Schäden repariert. Diesen **Reparaturmechanismen** verdankst du dein Leben, denn ohne sie würden an allen Stellen deines Körpers laufend schadhafte Zellen entstehen, von denen viele zu Krebszellen werden. Die Erforschung des zellulären Reparatur-Notdiensts ist also auch eine Suche nach neuen, effektiven Krebstherapien.

Slade und ihr Team untersuchen DNA-Doppelstrangbrüche: Mit einem UV-Laser wird die DNA durchschnitten, ohne die Zelle zu töten. Dann lässt sich beobachten, welche Prozesse in Gang gesetzt werden, um den Schaden zu reparieren. Generell sind diese Abläufe sehr komplex: Viele verschiedene Troubleshooter-Proteine arbeiten an der Reparatur. Die Schwierigkeit ist die Beobachtung dieser molekularen Vorgänge.

Beobachtung von Proteinen in Echtzeit

Mit herkömmlichen Methoden lässt sich nicht detektieren, was nach dem Durchtrennen der DNA in der Zelle passiert. Folglich musste das Team um Slade gemeinsam mit Expertinnen und Experten aus dem Feld Bio-Optics vom Vienna Biocenter eine eigene Mikroskopie-Technik entwickeln, um die Proteine in Echtzeit beobachten. Die **FLIM-FRET-Technik** (Fluorescence Lifetime Imaging-Fluorescence Resonance Energy Transfer, →Abb. 27) ist eine weltweit einzigartige Technik, mit der nun das Zusammenspiel zweier Proteine in der Zelle beobachtet werden kann.

Dazu werden die potenziellen Bindungspartner mit unterschiedlichen Fluorophoren[1] markiert. Das Besondere ist, dass das Emissionsspektrum des einen Bindungspartners mit dem Anregungsspektrum des anderen übereinstimmt. Wenn also beide Moleküle in Kontakt kommen, kann die Anregung des ersten Moleküls zur Anregung des zweiten führen. Anders gesagt: Wenn man nur das erste Molekül anregt, dann aber das zweite Molekül fluoresziert, weiß man, dass die Wechselwirkung erfolgt.

Besonders bemerkenswert ist, dass es bereits einige Medikamente am Markt gibt, die auf Erkenntnissen dieser sehr neuen Technik beruhen, zB bei Eierstock- und Brustkrebs (PARP-Behandlung[2]). Die Therapie hat aber noch etliche Nebenwirkungen, was damit zu tun hat, dass noch nicht genau bekannt ist, was die Proteine genau tun.

Dea Slade und ihr Team will das Wissen in diesem Bereich erweitern, um diese und zukünftige Therapien effektiver zu gestalten. Ihr Projekt ist also ein Teil der Suche der Menschheit nach einem Heilmittel gegen Krebs – welcher immerhin für ca. ein Viertel aller Todesfälle in Österreich verantwortlich ist.

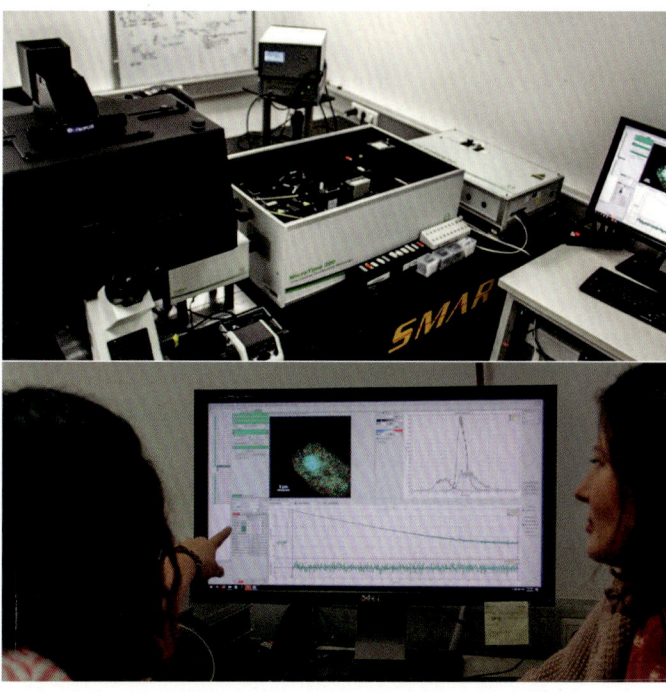

Abb. 27: Die FLIM-FRET-Technik. Oben: Das Bild zeigt nur einen Teil der komplexen Apparatur: mit Linsen und Blenden wird ein UV-Laser gesteuert. Unten: Die Forscherinnen Dea Slade und Tanja Kaufmann analysieren ein Protein.

Literatur

Kaufmann, T.; Grishkovskaya, I.; Polyansky, A.A.; Kostrhon, S.; Kukolj, E.; Olek K.M.; Herbert, S.; Beltzung, E.; Mechtler, K.; Peterbauer, T.; Gotzmann, J.; Zhang, L.; Hartl, M.; Zagrovic, B.; Elsayad, K.; Djinovic-Carugo, K.; Slade, D.: A novel non-canonical PIP-box mediates PARG interaction with PCNA. Nucleic Acids Res. 2017; 45(16): 9741–9759.

Glossar

[1] **Fluorophor:** Fluoreszierende Stoffe, die bei Anregung durch bestimmte Lichtwellenlängen ihrerseits charakteristische Wellenlängen abgeben.

[2] **PARP-Behandlung:** Benannt nach dem Enzym Poly (ADP-Ribose) Polymerase, das am Prozess der DNA-Reparatur beteiligt ist.

Aufgabe

W/E 1 Suche im Internet nach den Originalarbeiten zB von Mendel und Watson/Crick. Vergleiche diese älteren Arbeiten mit einer der vielen im Buch angesprochenen neueren Publikationen (zB der ersten Seite der oben zitierten Publikation). Analysiere die Arbeiten (bzw. die erste Seite) hinsichtlich einiger Aspekte, etwa Sprache, Publikationsort, Zitate, Beschreibung der Methodik, etc.

Kompetenz-Check: Grundlagen der Genetik

Was hast du in diesem Kapitel gelernt?

Lösungen
🌐 6az5ie

✓ Du weißt wie DNA und RNA auf molekularer Ebene aufgebaut sind und wo und wie die genetische Information bei Prokaryoten und Eukaryoten gespeichert ist.

✓ Du weißt, dass der genetische Code universell ist und wie durch den genetischen Code die Abfolge von Nukleotiden in die Abfolge von Aminosäuren übersetzt wird.

✓ Du hast gelernt, dass nur ein Teil der DNA für Proteine codiert und kennst einige Funktionen des nicht-codierenden Anteils der DNA. Du kannst auch erklären, welche Bedeutung die Telomere haben und warum die meisten unserer Zellen eine begrenzte Lebensdauer haben.

✓ Du kennst die Mechanismen der DNA-Replikation sowie der Proteinsynthese in ihren Schritten.

✓ Du kennst Mechanismen der Epigenetik und weißt, dass Umweltfaktoren Einfluss auf unser Erbgut haben.

✓ Du kannst die Prozesse der Regulation der Genexpression erklären.

Du kannst dir Fachwissen aneignen und kommunizieren

W 1 Fertige eine Zeichnung an, die den Ablauf des Zellzyklus erklärt.

W 2 Erkläre die Begriffe Nukleotid – Histon – Helicase – mRNA – Codon – Promotor – Intron – Telomer

W 3 Im Folgenden ist ein Ausschnitt der DNA des Rinds angegeben, der für eine Polypeptidkette des Hormons Insulin kodiert.
Bestimme die Basensequenz der dazugehörigen mRNA und die Sequenz des Polypeptids.

DNA-Sequenz: TACCCGTAACAGCTTGTCACAACGCGGTCGCAGACAAGGGAGATAGTTAATCTCTTAATGACGTTAATC

mRNA-Sequenz: _____

Sequenz des Polypeptids: _____

Du kannst Erkenntnisse gewinnen

E 1 Bei bakteriellen Infektionen werden den Erkrankten Antibiotika verabreicht, die die Proteinbiosynthese der Bakterien stören. Die Diagramme in Abbildung 28 zeigen Proteinkonzentrationen, welche das Bakterium E. coli produziert, und die gleichzeitig gemessene Konzentration der mRNA. Dabei wird die Wirkung zweier Antibiotika verglichen: Rifampicin und Tetracyclin.

Vergleiche die beiden Abbildungen **a** und **b**. Schließe aus den gezeigten Kurven, auf welche Weise die beiden Antibiotika das Bakterienwachstum stoppen.

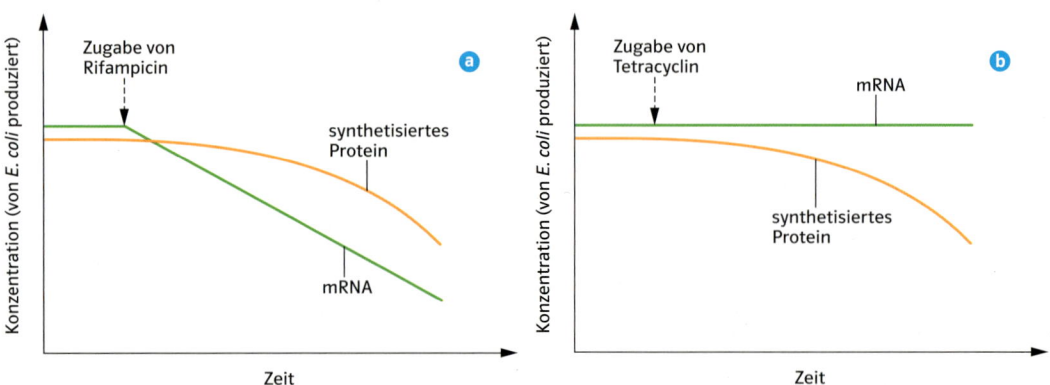

Abb. 28: Wirkung von Antibiotika im Zeitverlauf.

Du kannst Standpunkte begründen und reflektiert handeln

S 1 Bakteriophagen programmieren den Proteinsyntheseapparat ihrer Wirtszelle durch Injektion viraler DNA zur Produktion neuer Viren um. Bakterien haben in Form einer RNA-Interferenz Gegenmaßnahmen entwickelt. Interpretiere Abbildung 29 und beschreibe die Gegenmaßnahme der Bakterien mithilfe der Abbildung und deinem Wissen über RNA-Interferenz. Erörtere Chancen und Risiken der Anwendung von Bakteriophagen als Gen-Überträger im Einsatz der Gentechnologie.

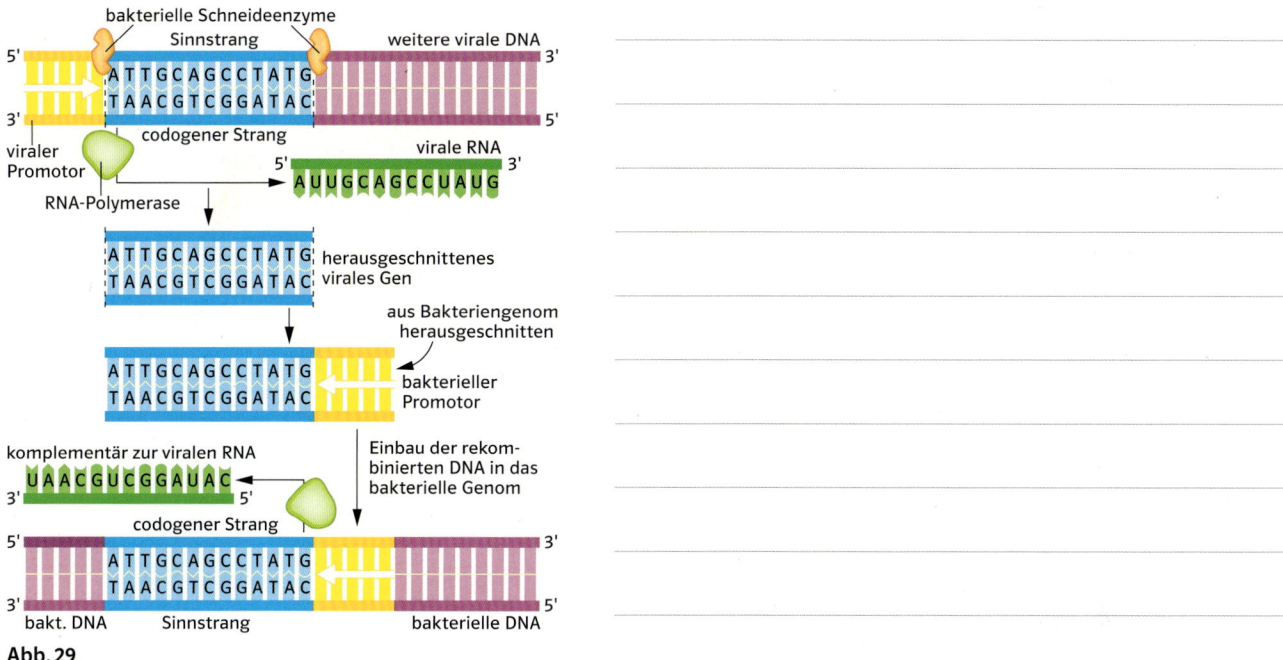

Abb. 29

S 2 Durch das alternative Spleißen erreichen Tiere mit relativ wenigen Genen ein hohes Komplexitätsniveau. Erkläre dies anhand der in Abbildung 30 gezeigten Übersicht zur Expression des Tropomyosin-Gens.
Zeichne dazu die entsprechenden prozessierten mRNAs. Formuliere fachlich korrekte Argumente, warum das alternative Spleißen einen evolutionären Vorteil bringt.

prä-mRNA für das Muskelprotein Tropomyosin:
11 Exons

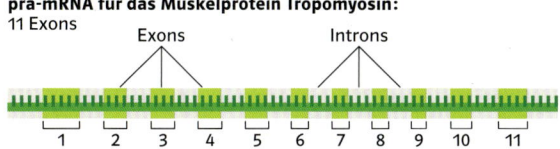

Gewebe	fehlende Exons in der prozessierten mRNA
Skelettmuskulatur	Exon 2
glatte Muskulatur	Exons 3 und 10
Leber	Exons 2, 3, 7 und 10
Gehirn	Exons 2, 3, 10 und 11

Abb. 30: Expression des Tropomyosin-Gens

2. Vererbungsregeln und Humangenetik

Du lernst in diesem Kapitel …

Bonusmaterial
🌐 np78jj

W Wissen organisieren

… Du verstehst den **Zusammenhang** zwischen **Genen, Chromosomen** und den **Vererbungsregeln**.

… Du lernst verschiedene **Arten von Mutationen** kennen und diese voneinander abzugrenzen und zu unterscheiden.

… Du erfährst, wie das **Genom des Menschen** aufgebaut ist, was Autosomen und Gonosomen sind und lernst **Beispiele für Erbkrankheiten** des Menschen kennen.

E Erkenntnisse gewinnen

… Du erfährst, nach welchen Regeln **Merkmale vererbt** werden und wie diese Erkenntnisse gewonnen bzw. hinterfragt werden können

… Du lernst, wie man Genkarten **experimentell erstellen** kann und die Bedeutung von Genen und Allelen herausfinden kann.

… Du lernst, **Kreuzungsschemata** und **Erbgänge** zu lesen und zu interpretieren.

S Schlüsse ziehen

… Du wirst die **Folgen von Mutationen einschätzen und beurteilen** können.

… Du kannst einschätzen, welche Faktoren **Krebs** begünstigen, welchen Zusammenhang es mit **Mutationen** gibt, und warum eine ungesunde Lebensführung sich erst stark verzögert auswirken kann.

… Du machst dir Gedanken über **ethische Fragestellungen** und Problemkreise rund um den **Einsatz von Gentechnik** und lernst, diese Aspekte anhand des zu Grunde liegenden Fachwissens zu beurteilen.

» Sind Seefahrer Mutanten?

Menschen und Affen haben viele Gemeinsamkeiten – einschließlich einer Mutation mit potenziell fatalen Folgen. Diese Mutation machte sich erst bemerkbar, als der der Mensch die Meere eroberte: Unser Stoffwechsel ist nicht in der Lage, Ascorbinsäure herzustellen. Dieser Stoff ist lebensnotwendig – wir benötigen ihn als Coenzym, um Kollagen herzustellen, das wichtigste Gerüstprotein unseres Bindegewebes. Ascorbinsäuremangel zeigt sich durch Zahnausfall, Blutergüssen und schließlich dem Tod. Dieses Krankheitsbild heißt Skorbut, war seit dem Altertum bekannt und bis ins 18. Jahrhundert die häufigste Todesursache bei Schiffreisen.

Erst um 1750 erkannte man, dass bestimmte Nahrungsmittel die Krankheit verhindern können. Beispielsweise Zitrusfrüchte enthalten viel Ascorbinsäure, das auch als Vitamin C bezeichnet wird. Und da die Menschheit von Afrika aus auf dem Landweg die Erde besiedelt hatte, wo ausreichend Pflanzen bzw. Früchte vorhanden waren, spielte Skorbut keine Rolle.

Dies ist nur ein Beispiel für eine Mutation, die über viele Generationen vererbt wird. Was Mutationen sind, wie sie vererbt werden und wie wir Menschen damit umgehen, lernst du in diesem Kapitel.

2.1 Die Neukombination von Genen

Die Rekombination führt zur Variation

Durch Meiose und Befruchtugn kommt es zu einer Neukombination von Genvarianten (Allelen)

Durch die Meiose entstehen aus einer diploiden haploide Zellen. Bei der Befruchtung verschmelzen dann wiederum zwei haploide Zellen zu einer diploiden Zelle.

Warum ist das so? Abbildung 1 zeigt dies anhand eines einfachen Beispiels. Hier sind drei homologe Chromosomen dargestellt, auf jedem Chromosom ist die Lage eines bestimmten Gens mit einem Buchstaben markiert. Angenommen, das Gen auf dem obersten Chromosom codiert für die Haarfarbe. In der Zelle existieren zwei Varianten dieses Gens, A und a. Von der Mutter stammt die Variante a, die für rote Haare codiert, und vom Vater A, welche für schwarze Haare codiert. Solche unterschiedlichen Varianten eines Genes werden als **Allele** bezeichnet. Auf dem zweiten dargestellten Chromosom liegen beispielsweise Allele für glattes (B) oder lockiges Haar (b), auf einem dritten Allel für Sommersprossen (C) oder keine Sommersprossen (c).

Die dargestellte Urkeimzelle enthält Chromosomen mit der Genausstattung AaBbCc, dem Erbbild oder **Genotyp** der Zelle. Weil sich die mütterlichen und väterlichen Allele unterscheiden (A und a, etc.) ist diese Zelle **heterozygot** bezogen auf dieses Gen. Enthielte sie gleiche Allele von beiden Eltern (A und A oder a und a), wäre die Zelle **homozygot** bezogen auf dieses Gen.

Vor der Meiose wird die DNA verdoppelt (Replikation). Jedes Chromosom besteht dann aus zwei identischen Chromatiden (→Abb. 1 oben rechts). Der Genotyp ist unverändert AbBbCc. Im Lauf der Meiose werden die mütterlichen und väterlichen Allele zufällig auf die Keimzellen verteilt. Dadurch entstehen mehrere Kombinationsmöglichkeiten. In diesem Beispiel mit drei homologen Chromosomen (also n = 3, 2 n = 6) ergeben sich rechnerisch 2^3, also 8 genetische Varianten (→Abb. 1 unten). Bei 10 homologen Chromosomenpaaren wären es 2^{10}, also 1024 Varianten. Der Mensch hat n = 23 verschiedene Chromosomen – berechne, wie viele Keimzellenvarianten sich theoretisch ergeben!

Das ist noch nicht alles. Wie du in der 6. Klasse gelernt hast, können homologe Chromosomen untereinander Chromosomenabschnitte austauschen. Dieser als **Crossing-over** bezeichnete Vorgang erhöht die Variation noch zusätzlich (→S. 43).

Im Zuge der sexuellen Fortpflanzung kommt es zu einer Verschmelzung der beiden Keimzellen. Dabei werden mütterliche und väterliche Allele zusammengeführt. In der Regel gibt es in einer Art mehr als zwei Allele pro Gen (bei den Blutgruppen des Menschen sind es zB drei, →S. 40). So wird die Anzahl der Kombinationsmöglichkeiten nach der Befruchtung nochmal größer: Hierbei verschmelzen genetisch unterschiedliche Keimzellen miteinander. Bei drei Chromosomen gibt es dafür $2^3 \cdot 2^3 = 64$ Kombinationsmöglichkeiten, bei zehn Chromosomen über eine Million!

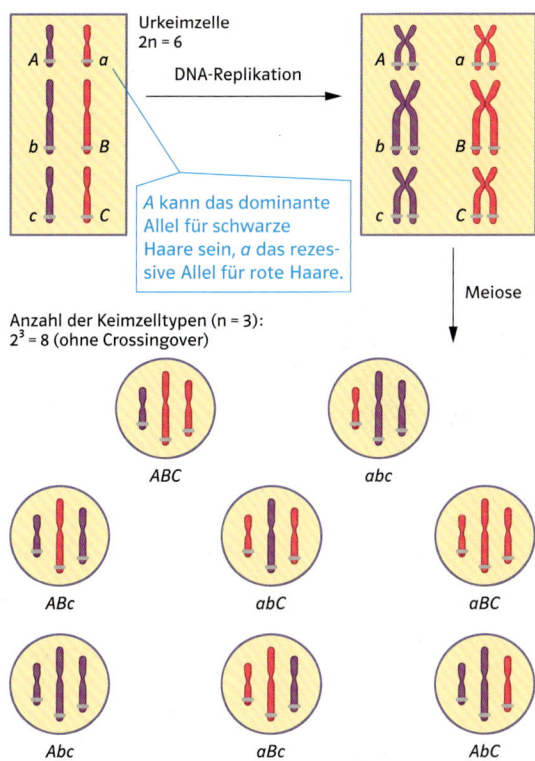

Urkeimzelle
2n = 6

DNA-Replikation

A kann das dominante Allel für schwarze Haare sein, a das rezessive Allel für rote Haare.

Meiose

Anzahl der Keimzelltypen (n = 3):
$2^3 = 8$ (ohne Crossingover)

ABC   abc

ABc   abC   aBC

Abc   aBc   AbC

Abb.1: Rekombination von Genen: Bei der Bildung haploider Keimzellen aus diploiden Urkeimzellen gibt es allgemein 2n mögliche Varianten.

Variabilität, Verwandtschaft, Geschichte und Evolution

Aufgaben

W 1 Meiose: Wiederhole den Ablauf der Meiose mithilfe des Schulbuchs der 6. Klasse. Notiere dir kurze Erklärungen der Begriffe haploid und diploid sowie homologe Chromosomen.

W 2 Variation. Vergleiche die Anzahl möglicher genetischer Rekombinationsmöglichkeiten beim Menschen mit der Weltbevölkerungszahl. Berechne dazu die Rekombinationsmöglichkeiten bei der Bildung von Keimzellen beim Menschen, danach die durch die zufällige Kombination zweier Eltern.

Basiskonzept

Variabilität, Verwandtschaft, Geschichte und Evolution: Meiose und Befruchtung leisten einen wesentlichen Beitrag zur Variabiliät innerhalb einer Art. Dadurch kann Selektion stattfinden (siehe S. 70).

2.2 Die Regeln der Vererbung

Vererbungsregeln beschreiben die Verteilung von Merkmalen

„Erbsenzählen" ist beinahe ein Synonym für eine kleinliche und langweilige Tätigkeit. Doch gerade mit dem Zählen von Erbsen konnte der Augustiner-Chorherr Gregor Mendel[1] vor über 150 Jahren zeigen, wie sich Merkmale über Generationen hin zahlenmäßig verteilen und wiederkehren. Er untersuchte dies anhand von Erbsenpflanzen, die er künstlich bestäubte (→Abb. 2).

Die Erbse (*Pisum sativum*) eignete sich gut als Versuchspflanze, da schon zu Mendels Zeit verschiedene Zuchtformen verfügbar waren. So gab es etwa Erbsen, die homozygot (reinerbig) in Bezug auf die Samenform waren: Mendel verwendete runde und runzelige Erbsensorten.

Durch das Kreuzen (Bestäubung einer Blüte mit dem Pollen einer anderen Sorte) züchtete Mendel Mischsorten, die heterozygot (mischerbig) waren – bezogen auf das Merkmal der Samenform. Alle Erbsen, die aus dieser Kreuzung entstanden, waren rund. In dieser **1. Folgegeneration** (F_1) hatte sich also eine Merkmalsausprägung der Elterngeneration oder **Parentalgeneration** durchgesetzt, eben die runde Samenform. Mendel nannte diese Ausprägung **dominant**, die andere Form, die in der F_1 nicht auftauchte (in diesem Fall die runzelige Form), nannte er **rezessiv**.

Nun zog Mendel Erbsenpflanzen aus den Samen der F_1 und bestäubte ihre Blüten wieder künstlich. Er erzeugte also eine 2. Folgegeneration (F_2) durch Inzucht. In der F_2 tauchte das Merkmal, das in der F_1 verschwunden war, wieder auf: Neben den runden Erbsen fanden sich auch runzelige. Heute sprechen Genetikerinnen und Genetiker salopp vom „Herausmendeln" von Merkmalen, wenn verschwundene Merkmale in einer Folgegeneration wieder zur Ausprägung kommen.

Mendel führte diese Versuche mit einer großen Anzahl an Pflanzen durch und zählte die Erbsen – wie eingangs erwähnt – aus. Durch diesen quantitativen Zugang fand er, dass etwa drei Viertel der Erbsensamen der F_2 das dominante Merkmal tragen, ein Viertel das rezessive. Aus diesen Erkenntnissen heraus formulierte Mendel bestimmte Regeln der Vererbung.

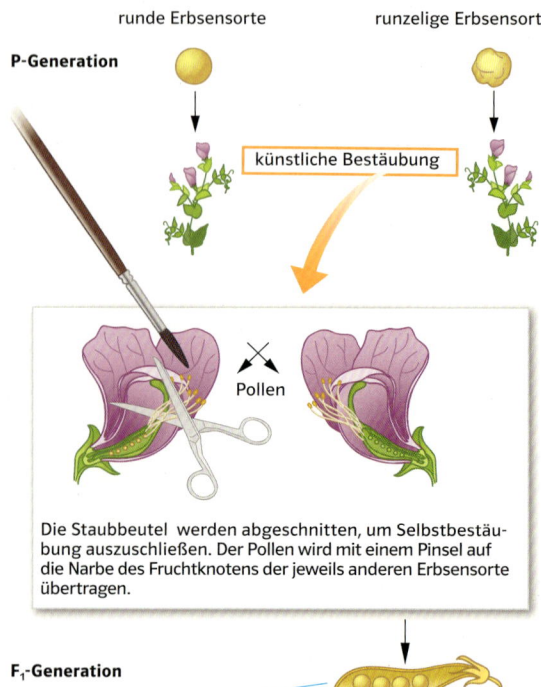

künstliche Bestäubung

Die Staubbeutel werden abgeschnitten, um Selbstbestäubung auszuschließen. Der Pollen wird mit einem Pinsel auf die Narbe des Fruchtknotens der jeweils anderen Erbsensorte übertragen.

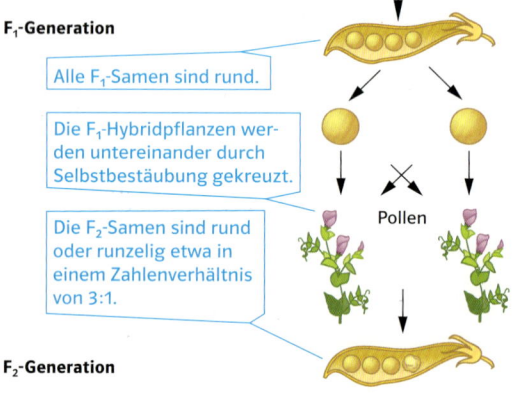

Alle F_1-Samen sind rund.

Die F_1-Hybridpflanzen werden untereinander durch Selbstbestäubung gekreuzt.

Die F_2-Samen sind rund oder runzelig etwa in einem Zahlenverhältnis von 3:1.

Abb. 2: Kreuzungsversuche von Gregor Mendel: Mendel bestäubte Erbsenpflanzen künstlich und zählte die Merkmalsträger in den Folgegenerationen. In der F_1 prägt sich bei allen Pflanzen das dominante Merkmal aus (hier die runde Samenform), in der F_2 tritt auch das rezessive Merkmal (hier die runzelige Samenform) wieder auf.

Glossar

[1] **Gregor Johann Mendel** (1822 bis 1884), Augustiner-Chorherr aus Brünn, der im Jahr 1865 die nach ihm benannten Vererbungsregeln veröffentlichte.

Die 1. und die 2. Mendel'sche Regel: Uniformitätsregel und Spaltungsregel

Kreuzungsversuche ergaben, dass sich die Vererbung von Merkmalspaaren durch zwei einfache Regeln beschreiben lässt

Auch bei anderen Merkmalen, die Mendel untersuchte (Samenfarbe, Blütenfarbe und Wuchsform) fand er, dass immer eine phänotypische Variante des jeweiligen Merkmals dominant gegenüber einer anderen war. Auch die quantitativen Ergebnisse stimmten überein: In der F_1 gab es immer nur die dominante Ausprägungsform. In der F_2 tauchte auch die rezessive wieder auf, wobei die beiden Ausprägungsformen im Verhältnis von 3:1 auftraten (→Abb. 3). Daraus schloss Mendel auf folgende Regeln:

1. **Uniformitätsregel**: Kreuzt man zwei homozygote Eltern, die sich in einem Merkmal voneinander unterscheiden, so erhält man in der F_1 Nachkommen, die in ihrem Aussehen gleich (uniform) sind.

2. **Spaltungsregel**: Kreuzt man die Individuen der F_1 untereinander, gehen aus dieser Kreuzung Nachkommen in der F_2 hervor, deren Merkmale in einem bestimmten Zahlenverhältnis (3:1 oder 9:3:3:1) aufspalten.

Merkmal		F$_1$-Generation	F$_2$-Generation
Samenfarbe gelb (G)	grün (g)	alle gelb	6022:2001 (3,01:1)
Samenform rund (R)	runzelig (r)	alle rund	5474:1850 (2,96:1)
Blütenfarbe violett (V)	weiß (v)	alle violett	705:224 (3,15:1)
Wuchsform hoch(H)	niedrig (h)	alle hoch	787:277 (2,84:1)

Abb. 3: Mendels Ergebnisse für verschiedene Merkmale von Erbsenpflanzen machen die Uniformitätsregel und die Spaltungsregel deutlich. Die Allele werden mit Buchstaben bezeichnet; Großbuchstaben stehen für dominante Allele, Kleinbuchstaben für rezessive.

Die 3. Mendel'sche Regel: die Unabhängigkeitsregel

Unterschiedliche Merkmale folgen jedes für sich den ersten beiden Mendelregeln, werden aber voneinander unabhängig vererbt.

Mendel untersuchte auch Kreuzungen, in denen er zwei Merkmale beobachtete, zB Samenfarbe und Samenform (→Abb. 4). Hier konnte er die ersten beiden Regeln bestätigen, fand aber neue Merkmalskombinationen in der F_2. Daraus formulierte er folgende Regel:

3. **Unabhängigkeitsregel** (Regel der freien Kombinierbarkeit): Kreuzt man die Individuen, die sich in mehreren Merkmalen unterscheiden, so gelten für jedes Merkmal unabhängig voneinander Uniformitäts- und Spaltungsregel. Aufgrund dessen entstehen in der F_2 auch Individuen mit ganz neu kombinierten Erbanlagen.

Als Mendel seine Ergebnisse veröffentlichte, fehlten ihm und seinen Zeitgenossen jegliches Wissen über Gene, Chromosomen oder zellbiologische Vorgänge. Umso verblüffender war es für Biologinnen und Biologen des frühen 20. Jahrhunderts, wie genau Mendels Regeln zum Verhalten von Chromosomen während der Meiose und der Befruchtung passen.

Die 3. Mendel'sche Regel gilt jedoch nicht in allen Fällen: Liegen die Gene für die betrachteten Merkmale auf demselben Chromosom, werden sie gemeinsam vererbt (→S. 42).

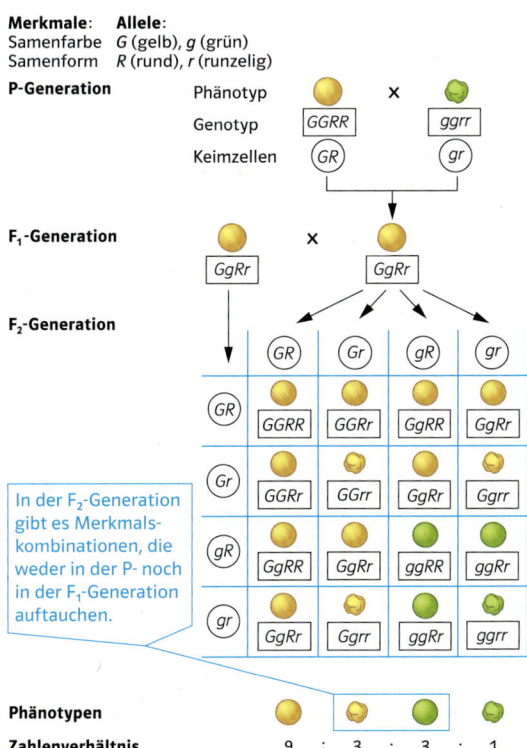

Merkmale: **Allele:**
Samenfarbe G (gelb), g (grün)
Samenform R (rund), r (runzelig)

In der F_2-Generation gibt es Merkmalskombinationen, die weder in der P- noch in der F_1-Generation auftauchen.

Abb. 4: Unabhängigkeitsregel: Aus einer Kreuzung von Individuen mit zwei Merkmalspaaren gehen F_2-Nachkommen mit neu kombinierten Merkmalen hervor.

Der intermediäre Erbgang

Beim intermediären Erbgang zeigen heterozygote Individuen eine mittlere Ausprägung der Merkmale

Gregor Mendel untersuchte viele verschiedene Merkmale an Erbsen. Bei jedem Merkmal gab es dominante und rezessive Ausprägungsformen. Daneben gibt es aber auch **intermediäre** Erbgänge.

Die Blütenfarbe der Wunderblume[1] (*Mirabilis jalapa*) ist ein Beispiel für einen solchen intermediären Erbgang (→Abb. 5). Wie bei der Erbsenpflanze gibt es rote und weiße Blüten. Bei heterozygoten Pflanzen (bezogen auf die Blütenfarbe) kann das funktionstüchtige Allel nicht ganz ausgleichen, dass das andere Allel funktionsunfähig ist: Die Zellen können zwar den roten Farbstoff herstellen, aber nicht so viel wie bei zwei funktionstüchtigen Allelen. Diese Pflanzen haben daher rosa Blüten (→Abb. 6).

Abb. 6: Blütenfarben der Wunderblume *Mirabilis jalapa*. Rechts ist eine heterozygote Pflanze zu sehen.

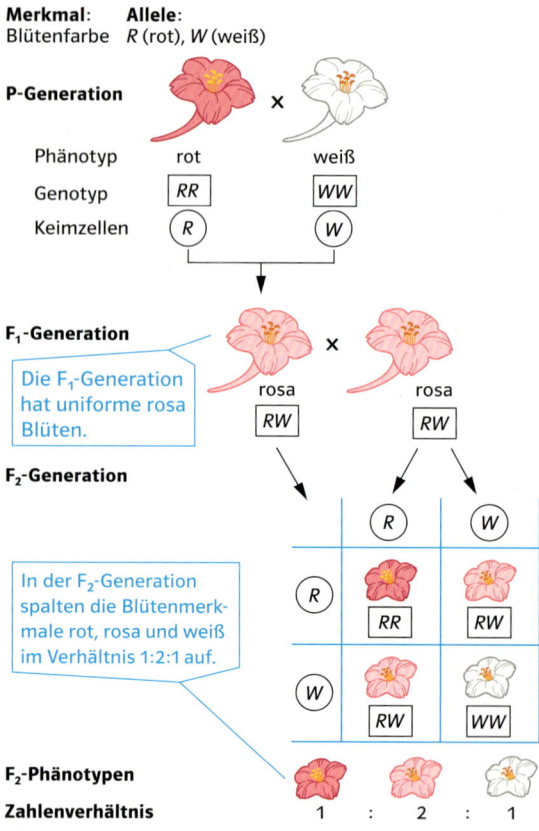

Abb. 5: Intermediärer Erbgang bei der Wunderblume

Die F_1-Generation hat uniforme rosa Blüten.

In der F_2-Generation spalten die Blütenmerkmale rot, rosa und weiß im Verhältnis 1:2:1 auf.

Der kodominante Erbgang

Beim kodominanten Erbgang gibt es zwei oder mehr gleichberechtigte Allele, je nach Kombination dieser Allele ergeben sich unterschiedliche Ausprägungen des Merkmals

Eine weitere Variante sind **kodominante** Erbgänge: Hier gibt es mehrere Allele, die je nach Kombination zu unterschiedlichen Merkmalsausprägungen führen, ohne einander zu „dominieren". Heterozygote Individuen zeigen dann beide Merkmale. Ein typisches Beispiel sind die Blutgruppen des Menschen: Hier gibt es drei Allele, die Allele A und B sind kodominant, während 0 rezessiv ist. Dieses so genannte AB0-System wurde 1900 von Karl Landsteiner[2] entdeckt.

Zellbiologisch bedeutet das, dass die Allele A und B für verschiedene Proteine codieren, die auf der Oberfläche der roten Blutkörperchen sitzen. Je nachdem, welche Allele bei einem Menschen vertreten sind, besitzen dessen rote Blutkörperchen die Proteine A oder B oder keine oder beide. Dementsprechend hat eine Person die Blutgruppe A oder B oder AB oder 0 (→Abb. 7).

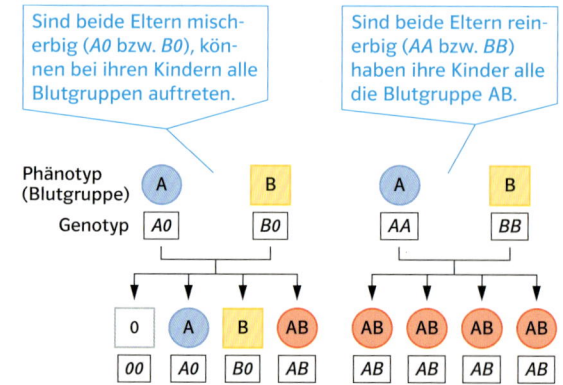

Sind beide Eltern mischerbig (A0 bzw. B0), können bei ihren Kindern alle Blutgruppen auftreten.

Sind beide Eltern reinerbig (AA bzw. BB) haben ihre Kinder alle die Blutgruppe AB.

Abb. 7: Vererbung der Blutgruppe: Nicht die Blutgruppe der Eltern, sondern ihr Genotyp bestimmt, welche Blutgruppe ihre Kinder bekommen können.

Glossar

[1] **Wunderblume**, ursprünglich aus Mittelamerika stammende Zierpflanze, die wegen ihrer Vielfalt an Blütenfarben (es gibt auch gelb blühende Vertreter) beliebt ist.

[2] **Karl Landsteiner** (1868 bis 1943), österreichischer Pathologe. Er erhielt 1930 den Nobelpreis für Physiologie oder Medizin, nachdem er die Ausprägung der Merkmale A, B und 0 entdeckte.

Aufgabe

W 1 **Verträglichkeit von Blutgruppen:** Lies im Arbeitsheft der 6. Klasse, Seite 33, nach, um zu wiederholen, was die Immunabwehr mit den Blutgruppen zu tun hat.

2.3 Chromosomen, Gene und Merkmale

Die Chromosomentheorie der Vererbung

Die Vererbung von Chromosomen ist der Vorgang, der durch Kreuzungsschemata beschrieben wird

Struktur und Funktion

Auch wenn Mendel nichts von Chromosomen oder Genen wusste, entsprachen viele seiner Interpretationen dem, was die zellbiologische Forschung Anfang des 20. Jahrhunderts entdeckte: Mendels Erbanlagen sind die Gene bzw. Allele auf den Chromosomen (siehe S. 37). In jeder Körperzelle liegen Paare von jeweils zwei homologen Chromosomen vor, die bei Meiose und Befruchtung neu kombiniert werden.

Damit war die **Chromosomentheorie der Vererbung** formuliert (→Abb. 8). Demnach lässt sich ein Vererbungsvorgang in einem Kreuzungsschema darstellen: Dabei wird zwischen äußeren Merkmalen (dem Phänotyp) und zugrunde liegenden Genen (dem Genotyp) in den diploiden Körperzellen unterschieden.

Wieso existieren dominante oder rezessive Allele? Hier gibt es verschiedene Mechanismen. Häufig ist folgender Zusammenhang: Gene codieren bestimmte Protein. Diese codierende Funktion kann aber verloren gehen. Ein rezessives Allel ist also ein Gen, das die Funktion zur Ausprägung eines Merkmals verloren hat. Kann das funktionstüchtige Allel am homologen Chromosom das ausgleichen, ist es dominant.

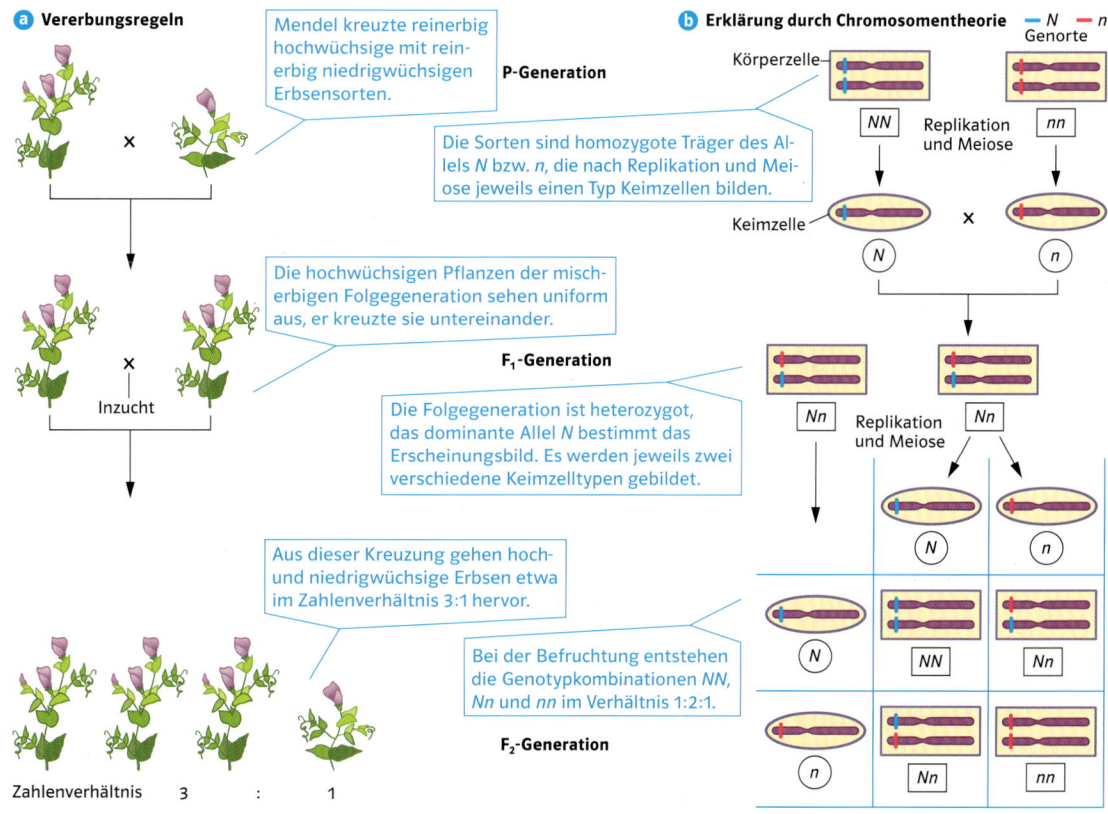

Abb. 8: Die Chromosomentheorie der Vererbung stellt eine Verbindung zwischen Mendels Regeln (a) und der Zellbiologie (b) her.

Aufgabe

E 1 Kreuzungsschema: Wähle ein Fallbeispiel aus Abb. 3, S. 39, und setze dies in einem Kreuzungsschema um.

Basiskonzept

Struktur und Funktion: Es ist freilich kein Zufall, dass Mendels Theorie über den Ablauf der Vererbung und die strukturellen Eigenschaften der Zelle zusammenpassen: Der von Mendel beschriebene Mechanismus ergibt sich aus dem Ablauf der Meiose, welche die Rekombination der Chromosomen ermöglicht.

Gekoppelte Gene

Liegen Gene auf einem Chromosom, werden sie gekoppelt vererbt und folgen nicht der 3. Mendel'schen Regel

Mehr als ein halbes Jahrhundert nach Mendel konnte Thomas Hunt Morgan[1] neue Erkenntnisse zur Vererbung gewinnen. Morgan und seine Arbeitsgruppe arbeitete mit der Taufliege *Drosophila melanogaster*[2]. Für ihre Zuchtversuche wählten sie Fliegen aus, die in ihrem Äußeren von dem normalen **Wildtyp** abwichen. Diese Mutanten hatten zB:

- Schwarze Körper (Allel b) statt hellbraune (B)
- Raue Beborstung (s) statt normal glatter (S)
- Helle rote Augen (c) statt normal roten (C)
- Verkümmerte Flügel (v) statt normalen (V)

Diese Mutanten kreuzten sie untereinander, bis sie homozygote Linien erhielten (also mit den Genotypen bb, ss, cc, vv). Durch eine so genannte **Rückkreuzung**[3] konnten sie überprüfen, ob Fliegen mit normaler Merkmalsausprägung homo- oder heterozygot waren (→Abb. 9).

So erhielten Morgan und sein Team homozygote Taufliegen für ihre Experimente. Mit diesen Tieren konnten sie Mendels 1. und 2. Regel bestätigen. Es gab aber auch Ergebnisse, die Mendel überrascht hätten: Es gibt Merkmale, die nicht unabhängig voneinander, sondern gekoppelt vererbt werden. Sie folgen also nicht der 3. Mendel'schen Regel, sondern verhalten sich fast wie ein einziges Merkmal (→Abb. 10).

Stimmt Mendels 3. Regel nun? Ja, wenn Gene auf unterschiedlichen Chromosomen liegen. Liegen zwei Gene dagegen auf einem Chromosom (wie die Gene für Beborstung und Flügelform), werden sie bei Meiose und Befruchtung gemeinsam bzw. gekoppelt vererbt.

Merkmal: Flügelform
Allele: V (normal), v (verkümmert)

getesteter Merkmalsträger — normale Flügel × verkümmerte Flügel

Genotyp	homozygot	oder	heterozygot	homozygot
	VV	oder	Vv	vv
Keimzellen	V	oder	V v	v

Ist der getestete Merkmalsträger **homozygot**, liefert die Rückkreuzung nur den dominanten Phänotyp.

Ist der getestete Merkmalsträger **heterozygot**, liefert die Rückkreuzung dominante und rezessive Phänotypen im Zahlenverhältnis 1:1.

	V	oder	V	v
v	Vv		Vv	vv

Abb. 9: Rückkreuzung bei *Drosophila*: Durch Rückkreuzung lassen sich homo- und heterozygote Träger eines dominanten Merkmals unterscheiden.

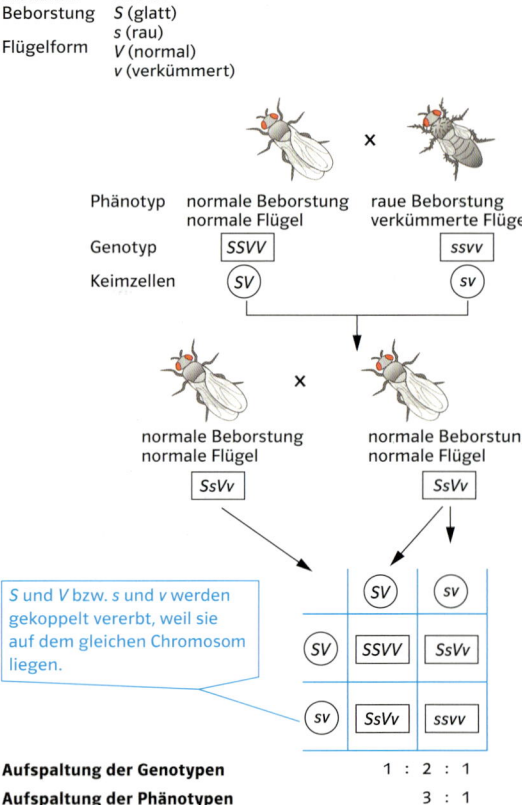

Merkmal: Beborstung, Flügelform
Allele: S (glatt), s (rau), V (normal), v (verkümmert)

Phänotyp	normale Beborstung normale Flügel	raue Beborstung verkümmerte Flügel
Genotyp	SSVV	ssvv
Keimzellen	SV	sv

normale Beborstung normale Flügel — SsVv × normale Beborstung normale Flügel — SsVv

S und V bzw. s und v werden gekoppelt vererbt, weil sie auf dem gleichen Chromosom liegen.

	SV	sv
SV	SSVV	SsVv
sv	SsVv	ssvv

Aufspaltung der Genotypen 1 : 2 : 1
Aufspaltung der Phänotypen 3 : 1

Abb. 10: Genkopplung bei *Drosophila*: Liegen zwei Gene auf demselben Chromosom, werden sie nicht nach der 3. Mendel'schen Regel vererbt.

Glossar

[1] **Thomas Hunt Morgan** (1866 bis 1945): US-amerikanischer Genetiker, der für seine Arbeit mit *Drosophila* 1933 den Nobelpreis für Physiologie oder Medizin erhielt.
[2] **Taufliege (*Drosophila melanogaster*):** Modellorganismus für genetische Forschung, da sie einfach und billig zu züchten ist, sich sehr schnell vermehrt und sie viele, leicht erkennbare Genmutationen aufweist. Dir ist die Taufliege eventuell als Besucherin von überreifem Obst bekannt.
[3] **Rückkreuzung:** Bei einer Rückkreuzung werden Individuen der F_1 mit homozygoten Vertretern der P gekreuzt, um herauszufinden, ob die Individuen hetero- oder homozygot sind.

Aufgabe

E 1 Kreuzungsversuche: Saatgut wird als „reinerbig rot blühend" verkauft. Dabei ist die rote Blütenfarbe (R) dominant gegenüber der weißen (r). Durch Kreuzung mit einer reinerbig weißen Pflanze soll überprüft werden, ob das Saatgut wirklich „reinerbig" ist. Stelle ein Kreuzungsschema auf und zeige, ob damit die Reinerbigkeit überprüft werden kann.

Crossing-over und Genkarten

Durch Crossing-over kann es zum Entkoppeln von gekoppelten Genen kommen

Durch Morgans Untersuchungen war klar, in welchen Fällen Gene gekoppelt bzw. unabhängig vererbt werden. Daneben fand Morgan aber auch Abweichungen: Bei einigen Untersuchungen zeigte sich, dass bestimmte gekopppelte Gene zu einem gewissen Anteil „entkoppelt" wurden (→Abb. 11).

Wie kann das sein? Eingangs wurde schon der Vorgang des **Crossing-over** erwähnt, den du auch schon in der 6. Klasse kennen gelernt hast: Während der Meiose können sich homologe Chromosomen überkreuzen und dabei Chromosomenstücke austauschen (→am Puls Biologie 6, S. 51, Abb. 6). Dadurch können Allele, die auf dem gleichen Chromosom liegen, voneinander getrennt werden.

Die Trennung gekoppelter Gene ist umso unwahrscheinlicher, je enger die Gene beieinander liegen. Anders gesagt: Die Häufigkeit von solchen Entkopplungen ist ein Maß, mit dem man den Abstand von Genen voneinander bestimmen kann. Auf diese Weise lässt sich eine einfache **Genkarte** erstellen, also ein Schema des Chromosoms, in dem verzeichnet ist, in welcher Reihenfolge und in welchem Abstand welche Gene liegen (→Abb. 12). Dabei handelt es sich um **relative bzw. genetische Genkarten**. Heute werden mit molekularbiologischen Methoden auch **absolute oder physikalische Genkarten** erstellt, d.h. Genlängen und -abstände gemessen.

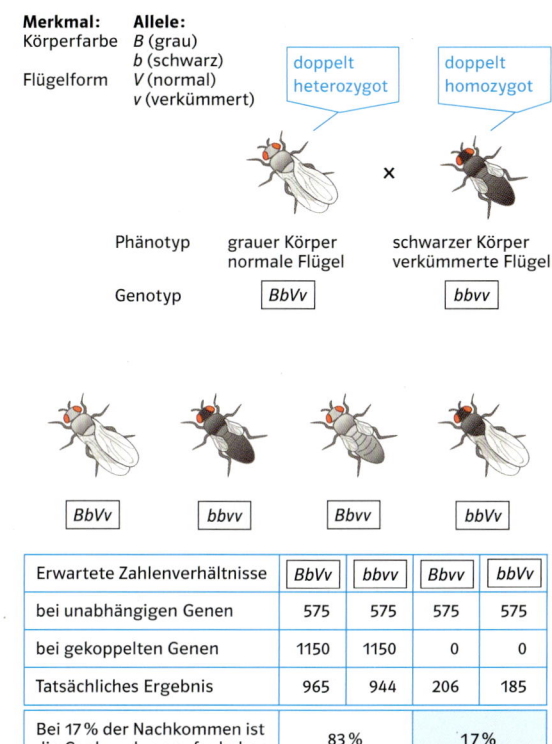

Merkmal:	Allele:
Körperfarbe	B (grau)
	b (schwarz)
Flügelform	V (normal)
	v (verkümmert)

Erwartete Zahlenverhältnisse	BbVv	bbvv	Bbvv	bbVv
bei unabhängigen Genen	575	575	575	575
bei gekoppelten Genen	1150	1150	0	0
Tatsächliches Ergebnis	965	944	206	185
Bei 17 % der Nachkommen ist die Genkopplung aufgehoben	83 %		17 %	

Abb. 11: Entkopplung durch Crossing-over: Gekoppelte Gene können „entkoppelt" werden, wenn während der Meiose Crossing-over auftritt. Der gezeigte Vorgang bezieht sich auf eine Rückkreuzung, bei der das Weibchen heterozygot ist.

Mit Hilfe von Kopplungsdaten können Genkarten erstellt werden

Je häufiger zwei gekoppelte Gene durch Crossing-over getrennt werden, umso größer ist ihr Abstand auf dem Chromosom. Morgan definiert: Werden zwei Gene 1 von 100-mal voneinander getrennt, ist die Rekombinationsfrequenz 1 % der relative Genabstand beträgt 1 Centimorgan (cM). Für die Allele b (schwarzer Körper), c (leuchtend rote Augen), v (verkümmerte Flügel) ermittelte er folgende Rekombinationsfrequenzen:

zwischen b und v: 17 % (siehe Abb. 4)
zwischen b und c: 9 %

Es ergibt sich als mögliche Reihenfolge:

a c – b – v, dann ist die Rekombinationsfrequenz zwischen c und v (9 + 17), also ca. 26 %

b b – c – v, dann ist die Rekombinationsfrequenz zwischen c und v (17 – 9), also ca. 8 %

a falls c – b – v, dann gilt

b falls b – c – v, dann gilt

Experimente liefern eine Rekombinationsfrequenz zwischen v und c von 9,5 %, damit ist die Reihenfolge b – c – v wahrscheinlicher. Absolute Angaben des Genortes sind nicht möglich.

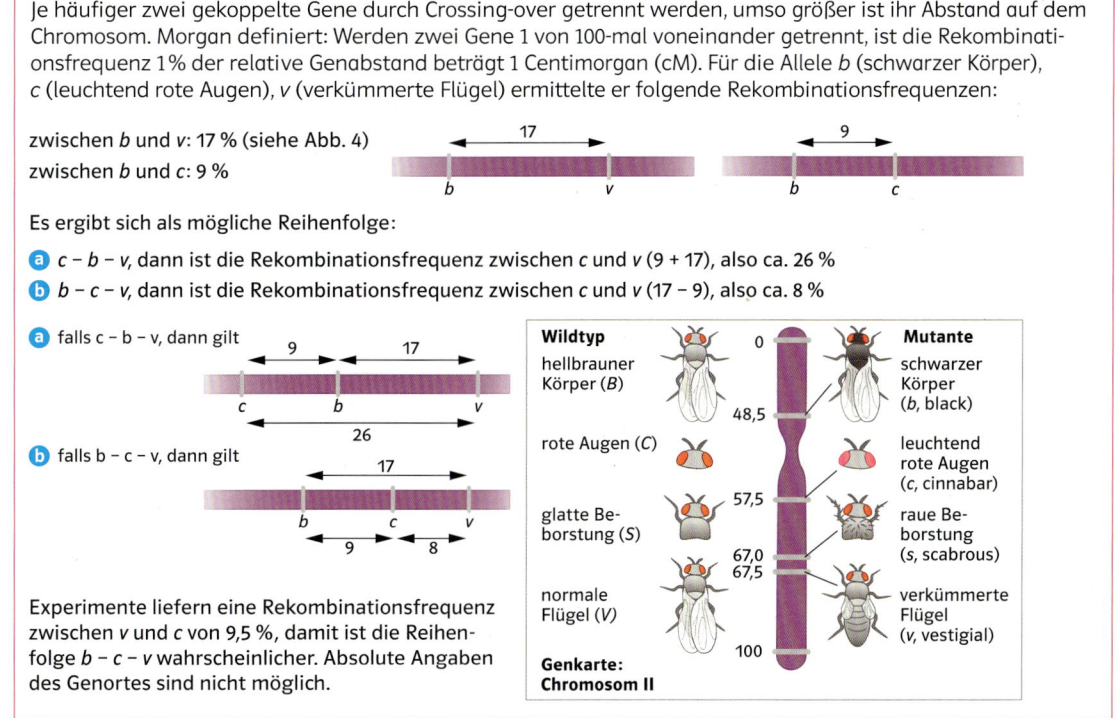

Abb. 12: Relative Genkarten: Aus Kopplungsdaten lassen sich die relativen Abstände von Gene aus einem Chromosom bestimmen, wie hier beispielhaft für das Chromosom II von *Drosophila* gezeigt.

Bestimmte Merkmale lassen sich auf ein einzelnes Gen zurückführen

Runzelige Erbsen entstehen durch eine Mutation in einem einzelnen Gen

Kompostierbares Einweggeschirr, biologisch abbaubare Einkaufssackerl? Amylose macht es möglich. Diese besondere Form der Stärke lässt sich aus bestimmten Pflanzen wie zB der Amylose-Erbse gewinnen und gewinnt deshalb als nachwachsender Rohstoff an Bedeutung. Die Amylose-Erbse ist ein Beispiel für eine Art, bei der ein Merkmal von einem einzelnen Gen abhängt.

Normalerweise besteht Stärke aus zwei Anteilen, dem verzweigten Amylopektin und der unverzweigten Amylose. Pflanzen stellen Amylopektin mit Hilfe eines speziellen Enzyms aus Amylose her (→Abb. 13 links). Amylopektin ist osmotisch wenig aktiv und daher gut für die Samenruhe geeignet. Die Stärke herkömmlicher Erbsen (sowie der allermeisten Pflanzen) besteht daher vorwiegend aus Amylopektin. Amylose-Erbsen besitzen dagegen Amylose, weswegen sie zunächst stark aufquellen, dann bei Austrocknung aber schrumpfen. Amylose-Erbsen haben also den Phänotyp der runzeligen Samen.

Und was ist der molekularbiologische Hintergrund? Runzelige Erbsen weisen eine Mutation im dem Gen auf, das für das amylopektinbildenden Enzym codiert. Konkret ist im Gen ein Stück Fremd-DNA eingebaut (→Abb. 13 rechts). Dadurch ist die mRNA länger als die intakte mRNA,

Struktur und Funktion

das Protein hat eine andere Form und wirkt nicht mehr als Enzym. Folglich kann die Zelle kein Amylopektin mehr herstellen, die Stärke besteht also ausschließlich aus Amylose. Dadurch quillt die Erbse und wird beim Austrocknen runzelig.

Ein einzelnes Merkmal, das genau einem Gen zugeordnet werden kann, wird als **monogenetisches** Merkmal bezeichnet. Dies ist aber relativ selten der Fall, die meisten Merkmale werden von mehreren Genen bestimmt, sind also **polygenetisch**. Es gibt auch Fälle, in denen ein einzelnes Gen mehrere Merkmale bestimmt. Hier spricht man von **Polyphänie**. So sind zB einige Erbkrankheiten des Menschen polyphän: Cystische Fibrose, Sichelzellenanämie oder Hämophilie werden jeweils durch eine einzelne Mutation in einem Gen hervorgerufen, bewirken aber mehrere Veränderungen (→S. 51).

Viele Merkmale können durch Umwelteinflüsse verändert werden. Die Größe eines Lebewesens etwa ist natürlich genetisch im Wesentlichen vorgegeben, dennoch können Umwelteinflüsse (zB Nahrungsmangel im Wachstum, Krankheiten etc.) dieses Merkmal beeinflussen. Derartige durch Umweltfaktoren hervorgerufene Änderungen des Phänotyps werden als **Modifikationen** bezeichnet (im Unterschied zu genetisch bedingten Mutationen, siehe folgender Abschnitt).

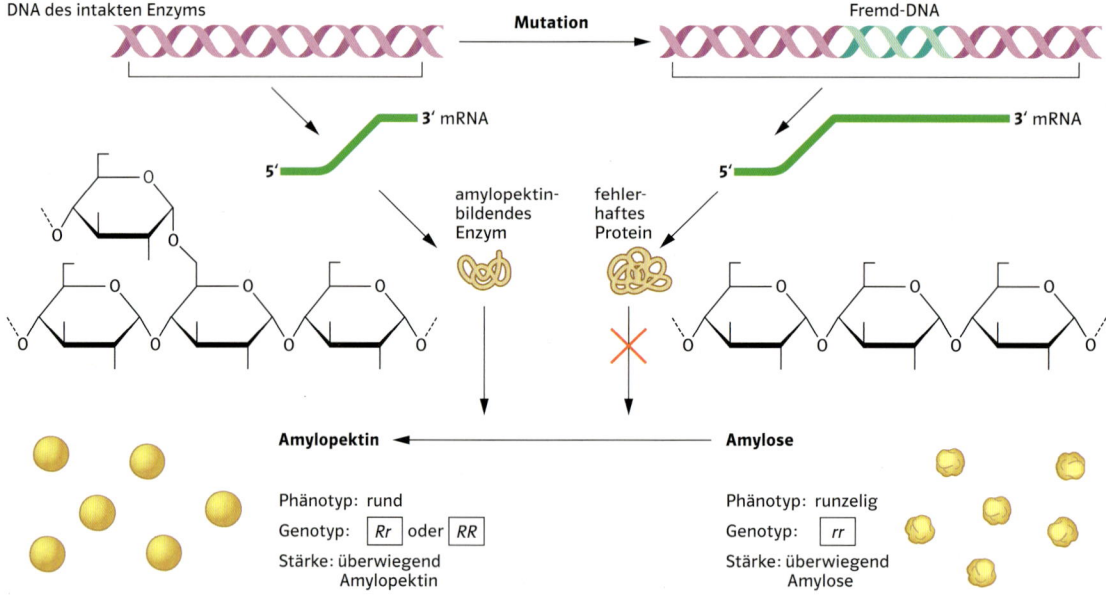

Abb.13: **Zusammenhang zwischen Gen und Merkmal** am Beispiel der Samenform der Erbse.

Aufgabe

W **1** **Mendelregeln und Polyphänie:** Auch bei Polyphänie gelten die Mendel'schen Regeln (bei Polygenie dagegen nicht). Erkläre den Sachverhalt.

Basiskonzept

Struktur und Funktion: Die Form des Proteins beruht auf der Anordnung der Aminosäuren, die wiederum durch die Basenfolge der DNA bestimmt wird. Durch die Mutation ändert sich die Basenabfolge, dadurch ändert das Protein seine Form und kann seine Funktion nicht mehr erfüllen.

2.4 Mutationen

Genmutationen können die Struktur von Proteinen verändern

Die Veränderung einer oder weniger Basen in einem Gen führt zu einer Genmutation, die neutral oder schädlich sein kann

Information und Kommunikation

„DAS ERGIBT DOCH KEINEN SINN!". Wenn du in diesem Satz das K entfernst, hast du die Aussage des Satzes ins Gegenteil umgekehrt. Ersetzt du das D in DOCH durch ein N, ist der Sinn nur leicht abgewandelt. Wenn du das O gegen ein A oder I ersetzt, ist der Satz komplett sinnlos geworden. Wenn du die Buchstaben D-O-C-H komplett entfernst, bleibt die Aussage erhalten.

Diese Buchstabenspiele machen deutlich, was passieren kann, wenn es zu Änderungen in der DNA-Sequenz kommt: Die Erbinformation kann verändert oder ganz zerstört werden oder nahezu unverändert bleiben. Eine solche Änderung in der DNA-Sequenz, die sich auf ein einzelnes Gen beschränkt, heißt **Genmutation** (→Abb. 14). Ist überhaupt nur eine einzelne Base verändert, spricht man von einer **Punktmutation**.

Eine Punktmutation kann ein Austausch einer Base sein (**Substitution**), es kann aber auch zum Einschub oder Ausfall einer Base kommen (**Insertion** oder **Deletion**). Diese beiden Typen führen zu einer Verschiebung des Leserasters und werden daher auch **Rastermutationen** genannt.

Die Auswirkung einer Genmutation auf das Genprodukt, also das Protein, hängt von verschiedenen Faktoren ab. Wird die dritte Base eines Tripletts ausgetauscht, bleibt die Änderung oft neutral (sieh dir dazu die Codesonne, →S. 19, Abb. 10, an). Wird eine Purinbase (A oder G) gegen eine Pyrimidinbase (T oder C) ausgetauscht, verändert sich die Breite des Basenpaars – das macht die DNA besonders bruchgefährdet.

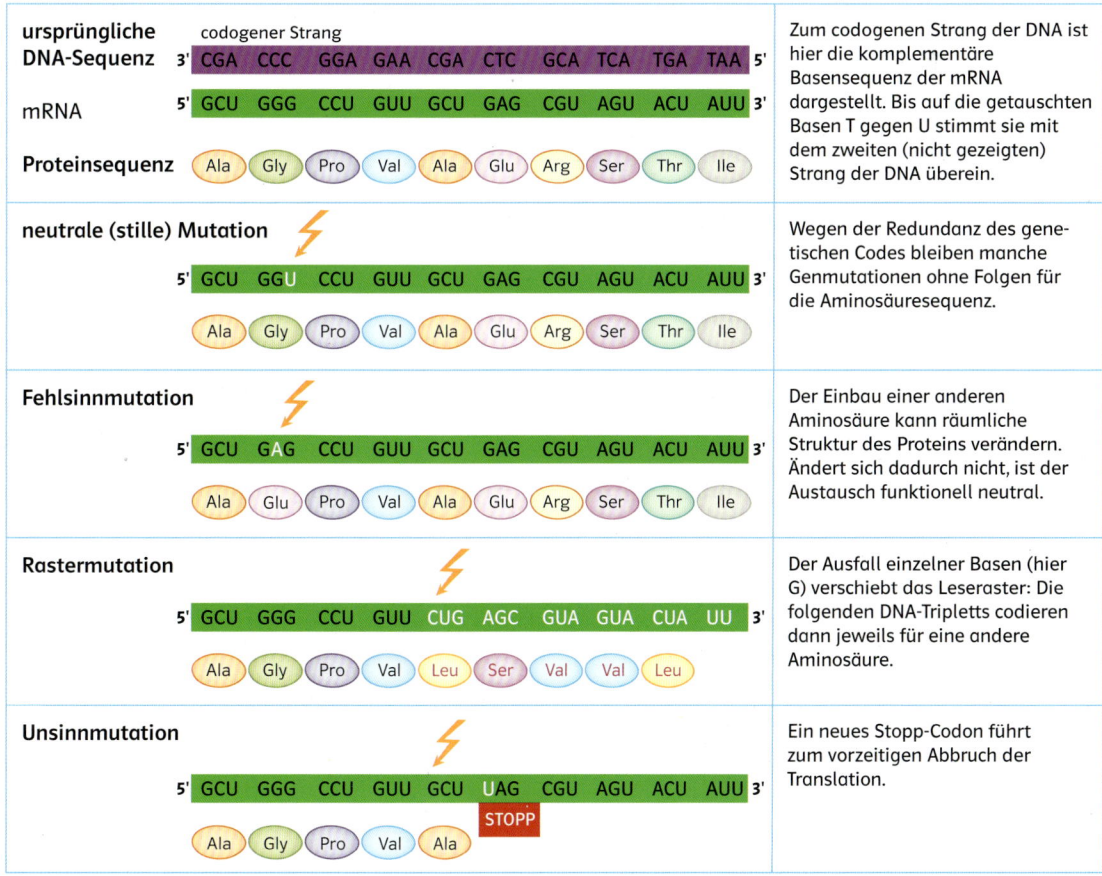

Abb.14: Genmutationen. Genmutationen in nur einer Base (Punktmutationen) können neutral sein oder zu einem veränderten Genprodukt führen.

Aufgaben

W 1 **Typen von Punktmutationen:** Ordne die in Abb. 14 gezeigten Mutationen den Typen von Mutationen zu: Insertion, Deletion oder Substitution.

S 2 **Substitution vs. Rastermutation:** Begründe anhand von Abb. 14 die Möglichkeit, dass eine Substitution auch harmlos sein kann, während eine Rastermutation (Deletion oder Insertion) praktisch immer schädlich ist.

Basiskonzept

Information und Kommunikation.
Mutationen beeinflussen die Weitergabe der durch die DNA codierten Erbinformation bei Zellteilungen. Voraussetzung für eine gelingende Kommunikation ist, dass der Empfänger die Nachricht korrekt entschlüsseln kann.

Chromosomenmutationen verändern den Bau von Chromosomen

Chromosomen-mutationen sind Umbauten von Chromosomen nach einem DNA-Bruch

Die DNA ist ein sehr dünner Faden, der erstaunlich stabil ist. Dennoch kann es vorkommen, dass ein DNA-Molekül abreißt. Dies bezeichnet man als **Chromosomenbruch**. Die dabei entstehenden Fragmente können von Enzymen abgebaut werden oder wieder zusammengebaut werden – auch mit anderen Chromosomen. Die daraus resultierenden Abweichungen im Chromosomenbau werden **Chromosomenmutationen** genannt.

Derartige Mutationen führen normalerweise nicht zur Veränderung einzelner Gene, sondern eher zu einem kompletten Ausfall, einer Vervielfachung oder aber nur zu einer anderen Position der Gene im Chromosom. Die Auswirkungen können unauffällig bis tödlich sein.

Manche Chromosomenmutationen sind für den Träger selbst harmlos, wirken sich aber bei den Nachkommen aus, weil eine fehlerfreie Kernteilung und Keimzellbildung nicht mehr möglich sind. Das gilt besonders, wenn das Centromer betroffen ist und das homologe Chromosom nicht mehr zum Partnerchromosom passt.

Je nachdem, wie der Chromosomenbruch und allfällige Zusammenbau erfolgt, lassen sich verschiedene Typen von Chromosomenmutationen unterscheiden (→Abb. 15):

Bei einer **Deletion** fällt ein Chromosomenstück am Ende oder in der Mitte des Chromosoms aus. Dieses Stück kann ganz verloren gehen oder anderswo eingebaut werden.

Eine **Translokation** ist eine Verschiebung eines Chromosomenabschnitts. Durch die neue Position kann sich die Aktivität der betroffenen Gene ändern, weil sie in den Einflussbereich anderer Regulatoren kommen.

Wird ein Chromosomenstück umgekehrt eingebaut, spricht man von einer **Inversion**. Dies kann durch Bruch und Wiederverheilung nach einer Schlaufenbildung erfolgen.

Eine Duplikation schließlich ist eine Verdopplung eines Chromosomenstücks. Hier gehen keine Gene verloren, daher kann diese Mutation unauffällig bleiben. Sie ermöglicht Mutationen in den Wiederholungsstücken, die zu Variationen des Gens führen.

Variabilität, Verwandtschaft, Geschichte und Evolution

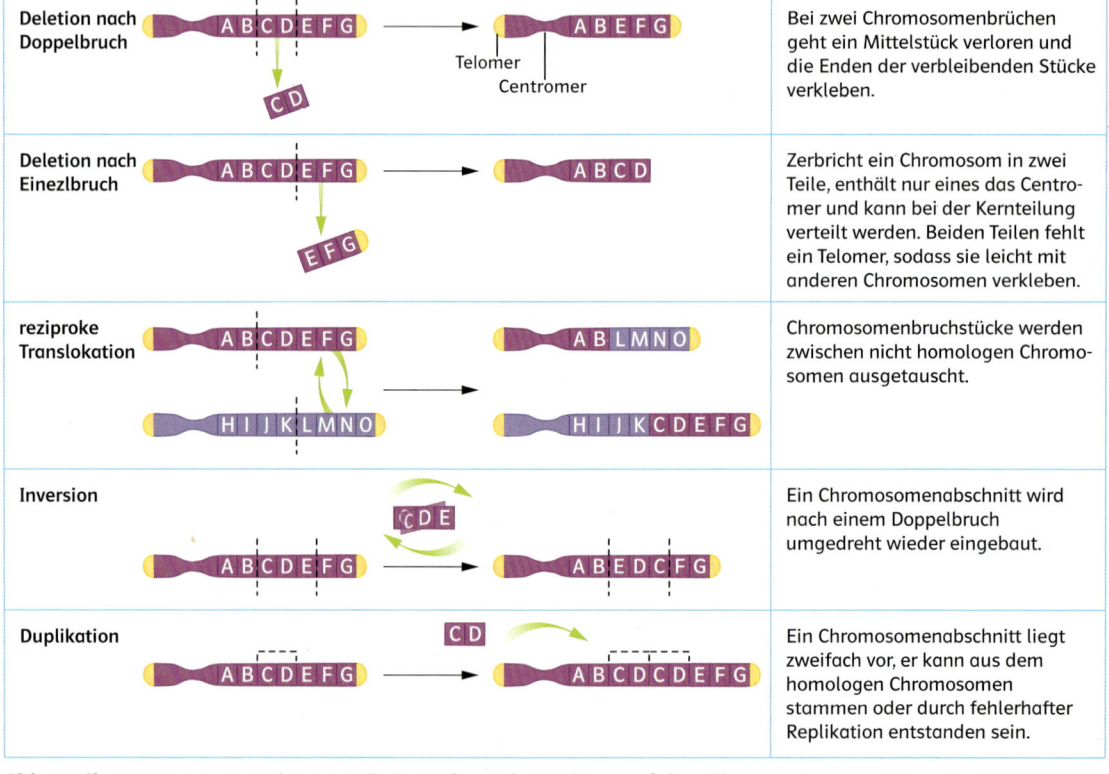

Deletion nach Doppelbruch	A B C D E F G → A B E F G C D Telomer Centromer	Bei zwei Chromosomenbrüchen geht ein Mittelstück verloren und die Enden der verbleibenden Stücke verkleben.
Deletion nach Einezlbruch	A B C D E F G → A B C D E F G	Zerbricht ein Chromosom in zwei Teile, enthält nur eines das Centromer und kann bei der Kernteilung verteilt werden. Beiden Teilen fehlt ein Telomer, sodass sie leicht mit anderen Chromosomen verkleben.
reziproke Translokation	A B C D E F G → A B L M N O H I J K L M N O → H I J K C D E F G	Chromosomenbruchstücke werden zwischen nicht homologen Chromosomen ausgetauscht.
Inversion	C D E A B C D E F G → A B E D C F G	Ein Chromosomenabschnitt wird nach einem Doppelbruch umgedreht wieder eingebaut.
Duplikation	C D A B C D E F G → A B C D C D E F G	Ein Chromosomenabschnitt liegt zweifach vor, er kann aus dem homologen Chromosomen stammen oder durch fehlerhafter Replikation entstanden sein.

Abb. 15: Chromosomenmutationen. A, B, C, etc. bezeichnen Gene auf dem Chromosom.

Aufgabe

E 1 Mögliche Folgen von Translokationen: Erstelle eine Hypothese, was passiert, wenn bei einer Translokation ein Chromosomenstück mit Centromer eingebaut wird.

Basiskonzept

Variabilität, Verwandtschaft, Geschichte und Evolution: Die Duplikation kann sich mehrfach wiederholen, das Ergebnis sind ganze Genfamilien, sozusagen Spielmaterial für die Evolution. Denn wenn ein Gen mehrfach vorhanden ist, geht durch die Mutation einer Kopie nichts verloren, während eventuell eine neue Variante entsteht.

Genommutationen können die Stoffwechselrate verändern

Bei einer Genommutation ist die Anzahl der Chromosomen verändert.

Wenn du dir eine Erdbeere schmecken lässt, ist dir wohl nicht bewusst, dass du Zellen mit besonders vielen Chromosomen vernaschst. Eine Kulturerdbeere enthält nämlich nicht nur zwei, sondern gleich acht bis zehn Chromosomensätze. Dabei handelt es sich aber nicht um das Produkt moderner Gentechnologie, sondern um eine züchterische Nutzung der **Polyploidie**. Darunter versteht man die Vervielfachung des ganzen Chromosomensatzes. Die Polyploidie ist daher eine **Genommutation**, also eine Veränderung der Chromosomenanzahl.

Von dieser Mutation ist fast die Hälfte aller wilden Pflanzen betroffen, im Tierreich ist die Polyploidie dagegen auf gewisse Gewebe beschränkt.

In polyploiden Zellen ist die Stoffwechselaktivität und die Proteinsynthese erhöht, da mehr als die üblichen zwei Gene vorliegen. Dies führt zu vergrößerten Zellen und Geweben, wie bei der eingangs erwähnten Erdbeere.

Wie kann es zur Polyploidie kommen? Bei der **Autopolyploidie** enthält ein Zellkern mehr als zwei Chromosomensätze (AA), zB drei (AAA) wie beim Kulturapfel. In dem Fall spricht man von

Triploidie, die durch Mehrfachbefruchtung (→Abb. 16 a) oder diploide Keimzellen (→Abb. 16 b) entstehen kann. Triploide Pflanzen können selbst keine Keimzellen bilden, weil nicht alle Chromosomen in der Meiose einen homologen Partner finden können. Sie sind also steril.

Das Genom der Rapspflanze (*Brassica napus*) ist ein Beispiel für einen anderen Typ der Polyploidie, die **Allopolyploidie**. Diese entsteht durch Hybridisierung[1], also wenn Keimzellen von zwei verschiedenen Arten miteinander verschmelzen. Allopolyploide Sorten vereinen also Chromosomen und Merkmale verschiedener Arten miteinander. Der oben angesprochene Raps (*B. napus*) ist aus einer Hybridisierung von Rübsen (*B. rapa*) und Weißkohl (*B. oleracea*) hervorgegangen. In der Natur kommt diese Hybridisierung nur bei sehr nahe verwandten Arten vor.

Starke Auswirkungen auf den Phänotyp haben Genommutationen, bei denen nicht der ganze Chromosomensatz, sondern nur einzelne Chromosomen in veränderter Zahl vorliegen. Durch Fehler bei der Keimzellenbildung kann in der Zygote ein Chromosom fehlen (Monosomie) oder dreifach vorliegen (Trisomie). Beispiele findest du in folgendem Abschnitt (S. 53).

Steuerung und Regelung

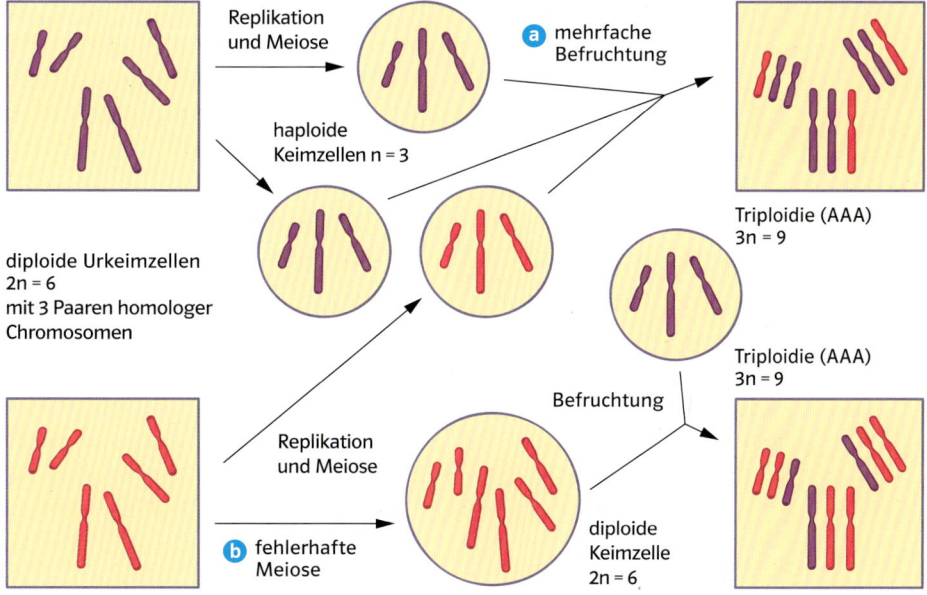

Abb.16: Autopolyploidie. Durch Mehrfachbefruchtung (a) oder fehlerhaft gebildete, diploide Keimzellen (b) können triploide Zellen entstehen.

Glossar

[1] **Hybrid** ursprünglich Griechisch für Anmaßung, dann Latein für Bastard oder Mischling, bezeichnet allgemein eine Kreuzung oder Mischung.

Aufgabe

E 1 **Tetraploidie:** Skizziere eine Möglichkeit, wie eine tetraploide Pflanze (also mit vierfachem Chromosomensatz) entstehen kann.

Basiskonzept

Steuerung und Regelung: Verstärkte Stoffwechselaktivität führt zu vergrößerten Zellen und Geweben. Daher nutzen Züchterinnen und Züchter diesen Effekt, um besonders große Früchte zu erhalten.

Somatische Mutationen

Somatische Mutationen betreffen die Körperzellen und werden nicht an die Nachkommen vererbt

Wird jede Mutation an die Nachkommen vererbt? Bei Vielzellern ist das nicht der Fall. Wenn zB eine Zelle in deiner Haut eine Mutation erfährt, dann wird sie evtl. absterben, oder unverändert weiterleben, oder – im ungünstigsten Fall – zu einer Krebszelle werden (→S. 32). Auf jeden Fall wird diese Mutation nicht an deine Kinder weitergegeben werden. Solche Mutationen werden als **somatische Mutationen** bezeichnet. Diese Mutationen betreffen nur jene Körperzellen, die durch Mitose aus der mutierten Zelle hervor-gehen. Dies können Krebszellen sein oder Glückskleeblätter, aber auch unterschiedlich gefärbte Bereiche eines Lebewesens wie Leberflecken oder gefärbte Hautbereiche (→Abb. 17).

Die eigentlichen Mutationen, die an die Nachkommen vererbt werden, sind solche, die in der **Keimbahn**[1] auftreten. Wenn also eine Mutation in einer Eizelle oder Spermienzelle passiert, kann diese weitergegeben werden – und das Kind trägt sie dann in allen seinen Zellen.

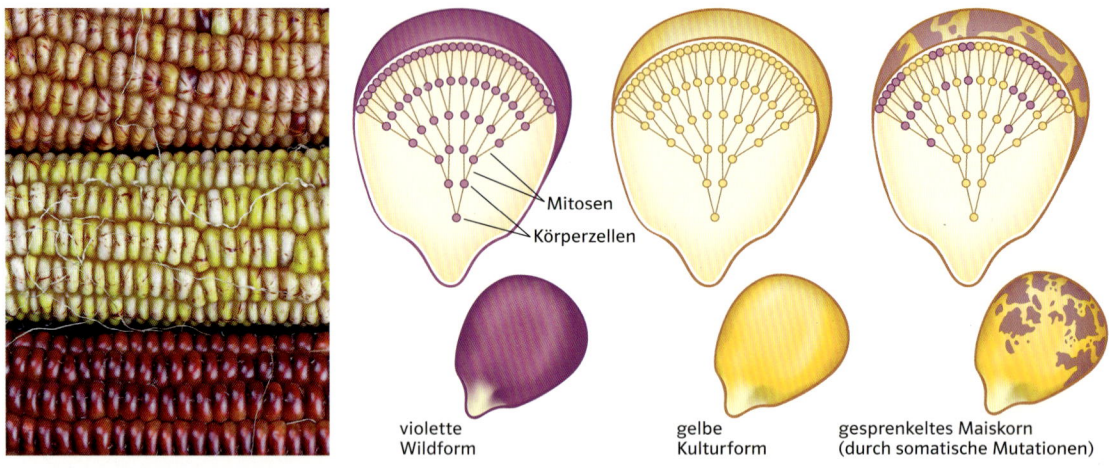

violette Wildform

gelbe Kulturform

gesprenkeltes Maiskorn (durch somatische Mutationen)

Abb.17: Somatische Mutationen bei Maiskörnern: Maiskörner können violett (wie in der Wildform), gelb (wie in der Kulturform) oder gesprenkelt aussehen. Die letztere Form ist eine Folge von somatischen Mutationen. Die Maiskornzellen, die auf mutierte Zellen zurückgehen, zeigen die violette Färbung.

Ursachen von Mutationen

Mutationen können spontan auftreten oder durch Mutagene hervorgerufen werden

Warum kommt es überhaupt zu Mutationen? Beim Ablesen der DNA, also bei der Replikation oder Transkription, passiert etwa bei jedem Milliardsten Paar ein Paarungsfehler. Diese **spontanen Mutationen** treten immer auf, die Mutationsrate beträgt also 10^{-9} Mutationen pro Basenpaar. Ist das nicht sehr wenig? Wenn du bedenkst, dass deine DNA aus 3 Milliarden Basenpaaren besteht, ist in jeder Generation mit 3 Mutationen zu rechnen. Nachdem der Großteil der DNA nicht aus Genen besteht, wirken sich die meisten Änderungen nicht auf den Phänotyp aus. Bei Organismen, die sich sehr schnell vermehren, etwa Bakterien, kommt es dagegen sehr häufig zu genetisch wirksamen Mutationen.

Daneben gibt es noch diverse Umwelteinflüsse, die das Entstehen von Mutationen begünstigen kann. Dazu zählen bestimmte chemische Substanzen sowie Strahlung, so genannte **Mutagene**. Lebewesen haben viele Mechanismen entwickelt, um DNA-Schäden durch Umwelteinflüsse zu vermindert, zB Behaarung, Verhornung und Pigmentierung der Haut gegen UV im Sonnenlicht. Zusätzlich kann man sich durch vernünftiges Verhalten recht gut vor Mutagenen schützen, zB durch Vermeiden langer Sonnenbäder oder bestimmter Chemikalien. Auch Zigarettenrauch enthält mutagene Chemikalien, ebenso Grillrauch und verbranntes Fleisch. Diese spielen auch bei der Entstehung von Krebs eine Rolle (→S. 33).

Glossar

[1] **Keimbahn:** Die Zelllinie, die aus der Zygote hervorgehen und bei den Keimzellen endet. Die von der Keimbahn abzweigenden Zellen bilden den Körper (somatische Zellen).

Aufgabe

W 1 Melaninbildung: Albinos sind Tiere, bei denen die Bildung des braun-schwarzen Pigments Melanin durch eine Mutation gestört ist. Diese Tiere sind weiß mit roten Augen (gefärbt durch das Blut). Es kann aber auch passieren, dass in einzelnen Körperzellen die Melaninbildung durch eine Mutation ausfällt. Erkläre die Folgen.

2.5 Humangenetik

Das menschliche Genom

Das Genom des Menschen besteht aus ca. 3 Mrd. Basenpaaren und ca. 20 000 bis max. 30 000 Genen auf 23 Chromosomenpaaren

„Das Genom des Menschen ist vollständig sequenziert." Diese Schlagzeile aus dem Jahr 2001 ist die Zusammenfassung von einem Jahrzehnt Arbeit aus dem **Humangenomprojekt**. Durch intensive Forschung von Wissenschafterinnen und Wissenschaftern aus mehreren Ländern konnte 2001 ein (vorläufiges) Ergebnis präsentiert werden: Das menschliche Genom besteht aus ca. 3 Milliarden Basenpaaren (bp).

Wenn du eine Base als Buchstaben betrachtest, dann entspricht dein Erbgut ca. 3000 Büchern mit jeweils 1000 Seiten und 1000 Buchstaben pro Seite. Jede Körperzelle enthält diese respektable Bibliothek, und das doppelt. Interessant dabei ist, dass wir Gene für nur ca. 20 000 bis max. 30 000 Proteine besitzen – das macht nur ca. 5 % des Genoms aus (→Abb. 18).

Diese Gene verteilen sich auf 23 Chromosomenpaare, die sich in einem Karyogramm darstellen lassen (→Abb. 19). Vergleicht man das Karyogramm von Mann und Frau, zeigt sich eine Besonderheit: Beim Mann gibt es ein ungleiches Paar, das X- und das deutlich kleinere Y-Chromosom. Frauen besitzen dagegen zwei X-Chromosomen. Man bezeichnet diese Chromosomen daher als Geschlechtschromosomen oder **Gonosomen**[1] und grenzt sie damit von den übrigen Chromosomen, den **Autosomen**, ab.

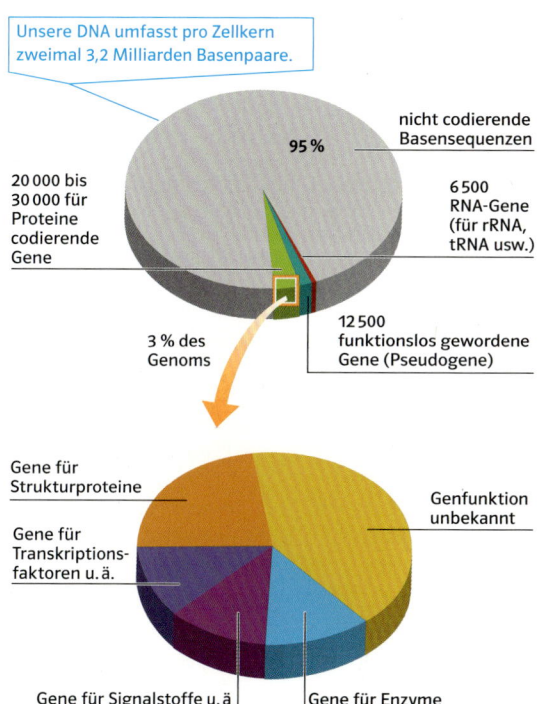

Unsere DNA umfasst pro Zellkern zweimal 3,2 Milliarden Basenpaare.

95 %

20 000 bis 30 000 für Proteine codierende Gene

nicht codierende Basensequenzen

6500 RNA-Gene (für rRNA, tRNA usw.)

3 % des Genoms

12 500 funktionslos gewordene Gene (Pseudogene)

Gene für Strukturproteine

Gene für Transkriptionsfaktoren u. ä.

Genfunktion unbekannt

Gene für Signalstoffe u. ä

Gene für Enzyme

Abb. 18: Das Genom des Menschen besteht aus ca. 3 Mrd. Basenpaaren (bp), die zu 95 % nicht-codierende Sequenzen bilden.

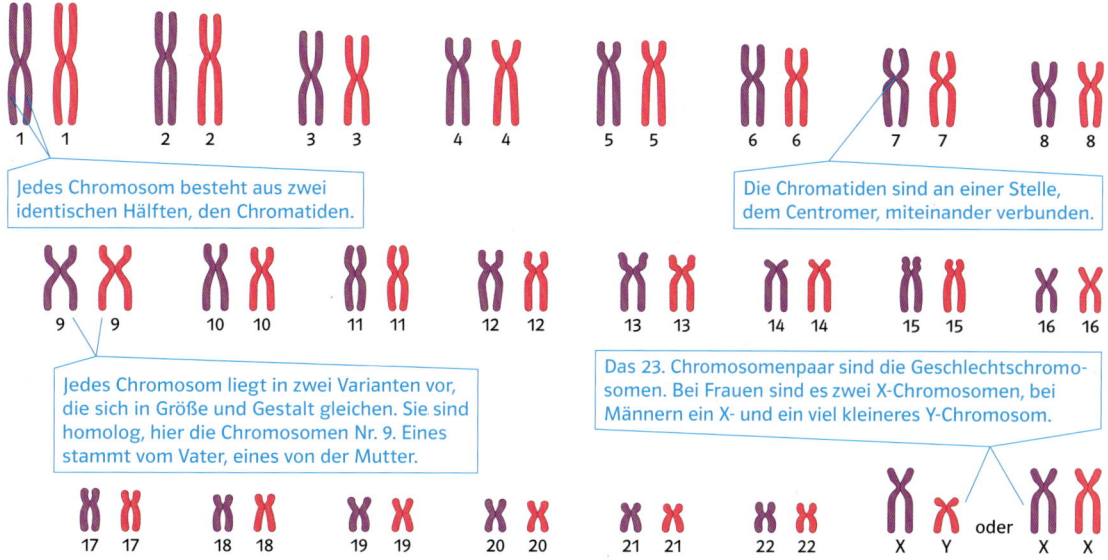

Jedes Chromosom besteht aus zwei identischen Hälften, den Chromatiden.

Die Chromatiden sind an einer Stelle, dem Centromer, miteinander verbunden.

Jedes Chromosom liegt in zwei Varianten vor, die sich in Größe und Gestalt gleichen. Sie sind homolog, hier die Chromosomen Nr. 9. Eines stammt vom Vater, eines von der Mutter.

Das 23. Chromosomenpaar sind die Geschlechtschromosomen. Bei Frauen sind es zwei X-Chromosomen, bei Männern ein X- und ein viel kleineres Y-Chromosom.

oder

Abb. 19: Karyogramm des Menschen zeigt 22 Autosomenpaare und ein Gonosomenpaar. Die Nummerierung erfolgt nach der Größe. Chromosom 1 ist etwa 250 Mio. bp lang, trägt ca. 2000 Gene und ca. 1200 funktionslose Gene (Pseudogene).

Glossar

[1] **Gonosom** vom Griechischen *gonos* für Nachkommen. Bei allen Säugetieren bezeichnen X- und Y-Chromsom das männliche, zwei X-Chromosomen das weibliche Geschlecht. Auch bei vielen anderen Lebewesen, wie zB *Drosophila*, erfolgt die Geschlechtsbestimmung mit X- und Y- Chromosomen.

Bei anderen Tieren, wie Vögeln, einigen Reptilien und einigen Insekten, sind die Weibchen heterozygot. Zur Abgrenzung vom XY-System spricht man hier von Z und W-Chromosomen, ZW entspricht dem Weibchen, ZZ dem Männchen.

Aufgabe

E 1 Karyogramm von *Drosophila*: Bestimme das Geschlecht dieses *Drosophila*-Individuums.

Wie verwandt sind unsere Verwandten?

Bist du mit deinem Sitznachbarn oder deiner Sitznachbarin verwandt? Schnell gefragt wirst du wohl mit nein antworten, doch bei genauerer Überlegung wirst du feststellen, dass alle Menschen (ebenso wie alle Lebewesen) miteinander verwandt sind. Nur der Grad der Verwandtschaft unterscheidet sich – Cousinen und Cousins zB sind weniger eng verwandt als Geschwister.

Und wie nahe ist der Mensch mit anderen Tieren verwandt? Die Basensequenz des Schimpansen-Genoms stimmt zu etwa 98,5 % mit der des Menschen überein! Diese Zahl mag überraschend hoch wirken. Die unterschiedlichen 1,5 % liegen aber auch im codierenden Bereich und betreffen ca. 500 Gene. Zum Genom der Maus haben wir immer noch 70 % Übereinstimmung, zu dem der Banane 50 %. Du bist also nicht nur mit deinem Sitznachbarn und deiner Sitznachbarin verwandt, sondern auch mit deinem Obst!

Und wie sieht es mit Menschen untereinander aus? Alle Menschen stimmen zu 99,9 % in ihrem Genom überein – du bist also sehr nah mit deinem Nachbar verwandt. Umso erstaunlicher sind die Unterschiede zwischen uns allen. Zum Teil gehen diese auf Modifikationen (also Umwelteinflüsse) zurück, zum Teil sind sie genetisch festgelegt, liegen also in den 0,1 % unterschlichen DNA-Sequenzen.

Auch Mutationen beim Menschen folgen Mendels Regeln

Genveränderungen sind wahrscheinlich die Ursache tausender Krankheiten des Menschen. Viele davon werden durch eine Kombination mehrerer Mutationen, die jede für sich nur das Krankheitsrisiko erhöhen, hervorgerufen. Zu solchen komplexen, **polygenen Erkrankungen** gehören Krebs (→S. 55), Diabetes, Asthma oder Schizophrenie.

Es gibt aber auch Krankheiten, die von einer einzelnen Mutation ausgelöst werden, und die auch als **Erbkrankheiten** im engeren Sinne bezeichnet werden. Derartige **monogene Erkrankungen** folgen den Mendel'schen Vererbungsregeln. Je nachdem, ob die betroffenen Gene auf Autosomen oder Gonosomen liegen, ergeben sich unterschiedliche Erbgänge, die in den folgenden Abschnitten beschrieben werden (→ S. 51–52).

Neben den zum Teil schwerwiegenden Erbkrankheiten gibt es auch harmlose Merkmale des Menschen, die monogen vererbt werden und daher Mendels Regeln folgen. Auf Seite 40 hast du schon die Vererbung der Blutgruppen als Beispiel für einen kodominanten Erbgang kennen gelernt. Auch die Form des Haaransatzes (→Abb. 20) wird nach den Mendel'schen Regeln vererbt.

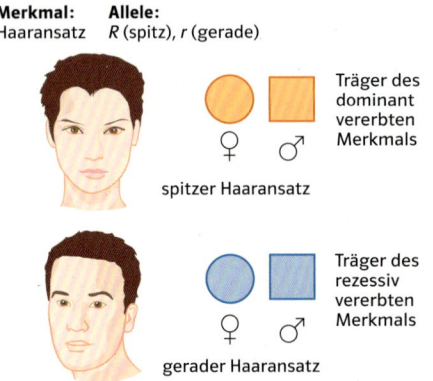

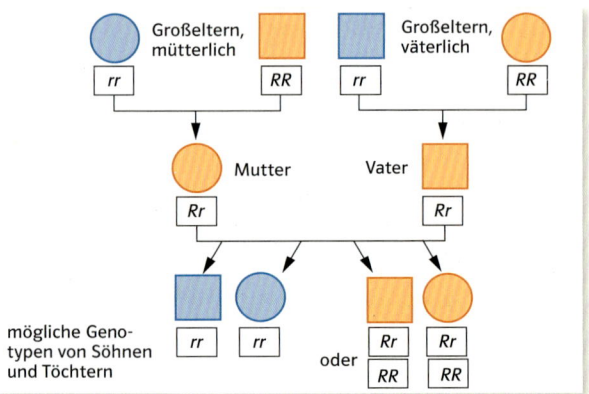

Abb. 20: Vererbung beim Menschen: Auch viele Merkmale des Menschen folgen Mendels Regeln. So kann ein rezessiv vererbtes Merkmal wie ein gerader Haaransatz Generationen überspringen.

Basiskonzept

Variabilität, Verwandtschaft, Geschichte und Evolution: Dass sich die DNA-Sequenzen von Organismen zu einem gewissen Teil gleichen bzw. ähneln, dient auch als Beweis für die Evolution Der Grad der Verwandtschaft, also die Übereinstimmung der DNA-Sequenzen, kann auch für die Erstellung von Stammbäumen verwendet werden (→S.74).

Aufgabe

W 1 Berechne, wieviele Basenpaare du mit deinem Sitznachbarn oder deiner Sitznachbarin gemeinsam hast.

Autosomale Gendefekte

Autosomale Gendefekte können dominant oder rezessiv wirken

Viele Erbkrankheiten haben eine lange Geschichte: Oft werden sie über Generationen von Eltern an Kinder weitergegeben. Dies lässt sich durch Auswertung von Familienstammbäumen verfolgen. Viele dieser Gendefekte betreffen Gene, die auf Autosomen liegen.

Beim **autosomal-dominanten Erbgang** führt ein defektes Gen zur Erkrankung, auch wenn das entsprechende Allel auf dem homologen Chromosom intakt ist (→Abb. 21 a). Ein Beispiel wäre die **Vielfingrigkeit** (Polydaktylie), bei der die Betroffenen sechs Finger oder Zehen haben. Bei anderen Defekten tritt die Erkrankung nicht schon von Geburt an in Erscheinung, sondern erst in späteren Entwicklungsphasen, wie zB bei **Chorea Huntington**. Bewegungsstörungen und psychische Symptome sind die ersten Anzeichen dieser schweren Nervenkrankheit, die meist erst zwischen dem 30. und 60. Lebensjahr ausbricht und innerhalb von 15 Jahren zum Tod führt. Ausgelöst wird sie durch einen Defekt auf Chromosom 4, das zu einem giftigen Protein führt, das in der Zelle nicht abgebaut werden kann.

Bei einem **autosomal-rezessiven Erbgang** kann ein gesunder Partner oder eine gesunde Partnerin den Defekt bei den gemeinsamen Kindern ausgleichen: Heterozygote haben ein gesundes Erscheinungsbild, können die Mutation aber verdeckt als genetische Überträger (oder **Konduktoren**[1]) an ihre Kinder weitervererben (→Abb. 21 b). Beispiele sind **Albinismus** (siehe Aufgabe 2 auf S. 58) oder **Cystische Fibrose** (auch bekannt als Mukoviszidose). Cystische Fibrose ist eine angeborene Stoffwechselerkrankung, bei der die Körpersekrete (Speichel, Schweiß) zu wenig Wasser enthalten und daher dickflüssig sind. Das führt zu Funktionsstörungen der Lunge, Bauchspeicheldrüse, Gallenwege, Schweißdrüsen und im Dünndarm. Diese polyphäne Wirkung wird von einem einzelnen defekten Gen auf Chromosom 7 ausgelöst. Unbehandelt kann diese Erkrankung lebensbedrohlich sein.

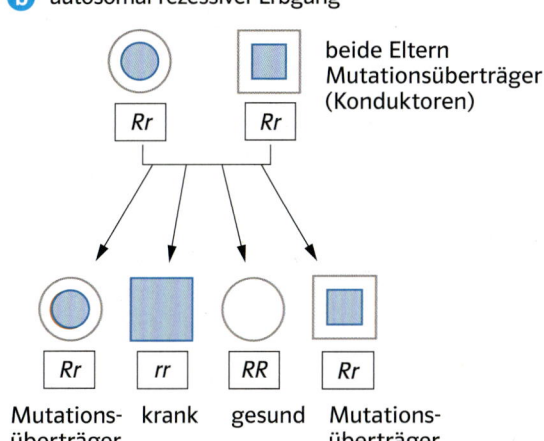

a autosomal-dominanter Erbgang

♀ dd	♂ Dd

Dd	Dd	dd	dd
krank	krank	gesund	gesund

b autosomal-rezessiver Erbgang

Rr	Rr	beide Eltern Mutationsüberträger (Konduktoren)

Rr	rr	RR	Rr
Mutationsüberträger	krank	gesund	Mutationsüberträger

Abb. 21: Autosomale Gendefekte: Beispiele für einen autosomal-dominanten Erbgang (a) sind Vielfingrigkeit oder Chorea Huntington, für einen autosomal-rezessiven Erbgang (b) sind Albinismus oder Cystische Fibrose.

Glossar

[1] **Konduktor** vom Lateinischen *conducere* für mitführen, bezeichnet generell einen Überträger, nicht nur bei Erbkrankheiten sondern allgemein beim Übertragen von rezessiven Merkmalen

Aufgaben

S 1 Diagnose von Chorea Huntington: Eine Genanalyse schafft sofort und eindeutig Gewissheit, ob ein Kind das defekte Allel von seinen Eltern vererbt bekommen hat. Das kann große Erleichterung bedeuten oder aber deprimierende Aussichten. Diskutiere die Problematik solcher Genanalysen.

W/S 2 Erbkrankheiten in Adelsfamilien: Besonders gut lassen sich Erbkrankheiten bei Adeligen verfolgen, zum einen, weil hier die Stammbäume gut dokumentiert sind, und zum anderen, weil Heirat unter Verwandten relativ häufig war. Suche im Internet nach Beispielen, vergleiche und beurteile die Quellen hinsichtlich fachlichem Informationsgehalt und Richtigkeit.

Gonosomale Gendefekte

Frauen besitzen die Gonosomen XX, Männer XY

Wie du auf Seite 50 gelesen hast, unterscheiden sich Mann und Frau genetisch deutlich durch die Gonosomen: Eine Frau besitzt zwei X-Chromosomen in jeder Zelle, ein Mann je ein X- und ein Y-Chromosom. Das X-Chromosom enthält etwa 1000, das Y-Chromosom unter Hundert Gene, und nur 16 Gene haben X und Y gemeinsam. Schon früh in der weiblichen Entwicklung wird eines der X-Chromosomen weitgehend inaktiviert, um eine Überdosierung der X-Genprodukte zu verhindern. Es ist dem Zufall überlassen, in welcher Zelle einer Frau welches der beiden X-Chromosomen inaktiviert wird (das mütterliche oder das väterliche), d.h. nicht alle Zellen einer Frau sind genetisch gleich.

Merkmale, die von Genen auf dem X-Chromosom bestimmt werden, erscheinen in der männlichen Linie immer im Phänotyp (weil der homologe Partner fehlt) – die Zellen sind **hemizygot** bezogen auf die Gonosomen. Überraschend viele Gene des X-Chromosoms codieren für Proteine, die mit der Gehirnfunktion zu tun haben (etwa dreimal so viele wie auf einem Autosom). Dies ist kein Zufall: Kognitive Fähigkeiten waren in der Evolution des Menschen besonders wichtig. Und durch die Konzentration entsprechender Gene auf dem X-Chromosom setzen sich Mutationen bei Männern sofort durch.

Variabilität, Verwandtschaft, Geschichte und Evolution

Auf dem X-Chromosom befinden sich ca. 4 % der Gene des Menschen, trotzdem lassen sich hier ca. 10 % aller Erbkrankheiten lokalisieren.

Im X-chromosomal dominanten Erbgang erkranken alle Mutationsträger, im rezessiven alle Männer

Im **X-chromosomal dominanten Erbgang** erkranken alle Mutationsträger (Männer wie Frauen, →Abb. 22 a). Hier gibt es nur sehr wenige krankmachende Mutationen, zB die angeborene Rachitis (Störung des Knochen-Mineralhaushalts).

Häufiger sind Mutationen im **X-chromosomal rezessiven Erbgang** zu finden (→Abb. 22 b). Solche wirken sich bei Frauen nur im homozygoten Fall aus. Wenn eine Frau das rezessive Allel heterozygot trägt, ist sie dagegen eine Konduktorin. Beim Mann kann das Y-Chromosom den Fehler nicht kompensieren, es kommt also stets zur Erkrankung. Häufig ist etwa die Rot-Grün-Sehschwäche (→Abb. 23), bei der das Gen für Protein Opsin, dem Proteinanteil des Sehpigments, verändert ist, oder die Hämophilie („Bluterkrankheit").

ⓐ X-chromosomal-dominanter Erbgang

X_dX_d — X_DY

X_DX_d X_dY X_DX_d X_dY

X_dX_D — X_dY

X_DX_d X_DY X_dX_d X_dY

Beispiele: angeborene Rachitis, erbliche Nachtblindheit, gelbbrauner Zahnschmelz (D)

ⓑ X-chromosomal-rezessiver Erbgang

Konduktorin

X_RX_r — X_RY

X_RX_r X_RY X_RX_R X_rY

X_RX_R — X_rY

X_RX_r X_RY X_RX_r X_RY

Beispiele: Muskeldystrophie, Hämophilie, Rot-Grün-Sehschwäche (r)

Abb. 22: X-chromosomale Erbgänge: Im rezessiven Erbgang (b) treten gesunde Frauen als Konduktorinnen auf.

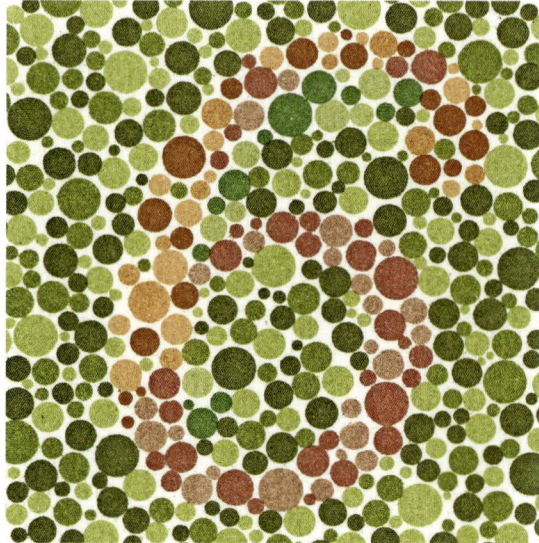

Abb. 23: Rot-Grün-Schwäche: Personen mit Rot-Grün-Schwäche erkennen die verborgene Zahl nicht. 9 % aller Männer und 0,8 % aller Frauen in Mitteleuropa sind von dieser Farbfehlsichtigkeit betroffen.

Aufgabe

W 1 Eineiige Schwestern und Brüder: Eineiige Zwillingsschwestern unterscheiden sich genetisch voneinander stärker als eineiige Zwillingsbrüder. Erkläre diesen Sachverhalt.

Basiskonzept

Variabilität, Verwandtschaft, Geschichte und Evolution: Durch die Konzentration entsprechender Gene auf dem X-Chromosom setzen sich Mutationen bei Männern sofort durch. Geht man davon aus, dass Frauen intelligente Männer als Väter ihrer Kinder bevorzugen und dass dies ebenfalls ans X-Chromosom gekoppelt ist, können sich intellektuelle Fähigkeiten schnell ausbreiten. Umgekehrt setzen sich hier auch ungünstige Mutationen bei Männern leichter durch. Statistisch gesehen gibt es daher bei Männern mehr hochintelligente, aber auch mehr gehirnkranke Personen.

Chromosomen- und Genommutationen können die Entwicklung stören

Chromosomen- und Genommutationen wirken sich in der Regel sehr viel schwerer aus als Genmutationen. Sehr häufig ist die Entwicklung eines Embryos gestört ist und es kommt so früh zu einer Fehlgeburt, dass die Frau noch nicht einmal den Beginn der Schwangerschaft bemerkt.

Warum schaden **Chromosomen- und Genommutationen**? Sie behindern nicht nur die ordnungsgemäße Verteilung der Chromosomen bei der Zellteilung, sondern stören auch das empfindliche Gleichgewicht der Genexpression. Wenn ein Embryo nicht abstirbt, sondern sich weiterentwickelt, können Behinderungen die Folge sein.

Das **Cri-du-chat-Syndrom**[1] ist eine Erkrankung als Folge einer Chromosomenmutation. Sie bewirkt körperliche und geistige Entwicklungsverzögerungen. Ausgelöst wird die Erkrankung durch eine Deletion eines Stücks des Chromosoms 5. Diese kann spontan auftreten, aber auch durch eine Translokation bei einem Elternteil, wenn zB ein Stück von Chromosom 5 auf Chromosom 19 übertragen wird. Bei der Meiose entstehen u.a. Keimzellen, denen Teile von Chromosom 5 fehlen.

Mit einer Häufigkeit von 1:700 ist das **Down-Syndrom** die verbreitetste Genommutation – evtl. kennst du auch einen betroffenen Menschen mit den freundlichen runden Gesichtern und der auf-fälligen Augenstellung. Bei diesen Menschen ist das Chromosom 21 in den Körperzellen dreifach vorhanden, daher wird die Erkrankung auch **Trisomie 21** genannt. Bei 95 % der Fälle handelt es sich um eine spontane Mutation, die meist durch eine Fehlverteilung der Chromosomen in der Meiose ausgelöst wird (→Abb. 24). Zum Down-Syndrom gehören Herzfehler, Seh- oder Hörstörungen sowie eine unterschiedlich ausgeprägte Intelligenzminderung.

Auch Gonosomen können fehlen oder überzählig sein. Beim **Turner-Syndrom** (Monosomie X) liegt in den Körperzellen nur ein Gonosom vor, ein Chromosom X. Man nennt diesen Karyotyp dann 45, X0. Da bei jeder Frau ohnehin immer ein X-Chromosom deaktiviert wird, ist dies die einzige Chromosomenmutation, bei der ein komplettes Chromosom fehlt und dennoch eine nahezu normale Entwicklung möglich ist. Bei diesen Mädchen bleibt allerdings die Pubertät aus und sie sind kleinwüchsig, aber von normaler Intelligenz und Lebenserwartung. Beim **Klinefelter-Syndrom** taucht beim männlichen Karyotyp ein zusätzliches X-Chromosom auf (47, XXY). Es entwickeln sich Buben, die im Pubertätsalter eine Keimdrüsenunterfunktion aufweisen. Durch Hormonbehandlung kann dies gut behandelt werden.

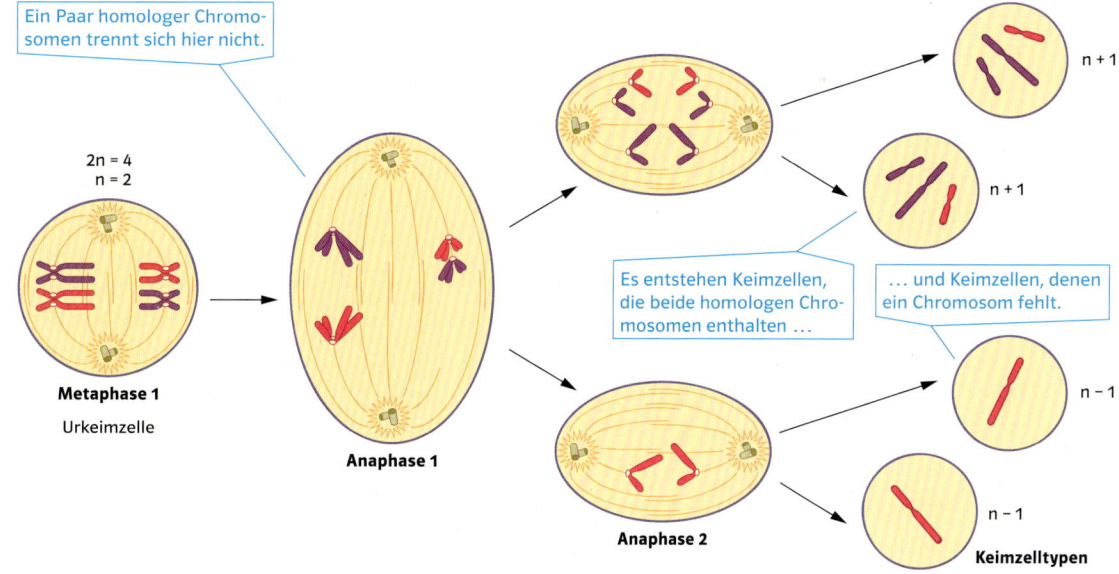

Ein Paar homologer Chromosomen trennt sich hier nicht.

2n = 4
n = 2

Metaphase 1
Urkeimzelle

Anaphase 1

Es entstehen Keimzellen, die beide homologen Chromosomen enthalten ...

... und Keimzellen, denen ein Chromosom fehlt.

n + 1

n + 1

Anaphase 2

n – 1

n – 1

Keimzelltypen

Abb. 24: Keimzellen mit veränderter Chromosomenzahl entstehen durch Fehlbildungen in der Meiose.

Glossar

[1] **Cri-du-chat-Syndrom**, vom Französischen für Katzenschrei (daher auch Katzenschrei-Syndrom). Der Name kommt daher, dass Babys mit dieser Störung Fehlbildungen am Kehlkopf aufweisen, wodurch ihre Schreie an Katzen-Miauen erinnern.

Aufgabe

W 1 **Triple-X-Syndrom:** Der Karyotyp von Personen mit Triple-X-Syndrom ist 47, XXX. Es sind Frauen ohne besondere phänotypische Auffälligkeiten. Ihre Söhne haben oft ein Klinefelter-Syndrom. Erkläre diesen Sachverhalt.

Basiskonzept

Steuerung und Regelung: Die Genexpression ist fein geregelt. Ein Zuviel oder Zuwenig eines Genprodukts kann das genau abgestimmte Zusammenspiel von Proteinen empfindlich stören. Die Gendosis ist verändert.

2.6 Gene und Krebs

Der programmierte Zelltod wird durch Gene gesteuert

Zellen sterben durch äußere Einflüsse (Nekrose) oder genetisch programmiertem Selbstmord (Apoptose)

Steuerung und Regelung

Mord und Selbstmord wie im Krimi? Das gibt es auch auf Zellebene. Körperzellen können gewaltsam sterben, oder sich selbst umbringen. Bei einem erwachsenen Menschen gehen jede Sekunde ca. 10000 Zellen zugrunde. Sie platzen nach Verletzungen (**Nekrose**[1]) oder sterben programmgemäß (**Apoptose**[2], →Abb. 25). Fresszellen beseitigen die Reste – die Abbauprodukte werden im Körper recycelt.

Die Apoptose kommt einem Selbstmord der Zelle gleich. Im Gegensatz zur Nekrose wird er genetisch gesteuert. Manchmal sieht man das deutlich: Bei der Entwicklung einer Kaulquappe zu einem Frosch verschwindet der Schwanz durch einen kontrollierten Abbau von Zellen.

Die Apoptose spielt aber auch bei jedem von uns eine wichtige Rolle: Defekte und gealterte Zellen werden auf diesem Weg entfernt und durch neue ersetzt.

Bei Zellen, die sich nicht mehr teilen, wird der Tod v. a. durch das Anhäufen von „Müll" ausgelöst: Schadstoffe sammeln sich mit der Zeit an, die Zellen sterben, ohne dass genügend ersetzt werden können. Der Tod betrifft schließlich nicht nur einzelne Zellen, sondern den ganzen Körper. Das Lebensalter der Individuen einer Art ist also in einem gewissen Rahmen genetisch vorgegeben.

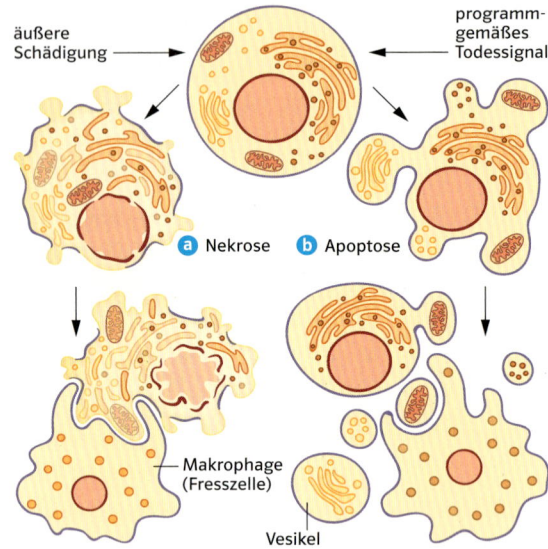

Abb. 25: Absterben von Zellen: Zellen sterben nach Verletzungen ab (Nekrose, a) oder durch ein genetisches Selbstmordprogramm (Apoptose, b).

Krebs entsteht durch Defekte in Zellen

Bei einer Krebserkrankung teilen sich Körperzellen unkontrolliert und differenzieren nicht

Krebs ist eine bösartige Gewebeerkrankung, die durch eine krankhafte Veränderung von Zellen (Entartung) entsteht. Etwa 100 verschiedene Erkrankungen werden unter diesem Begriff zusammengefasst.

Dies kann verschiedene Ursachen haben: Störungen im Energiestoffwechsel, Störungen bei der Verarbeitung von Wachstumssignalen, unbegrenzte Teilungsfähigkeit und das Verhindern der Apoptose.

In allen Fällen führen diese Defekte dazu, dass sich Körperzellen unkontrolliert teilen und nicht differenzieren. Der entstehende Zellhaufen oder **Tumor**[3] verdrängt das gesunde Gewebe in der Nachbarschaft, kann in dieses einwachsen und zu Beschwerden führen. Dazu kommt, dass sich einzelne dieser krankhaft veränderten Zellen vom Tumor lösen und sich im Blut- oder Lymphstrom ausbreiten können. Diese Zellen wachsen in anderen Geweben zu Tochtergeschwüren oder **Metastasen**[4] heran. Diese Eigenschaft macht einen gutartigen Tumor zu einem bösartigen Tumor, also zu Krebs.

Glossar

[1] **Nekrose:** vom Griechischen *nekros* für tot
[2] **Apoptose:** vom Griechischen *apoptosis* für das Abfallen
[3] **Tumor** vom Lateinischen für Wucherung oder Geschwulst.
[4] **Metastase** vom Griechischen *metastasis* für Wanderung.

Aufgabe

E 1 Schwimmhäute: Ohne Apoptose hätte eine Menschenhand Schwimmhäute. Bei Embryonen entwickeln sich zunächst Armknospen, erst später die Finger. Formuliere anhand dieser Feststellung eine eine Hypothese zur Rolle der Apoptose bei der embryonalen Entwicklung.

Basiskonzept

Steuerung und Regelung: Das Gleichgewicht von Abbau und Aufbau von Zellen im Gewebe unterliegt einer feinen Regulation. Die Lebensdauer von Zellen wird durch Telomere bestimmt (→S. 30). Sind diese verbraucht, geht auch codierende DNA verloren, und die Zelle leitet die Apoptose ein.

DNA-Fehler können sich in Körperzellen anhäufen

Kommt es zu Mutationen bei Proto-Onkogenen und Tumorsuppressorgenen, entstehen Krebszellen

Was macht eine normale Zelle zu einer Krebszelle? Bei Krebszellen ist die feine Abstimmung zwischen Teilung, Differenzierung und Zelltod außer Kraft gesetzt. Normalerweise überwachen bestimmte Gene den Zellzyklus (→S. 15), diese werden als **Proto-Onkogene** und **Tumorsuppressorgene** bezeichnet. Erstere regen den Zellzyklus an, zweitere hemmen diesen – vergleichbar mit Gaspedal und Bremse im Auto. Diese Gene steuern mit ihren Proteinprodukten die korrekte Basenpaarung in der DNA, halten den Zellzyklus gegebenenfalls an, bis Reparaturen ausgeführt sind, oder veranlassen die Apoptose, falls die DNA nicht repariert werden kann.

In Krebszellen funktionieren die Signalwege, mit welchen der Zellzyklus gesteuert wird, nicht. Dadurch teilen sich Zellen auch weiter, selbst wenn die DNA Schäden trägt – oft sogar schneller oder häufiger als gesunde Zellen, und ohne Rücksicht auf weitere Fehler.

Wie entsteht nun Krebs und warum kommt es nicht zur Apoptose dieser Zelle? Ein Krebs auslösendes **Onkogen**[1] entsteht durch Mutation aus einem Proto-Onkogen. Es sendet ständig Signale zur Zellteilung aus. Normalerweise leitet in so einem Fall der Gegenspieler, ein Tumorsuppressorgen, die Apoptose ein. Wenn auch dieses Gen durch eine Mutation funktionsunfähig geworden ist, teilt sich die Zelle – und gibt die Mutationen an die Tochterzellen weiter. Ein Tumor entsteht. Man geht davon aus, dass vier bis sieben Zufallsmutationen an verschiedenen Stellen im Erbgut

notwendig sind, damit aus einer normalen Zell eine Krebszelle wird.

Krebserkrankungen betreffen Körperzellen, werden also nicht vererbt. Trotzdem gibt es erbliche Faktoren, die ein höheres Krebsrisiko bewirken. Diese sind auf Mutationen in der Keimbahn zurückzuführen. Sie führen zu einer Erkrankung, wenn weitere somatische Mutationen dazu kommen. Auch Erbkrankheiten wie Trisomie 21 bewirken ein erhöhtes Krebsrisiko, ebenso wie manche Chromosomenmutationen (→Aufg. 2).

Neben der erblichen Komponente begünstigen auch Mutagene die Krebsentstehung. Wie du auf Seite 48 gelesen hast, können zB Chemikalien Mutationen auslösen. Besonders Stoffe im Zigarettenrauch haben sich als hoch **karzinogen**[2] erwiesen. Auch kurzwellige elektromagnetische Strahlung (zB UV) hat diese Wirkung. Die Mutationen sammeln sich in den Zellen, und oft zeigt sich die Wirkung erst viele Jahre oder Jahrzehnte später (→Abb. 26).

Die zentrale Behandlung von Krebs ist das chirurgische Entfernen des Tumors. Strahlen- und Chemotherapien (→am Puls 5, S. 36) werden eingesetzt, damit allfällige verbleibende Krebszellen, die sich bereits ausgebreitet haben, vernichtet werden. Dazu werden gegenwärtig neue Therapieformen erprobt, die auch auf dem immer besseren Verständnis der genetischen und molekularen Mechanismen von Krebs beruhen – ein Beispiel wird auf S. 56 vorgestellt.

Bestimmte erbliche Faktoren sowie Mutagene begünstigen das Entstehen von Krebszellen

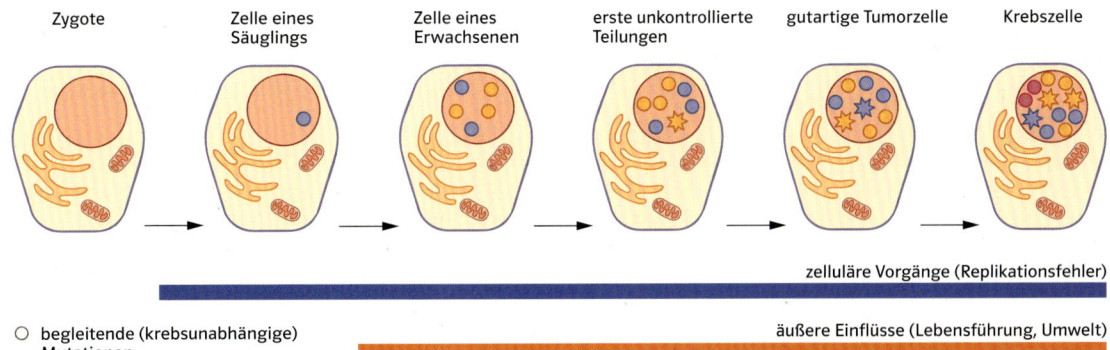

| Zygote | Zelle eines Säuglings | Zelle eines Erwachsenen | erste unkontrollierte Teilungen | gutartige Tumorzelle | Krebszelle |

zelluläre Vorgänge (Replikationsfehler)

○ begleitende (krebsunabhängige) Mutationen

☆ krebsfördernde Mutationen

äußere Einflüsse (Lebensführung, Umwelt)

von der Tumorzelle ausgehende Veränderungen

Abb. 26: Das Ansammeln von Mutationen ist eine mögliche Ursache für das mit dem Alter steigende Risiko einer Krebserkrankung. Schäden durch Mutagene (zB Zigarettenrauch) wirken sich daher oft erst nach Jahrzehnten aus.

Glossar

[1] **Onkogen** vom Griechischen *onkos* für geschwollen.

[2] **Karzinogen** vom Griechischen *karkinos* für Krebs.

Aufgaben

W/S 1 **HPV-Impfung:** Auch Viren können Krebs auslösen. Bekanntes Beispiel sind Humane Papillomviren (HPV), gegen die in Österreich seit 2006 ein Impfstoff verfügbar ist. Informiere dich über Impfmöglichkeiten, Kosten und Risiko einer solchen Impfung. Besprich mit deinen Eltern, ggf. Schul- oder Hausärztin/-arzt, ob du so eine Impfung erhalten hast oder durchführen sollst.

W 2 **Philadelphia-Chromosom:** Lies nach, was man unter dem Begriff Philadelphia-Chromosom versteht. Nenne die Mutationsart, die zum Philadelphia-Chromosom führt und die neuen Genprodukte, die dabei entstehen. Erkläre die onkogene Wirkung dieser Mutation und nenne die Krebsart, die dadurch ausgelöst wird.

Die personalisierte Krebsmedizin

Krebs ist nicht gleich Krebs

Krebs ist keine einzelne Krankheit ist, sondern eine Gruppe vieler Erkrankungen. Diese unterscheiden sich im Krankheitsverlauf teilweise recht deutlich. Doch auch ein und dieselbe Krebsart kann je nach Patientin bzw. Patient ganz verschieden verlaufen. Die Biologie der Erkrankung ist entsprechend komplex.

Daher ist auch nicht zu erwarten, dass die medizinische Forschung ein alleiniges Krebsheilmittel findet. Gegenwärtig geht die Forschung vielmehr in Richtung der **personalisierten Krebsmedizin**.

Als Grundlage dieser Therapie, die auf die Patientin oder den Patienten „maßgeschneidert" sein soll, dienen molekularbiologische und genetische Untersuchungen des Tumorgewebes. Krebszellen sind durch genetische Veränderungen gekennzeichnet, die sehr vielfältig sein können (sogar Zellen ein und desselben Tumors können sich genetisch unterscheiden). Genau nach diesen genetischen Veränderungen – so genannten **Biomarkern**[1] – wird gesucht, um so die Tumorzellen zu charakterisieren (→Abb. 27). Je genauer man das **genetische Tumorprofil** kennt, umso gezielter kann eine Behandlung erfolgen.

Schwachstellen finden und gezielt angreifen

Wenn man Biomarker des Tumors kennt, gilt es, diesen genau an dieser Stelle anzugreifen („targeted therapy"). Oft verstärken die Mutationen einer Krebszelle die Signalwege, welche das Wachstum oder die Ausbreitung des Tumors fördern. Genau diese Signalwege sind das Ziel der Therapie.

Solche Therapien sind zB bei Darm-, Lungen- oder Brustkrebs möglich, da hier die Veränderungen ausreichend gut erforscht sind, um einen gezielten Angriff möglich zu machen. So können zB Patientinnen mit Brustkrebs, deren Tumorgewebe den Marker HER2 enthält, mit dem Medikament „Herceptin" behandelt werden. (Frauen mit Krebsgewebe, das kaum HER2 aufweist, sprechen dagegen auf dieses Medikament nicht an.)

Ein großer Vorteil der personalisierten Therapie ist das Fehlen der massiven Nebenwirkungen, die zB eine unspezifische, aggressive Chemotherapie mit sich bringt. Die personalisierte Medizin versucht also, jeden spezifischen Krankheitsverlauf zu erkennen und für jede Patientin bzw. jeden Patienten eine eigene Behandlungsform zu entwickeln. Hier liegt gegenwärtig eine große Hoffnung der Medizin, wirksame Therapien gegen Krebs zu entwickeln.

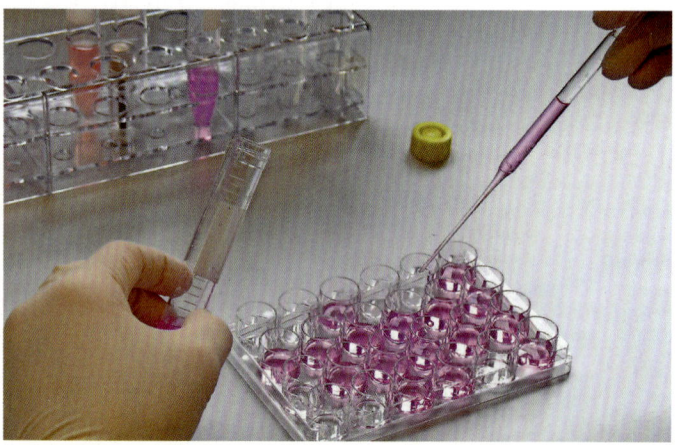

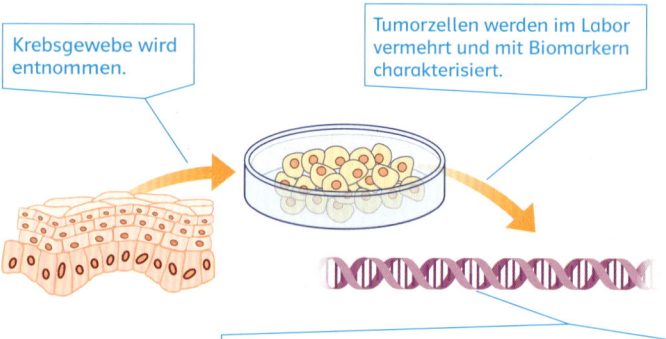

Krebsgewebe wird entnommen.

Tumorzellen werden im Labor vermehrt und mit Biomarkern charakterisiert.

Die DNA-Sequenz von Tumorzellen wird untersucht, um die geänderten Signalwege verstehen und behandeln zu können.

Abb. 27: Personalisierte Krebsmedizin. Krebsgewebe wird entnommen, die Tumorzellen werden im Labor in Zellkulturen vermehrt (Foto links). Diese Zellen werden einerseits untersucht, um festzustellen, welche genetischen Änderungen vorliegen. Gleichzeitig wird erprobt, welche Wirkstoffe die spezifischen Signalwege angreifen können, um zielgerichtete Therapien zu entwickeln.

Glossar

[1] **Biomarker:** Individuelle Merkmale einer Zelle, zB die Menge bestimmter Genprodukte. Biomarker geben Auskunft über Eigenschaften einer Tumorzelle.

Aufgabe

S **1** Forschungsteams in der personalisierten Krebsmedizin sind meist interdisziplinär und bestehen aus Wissenschafterinnen und Wissenschaftern aus den Bereichen Genetik, Molekularbiologie, Mathematik und Informatik. Erörtere, welche Beiträge die einzelnen Fachbereiche zu der Entwicklung zielgerichteter, personalisierte Krebsmedizin leisten können.

Basiskonzept

Information und Kommunikation: Wie bei gesunden Zellen kommunizieren auch Tumorzellen untereinander und mit dem umliegenden Gewebe. Diese interzelluläre Kommunikation erfolgt oftmals über Signalwege, also Kaskaden mehrerer Signale. Signalkaskaden ermöglichen vielfältige Regulierungsmöglichkeiten. Das Prinzip ist uns zB auch in der 6. Klasse bei der Wirkungsweise von Hormonen begegnet (Band 6, S. 34).

Geschlechtsbestimmung und „DNA-Müll"

Nicht bei allen Tieren entscheiden X- und Y-Chromosomen über das Geschlecht

Auf S. 49 und 52 wurde erklärt, dass das Geschlecht eines Menschen durch die Gonosomen bestimmt wird: XX entspricht weiblich, XY männlich. Genauer gesagt bestimmt ein einziges Gen am Y-Chromosom, dass sich ein Embryo zu einem männlichen Individuum entwickelt. Fehlt dieses Gen, wird (korrekter: bleibt) der Embryo weiblich.

Nicht überall im Tierreich gilt dies. So besitzen auch Vögel Geschlechtschromosomen, doch bei ihnen besitzt das Weibchen zwei verschiedene Gonosomen (ZW), das Männchen zwei gleiche (ZZ) (vgl. Glossar S. 49). Bei anderen Tiergruppen gibt es dagegen keinen charakteristischen Genotyp von Männchen oder Weibchen. Die Geschlechtsmerkmale von Krokodilen oder Schildkröten entwickeln sich in Abhängigkeit von den Umweltfaktoren während der Entwicklung. Man nennt dies **phänotypische Geschlechtsbestimmung** (→Abb. 28).

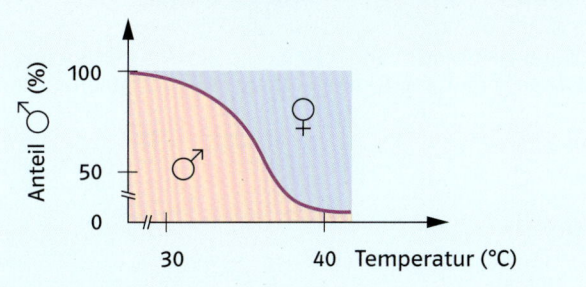

Abb. 28: Phänotypische Geschlechtsbestimmung. Das Geschlecht einer Meeres-Schildkröte hängt von der Außentemperatur vor dem Schlüpfen ab.

Die Sonderstellung der Gonosomen

Sexualität ist im evolutionären Sinn der Austausch von Erbinformation. Rekombination mütterlicher und väterlicher Chromosomen sowie Crossing-Over führen zur Vermischung des Genotyps beider Elternteile. Dies gilt allerdings nicht für die Gonosomen, diese haben sich unabhängig voneinander entwickelt – mit Hilfe der nicht-codierenden DNA-Abschnitte („Junk-DNA" bzw. „DNA-Müll"). Dies konnte durch ein internationales Forschungsteam belegt werden, an dem auch Wiener Genetiker rund um um Qi Zhou vom Department für molekulare Evolution und Entwicklung der Universität Wien beteiligt waren.

Die Forschungsgruppe untersuchte 11 Singvögelarten, bei denen sie zeigen konnten, wie sich W- und Z-Chromosomen im Laufe der Zeit auseinander entwickelten. Das Geschlecht bestimmende W-Chromosom besitzt (wie das Y-Chromosom der Säugetiere) nur sehr wenige funktionsfähige Gene. Diese sind von großer Bedeutung, so dass sie keinesfalls im Zuge der Evolution verloren gehen dürfen.

Genau wie beim Y-Chromosom bei Männern gibt es bei einem Vogelweibchen nur eine Kopie des W-Chromosoms pro Zelle. Entsprechend können Veränderungen, die durch Mutationen entstehen, nicht durch den Austausch mit der intakten Version vom homologen Chromosom ausgeglichen werden (bei ZZ ist das ja möglich, ebenso wie bei XX und allen Autosomen).

Und welche Rolle spielt der „DNA-Müll"?

Zwischen W- und Z-Chromosom erfolgt kein Austausch von Genen (etwa durch Crossing-Over), da sonst das geschlechtsbestimmende Gen auf dem falschen Chromosom landen könnte und das System der Geschlechtsbestimmung durcheinander bringen würde. Die Forschungsgruppe konnte vier Zeitpunkte nachweisen, an denen diese Rekombination unterdrückt wurde.

Und hier kommt die nicht-codierende DNA ins Spiel: Dieser „DNA-Müll" sei für den Verlust der Austauschfähigkeit verantwortlich. Mit anderen Worten: Nicht-codierende DNA-Abschnitte ermöglichten, dass die „männlichen" und „weiblichen" Chromosomen getrennte Wege in der Evolution gehen konnten – und mussten.

Literatur

Xu, Luohao; Auer, Gabriel; Peona, Valentina; Suh, Alexander; Deng, Yuan; Feng, Shaohong; Zhang, Guojie; Blom, Mozes P. K.; Christidis, Les; Prost, Stefan; Irestedt, Martin; Zhou, Qi: Dynamic evolutionary history and gene content of sex chromosomes across diverse songbirds. Nature Ecology & Evolution 3 (2019), S. 834–844.

Basiskonzept

🟡 **Steuerung und Regelung:** Bei der phänotypischen Geschlechtsbestimmung ist in der Zygote noch nicht festgelegt, welches Geschlecht das Tier haben wird. Erst während der folgenden Zellteilungen wird die Genaktivität offenbar durch temperaturabhängige Enzyme reguliert. Dadurch wird entweder die weibliche oder die männliche Richtung in der Entwicklung eingeschlagen.

Aufgabe

W/S 1 Die oben genannte Forschungsgruppe zeigt eine Zusammenarbeit mit mehreren Instituten rund um den Globus. Suche die Arbeit im Internet und nenne die Lage der Institute. Begründe die Vorteile von derartiger internationaler Kooperation bei Forschung.

Was hast du in diesem Kapitel gelernt?

Lösungen
🌐 32m3ry

✓ Du hast gelernt, wie die Gene bzw. deren Allele von Eltern an Nachkommen vererbt werden und wie es zur Rekombination dieser Gene bzw. Allele kommt.

✓ Du kennst die Mendel'schen Vererbungsregeln und weißt, unter welchen Voraussetzungen diese anwendbar sind.

✓ Du kannst die Begriffe dominant, rezessiv, kodominant und intermediär anhand von Beispielen erklären.

✓ Du verstehst den Zusammenhang zwischen Mendels Regeln und der Chromosomentheorie der Vererbung.

✓ Du kannst erklären, wie Genkarten erstellt werden und welche Bedeutung sie haben.

✓ Du weißt, welche Typen von Mutationen es gibt und wie diese zu Stande kommen. Ebenso weißt du, welche Bedeutung Mutationen und Mutagene im Rahmen der Entstehung von Krebs haben.

✓ Du kannst Fragen zur Bedeutung, Diagnose und Behandlung von Erbkrankheiten des Menschen kritisch beantworten.

✓ Du bist in der Lage, Erbgänge anhand von Kreuzungsschemata zu beurteilen sowie selbst derartige Schemata aufzustellen.

✓ Du bist dir der ethischen Probleme rund um das Thema Gentechnik (besonders bei humangenetischen Fragen) bewusst.

Du kannst dir Fachwissen aneignen und kommunizieren

W 1 Erkläre die folgenden Begriffe: Allel – rezessiv – intermediär – monogenetisch – Translokation – Keimbahn – Autosom – Apoptose – Onkogen.

W 2 **a.** Beschreibe kurz die folgenden Erbkrankheiten und gib an, ob sie autosomal oder gonosomal, dominant oder rezessiv vererbt werden: Albinismus, angeborene Rachitis, Chorea Huntington, Cystische Fibrose, Rot-Grün-Schwäche, Vielfingrigkeit.

b. Suche noch drei weitere Erbkrankheiten des Menschen, die im Text nicht genannt werden, beschreibe sie kurz, und gib ebenfalls an, wie die Vererbung erfolgt.

W 3 Bei Cystischer Fibrose enthalten Körpersekrete aufgrund defekter Chloridkanäle zu wenig Wasser. Erkläre das Zustandekommen der erhöhten Viskosität (Zähflüssigkeit) der Körperschleime anhand von Abb. 29. (Tipp: Wiederhole dazu das Prinzip der Osmose!)

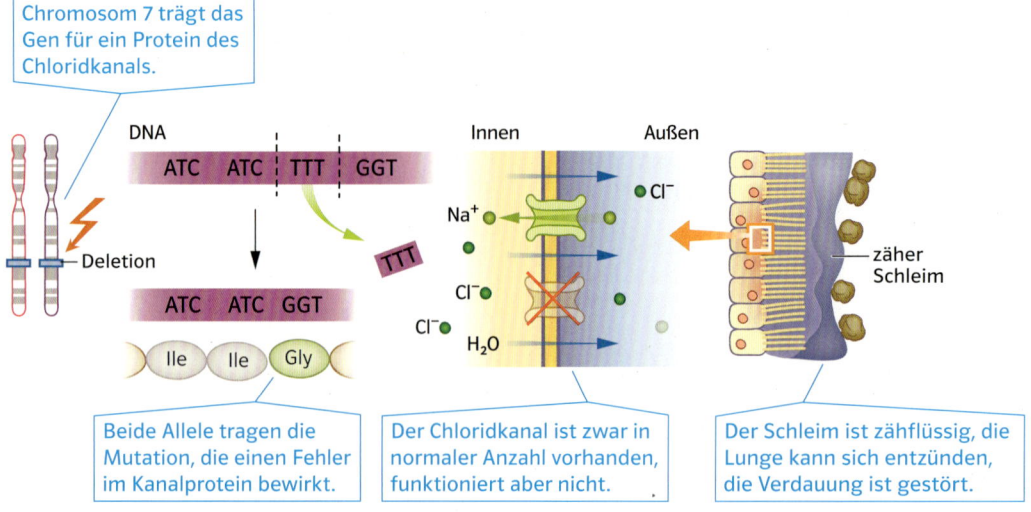

Abb. 29: Cystische Fibrose: Ursache und Wirkung.

Du kannst Erkenntnisse gewinnen

E 1 Krebs entsteht vorrangig durch DNA-Defekte.

a. Beschreibe die Entstehung einer Krebserkrankung anhand Abb. 30. Beginne mit den nicht dargestellten Veränderungen auf molekularer Ebene.

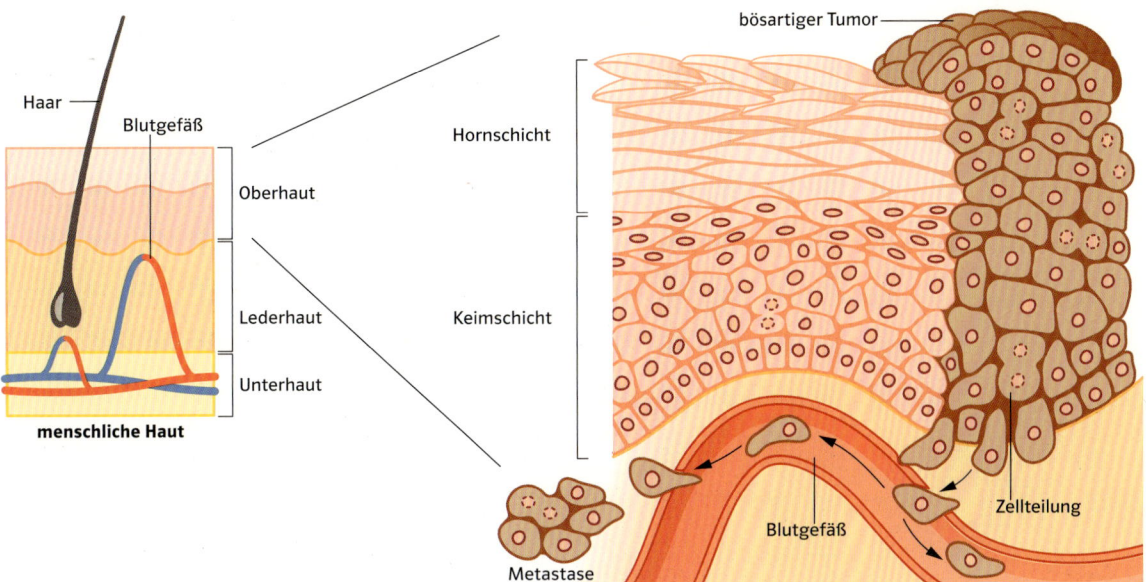

Abb. 30: Krebs auf Ebene der Zellen bzw. Gewebe.

b. Von einem eineiigen Zwillingspaar erkrankt oft nur eines der Geschwister an Krebs, obwohl beide dasselbe Erbgut besitzen. Interpretiere diese Beobachtung mit deinem Wissen über die Krebsentstehung.

E 2 Sind beide Eltern reinerbig AA bzw. BB haben ihre Kinder alle die Blutgruppe AB (→Abb. 31). Erstelle einen entsprechenden Stammbaum für ein mischerbiges Elternpaar A0 und B0.

E 3 Hyperinsulinismus ist eine Erkrankung, die autosomal rezessiv vererbt wird. Der Körper betroffener Menschen produziert mehr Insulin, als er benötigt. Die Folge sind häufige Unterzuckerungen. Kann man anhand des rechten Stammbaums (→Abb. 32) eine gonosomale Vererbung ausschließen? Begründe deine Antwort.

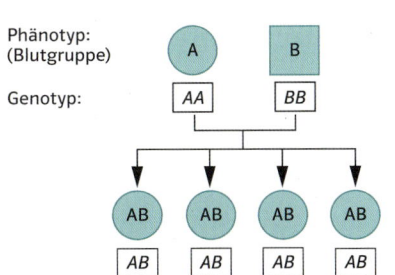

Abb. 31: Erbgang für die Vererbung von Blutgruppen.

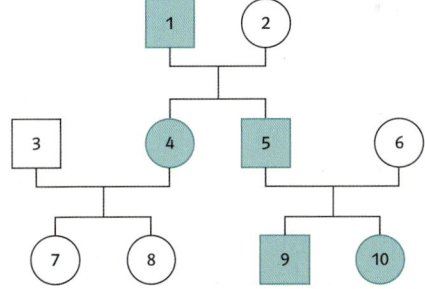

Abb. 32: Erbgang bei Hyperinsulinismus.

Du kannst Standpunkte begründen und reflektiert handeln

S 1 Der „Genom-Browser" Ensembl ist eine Online-Datenbank, auf der diverse Genome von Wirbeltieren zugänglich sind. Suche die Daten des menschlichen Genoms und verschaffe dir einen Überblick über die Seite (www.ensembl.org/Homo_sapiens/Location/Genome).

S 2 Welche Informationen in Ensembl (siehe Aufgabe S1) kannst du mit deinem Wissen verstehen? Klick dich durch das Genom und spüre aus dem Schulbuch bekannte Informationen auf.

3. Evolutionsbiologie

Du lernst in diesem Kapitel ...

Bonusmaterial
🌐 ki5n7j

W Wissen organisieren

... Du erfährst, wie **das Leben auf der Erde begann** und welche Bedeutung die Entwicklung der **Fotosynthese und Vielzelligkeit** für das Leben hat.

... Du lernst die wichtigsten **Mechanismen der Evolution** kennen und verstehst, wie diese zusammenwirken.

E Erkenntnisse gewinnen

... Du lernst, welche Kriterien verwendet werden, um **Stammbäume von Lebewesen** zu erstellen.

... Du erfährst, durch welche Daten sich **die Evolution belegen** lässt.

... Du wirst sehen, wie man **entscheiden** kann, ob Anpassungen von Lebewesen aufgrund **gemeinsamer Abstammung** oder **ähnlichen Umweltbedingungen** entstanden sind.

S Schlüsse ziehen

... Du lernst die historische Entwicklung von **Evolutionstheorien und die aktuelle Evolutionstheorie kennen** und kannst sie beurteilen.

... Du lernst, **wie Paläontologinnen und Paläontologen arbeiten** und wie sie aus den heute vorliegenden Daten auf die Evolution längst ausgestorbener Lebewesen schließen.

» Im Film der Evolution kommen die Menschen nur am Ende vor ...

Stell dir vor, die Geschichte des Lebens wäre in einem einstündigen Film zu sehen. Dann wären am Beginn Strukturen wie die hier abgebildeten zu sehen. Es handelt sich um Stromatolithen, Anhäufungen von Cyanobakterien und Sediment, die „wachsende Steine" bilden. Die ältesten fossilen Stromatolithen sind 3,6 Milliarden Jahre alt.

Um die ganze Spanne des Lebens auf der Erde in einem Film unterzubringen, der nur eine Stunde dauert, müsste die Zeit stark gerafft werden – auf etwa eine Million Jahre pro Sekunde. Den Großteil des Films würden Einzeller und Algen füllen, erst in den letzten 10 Minuten könntest du die ersten Wirbeltiere beobachten. Der spektakuläre Auftritt der Dinosaurier käme ein paar Minuten vor Filmende – eine Minute vor Schluss, das entspricht einer Periode vor 65 Millionen Jahren, wären sie wieder ausgestorben. Der Mensch wäre nur im Abspann zu sehen, in den letzten ein bis zwei Sekunden.

In diesem Kapitel erfährst du etwas über die Entstehung der Vielfalt des Lebens auf der Erde und über die fantastischen Kreaturen, die vor unserer Zeit die Erde bevölkert haben.

3.1 Die Entwicklung des Lebens

Fossilien geben Aufschluss über die Evolution des Lebens

Mithilfe von Fossilien können Forscherinnen und Forscher das Leben auf der Erde von der Entstehung bis heute rekonstruieren.

Ein Blick in den Boden unter unseren Füßen offenbart, dass wir auf Bergen von Überresten früherer Lebewesen leben: Knochen, Schuppen, Schalen, Samen, Pollen, aber auch Erdöl, Erdgas, Kohle – all dies sind Fossilien. Der Begriff **Fossil** bezeichnet **Überreste oder Spuren von Lebewesen**, die vor mehr als 10 000 Jahren, in einem früheren Erdzeitalter lebten.

Nur wenige Lebewesen werden zu einem Fossil: Nur wenn ein Organismus schnell von Feinsediment, Harz oder Teer überlagert wird kann er so lange erhalten bleiben, dass der Körper nach und nach durch Mineralstoffe ersetzt wird: Das Lebewesen versteinert. Aber auch Abdrücke und Spuren von Lebewesen sind Fossilien.

Mithilfe von Fossilien versuchen Paläontologinnen und Paläontologen, das Leben auf der Erde von der Entstehung bis zur Gegenwart zu rekonstruieren. Oft sind nur wenige Fragmente oder ein Abdruck im Gestein erhalten. Die Stärke der Paläontologie[1] liegt aber in der Kombination vieler Befunde: Ganze Gebirgsdecken wie zB die Kalkalpen bestehen aus Fossilien, der Ozeanboden ist teils kilometerdick mit Fossilien bedeckt.

Abb. 1: Fossilien wie dieser Trilobit sind wichtige Hilfsmittel zur Rekonstruktion der Evolution des Lebens.

Daher weiß man, wann erste Vertreter bestimmter Gruppen auftraten, und so können Stammbäume erstellt werden. Stammbäume sind aber nur eine Momentaufnahme: Immer wenn neue Fossilien entdeckt werden, können diese zu Änderungen in den bestehenden Stammbäumen führen.

Vor fast vier Milliarden Jahren begann das Leben auf der noch jungen Erde

Das Leben auf der Erde begann durch die chemische Evolution in der Ursuppe

Unter biologischer Evolution versteht man den Prozess, bei dem sich Organismen im Lauf der Erdgeschichte aus früheren Formen entwickeln. Wie das Leben auf der Erde seinen Anfang nahm, ist eine Frage, die Forscherinnen und Forscher der Chemie und Biologie nach wie vor beschäftigt. Obwohl die Einzelheiten nicht geklärt sind, gibt es gut etablierte Hypothesen, wie Leben aus anorganischen Substanzen entstehen konnte.

In einem berühmten Experiment wiesen **Harold Urey**[2] und **Stanley Miller**[3] 1953 nach, dass unter ähnlichen Bedingungen wie jenen, die auf der frühen Erde geherrscht haben, einfache Biomoleküle wie Aminosäuren spontan entstehen können. Die Ursuppe, die damals in den Ozeanen der Erde vorhanden war, bestand aus einer unbekannten Mischung anorganischer Substanzen. Darin liefen unentwegt chemische Reaktionen

ab, wobei die ersten organischen Moleküle entstanden. Daraus entwickelten sich komplexere Moleküle wie Polypeptide, Phospholipide und Polysaccharide, bis hin zu RNA-Makromolekülen, die sich selbst kopieren konnten. Mit dem Entstehen von Lipiddoppelschichten entstanden die ersten abgegrenzten Bereiche. Diese bezeichnet man als Protozellen.

Unter der **chemischen Evolution** versteht man alle diese Abläufe, von der Entstehung von einfachen, organischen Verbindungen hin bis zu den Protozellen.

Bis zu den ersten echten Zellen waren viele weitere Evolutionsschritte erforderlich. Die ältesten fossilen Einzeller sind etwa 3,7 Mrd. Jahre alt. Es wird aber vermutet, dass bereits vor 4 Mrd. Jahren erste Zellen existierten.

Glossar

[1] **Paläontologie** vom Griechischen *palaios* für alt und *ontos* für das „Seiende" ist die Wissenschaft der Lebewesen (und ihrer Umwelt) der geologischen Vergangenheit.

[2] **Harold Urey** (1893 bis 1981), US-amerikanischer Chemiker
[3] **Stanley Miller** (1930 bis 2007), US-amerikanischer Chemiker und Biologe

Aufgabe

W **1** **Geschichte und Paläontologie:** Vergleiche die Arbeit von Historikerinnen und Historikern mit der von Paläontologinnen und Paläontologen. Sammle Gemeinsamkeiten und Unterschiede.

Alle lebenden Zellen sind miteinander verwandt

Alle heute lebenden Zellen stammen von einem Kollektiv von Ur-Prokaryoten ab.

Die ersten lebenden Zellen besaßen wahrscheinlich bereits die stabile DNA-Doppelhelix anstatt von RNA als Erbsubstanz, sowie den universellen genetischen Triplett-Code. Ein Proteinbiosyntheseapparat mit Ribosomen, mRNA und tRNA sowie bestimmten Enzymen gehörte bereits zur Grundausstattung. Man kann das daraus schließen, dass diese Bestandteile und die von ihnen vollzogenen Mechanismen heute in sämtlichen lebenden Zellen in fast identischer Form existieren.

Die Prokaryoten waren die ersten Lebewesen auf der Erde, und sie waren imstande untereinander Gene auszutauschen. Daher ist die gemeinsame Abstammung aller Lebewesen eher auf ein Kollektiv von Linien als auf einen Punkt zurückzuführen (→Abb. 2).

Alle heute auf der Erde vorkommenden Lebewesen sind Nachfahren dieser Prokaryoten und werden in drei Domänen des Lebens eingeteilt. Eine solche Domäne ist die höchste Kategorie im Stammbaum des Lebens (→Abb. 2). Die **Archaea** sind eine große Gruppe sehr vielfältiger Prokaryoten. Manche Archaea können unter extremen Bedingungen vorkommen, wie zB in sehr heißen oder salzhaltigen Lebensräumen. Die **Bacteria** sind die zweite Domäne innerhalb der Prokaryoten. Sie unterscheiden sich von den Archaea in sehr grundlegenden Eigenschaften, unter anderem im Aufbau ihrer Membranen. Manche Bakterien verursachen beim Menschen Krankheiten. Andere sind unabdingbar im globa-

len Nährstoffkreislauf, zB in der Stickstofffixierung oder im Abbau von toten Organismen. Die **Eukarya**, zu denen alle vielzelligen Organismen gehören, entstanden aus einer Fusion zwischen Archaea und Bacteria.

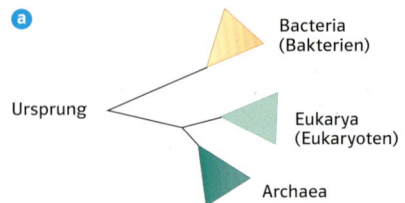

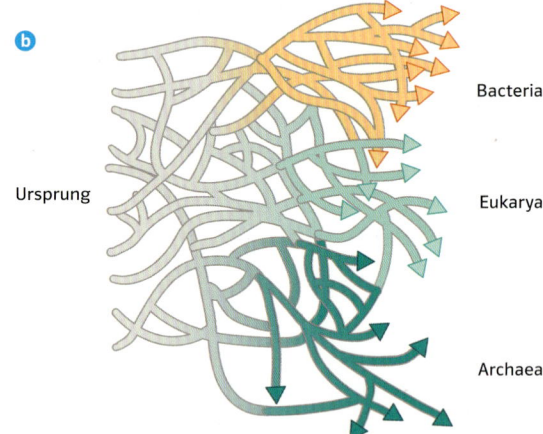

Abb. 2: Ursprung der drei Domänen des Lebens. Bacteria, Eukarya und Archaea. Die drei Domänen sind nicht so sauber zu trennen, wie vereinfachte Stammbäume vermuten lassen (a), sondern sind durch den häufigen Gentransfer unter Prokaryoten verbunden (b).

Im Präkambrium wurde die Fotosynthese entwickelt

Cyanobakterien entwickelten vor etwa 3 Mrd. Jahren die Fotosynthese.

Während des **Präkambriums**, der Periode, die mit der Entstehung des Lebens vor 4 bis 3,7 Mrd. Jahren begann und erst vor ca. einer halben Mrd. Jahre endete, existierten nur Prokaryoten auf der Erde. Zu Beginn dieser Periode besaßen alle Organismen einen Stoffwechsel, der ohne Sauerstoff funktionierte (**anaerober**[1] Stoffwechsel). Die ersten Lebewesen ernährten sich heterotroph von den organischen Molekülen der Ursuppe. Andere entwickelten Mechanismen, um durch die Katalyse anorganischer Stoffe Energie zu gewinnen. Diese **Chemosynthese** findet man heute noch bei Bakterien in vulkanischen Quellen.

Cyanobakterien[2] (→Abb. 3) entwickelten schließlich Methoden um die Sonnenenergie zu nutzen: Sie erfanden die **Fotosynthese** bereits vor vermutlich mehr als 3 Mrd. Jahren. Bei der Fotosynthese wird die Energie des Sonnenlichts als chemische Energie in Form energiereicher Kohlenhydrate gespeichert und als Nebenprodukt entsteht freier molekularer Sauerstoff (O_2).

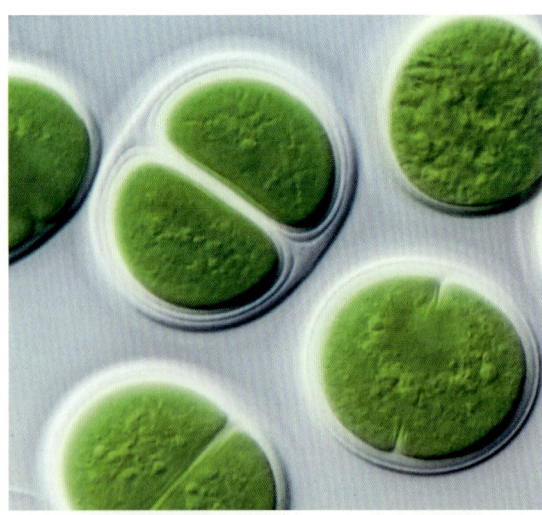

Abb. 3: Cyanobakterien, hier die heutige Gattung *Chroococcus*, haben vor etwa 3 Millarden Jahren die Fotosynthese erfunden und so freien Sauerstoff in die Erdatmosphäre gebracht.

Die große Sauerstoffkatastrophe

Durch Fotosynthese entstand freier Sauerstoff in der Atmosphäre – eine Katastrophe für die anaeroben Zellen

Stoff- und Energieumwandlung

Sauerstoff entstand als Nebenprodukt der Fotosynthese. Er oxidierte zunächst reduzierende Stoffe, die auf der Erde vorhanden waren, wie zB Eisen, und häufte sich daraufhin in der Atmosphäre an. Die O_2-Konzentration in der Atmosphäre stieg so bis Mitte des Präkambriums von nahezu null auf 2–3 % an (→Abb. 4). Damit wurde die **reduzierende** Uratmosphäre zu einer **oxidierenden** Atmosphäre. Für die anaeroben[1] Prokaryoten bedeutete das eine katastrophale Umstellung: Sie konnten nun nur mehr in anaeroben Nischen überleben. Der **aerobe** Stoffwechsel entstand. In weiterer Folge war der Weg frei für die Evolution der Eukaryoten. Ihr Erfolg basiert also auf einer von den Cyanobakterien ausgelösten Umweltkatastrophe.

Der Mensch ist also nicht der erste, der eine globale Umweltkatastrophe ausgelöst hat. Die Cyanobakterien ließen sich allerdings Zeit: Mindestens 500 Millionen Jahre benötigten sie, um der Erde ihre sauerstoffreiche Atmosphäre zu geben. Erst später, mit der Entstehung der eukaryotischen Algen und der Besiedlung des Landes durch Pflanzen, stieg der O_2-Gehalt auf den heutigen Wert. Zeitweise lag er sogar deutlich darüber.

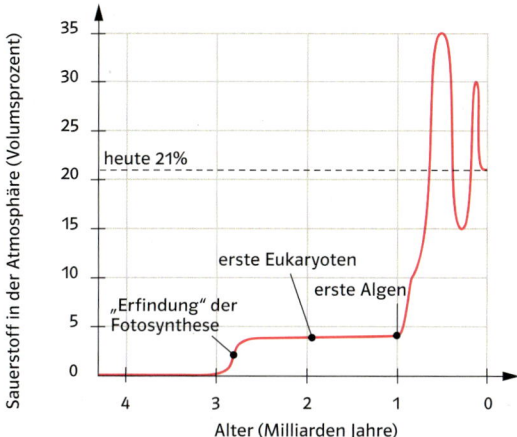

Abb. 4: Entwicklung des Sauerstoffgehalts in der Erdatmosphäre seit dem Präkambrium. Der bei der Fotosynthese anfallende Sauerstoff häufte sich sehr langsam in der Atmosphäre an. Es kam zu starken Schwankungen im Sauerstoffgehalt, verursacht durch Fotosynthese von Pflanzen und Vulkanismus. Im Karbon und Perm wurden sogar Werte von bis zu 35 % erreicht, die weit über dem heutigen Niveau liegen.

Von Prokaryoten zu Eukaryoten

Euzyten entstanden aus Prozyten, die andere Bakterien aufgenommen und als Organellen bewahrt haben

Die Prozyten entwickelten eine immer größere Vielfalt. Schon früh im Präkambrium entstanden die **Bacteria** und **Archaea** als eigene Domänen (siehe S. 62). Die dritte Domäne, die **Eukarya**, entstanden schließlich im Präkambrium aus diesen vergleichsweise einfachen und viel kleineren Prozyten.

Das Auftreten von eukaryotischen Zellen stellt gewissermaßen eine „evolutionäre Revolution" dar. Ein völlig neuer, größerer Zelltyp entstand **aus dem Zusammenschluss von kleinen Prozyten** (siehe S. 64). Ansätze eines Endomembransystems gab es bereits bei manchen Prokaryoten. Darunter versteht man Membranen, die Teile der Zelle umschließen, und die für den Transport und Austausch zuständig sind. Evolutionär betrachtet war es dann kein allzu komplizierter Schritt mehr zu Endozytose, Endoplasmatischem Retikulum, Vesikeln, Golgi-Apparat sowie einer schützenden Kernhülle um die Erbsubstanz (→Abb. 5 a–c). Die zunehmende Größe der Zelle wurde durch ein Zytoskelett ermöglicht, das als Stütze wirkte und zelluläre Bewegungen erleichterte. Aus Mikrotubuli entwickelte sich die eukaryotische Geißel.

Glossar

[1] **anaerob**, vom Griechischen *a(n)*- für ohne und *aer* für Luft

[2] **Cyanobakterien**, vom Griechischen *kyanos* für Blau, früher auch „Blaualgen" genannt. Sie enthalten ein bläuliches Photosynthese-Pigment und erscheinen daher gelegentlich blaugrün. Nachdem es sich aber um Prokaryoten handelt, wird der Begriff „Algen", der für eukaryotische Gruppen verwendet wird, heute vermieden.

Aufgaben

W 1 **Geologische Zeitskala:** Wiederhole die geologischen Zeitalter und die darin stattfindenden wesentlichen Ereignisse mit der Zeittafel aus Am Puls 6, S. 164.

W 2 **Revolutionen im Präkambrium:** Fasse die für die Entwicklung des Lebens prägenden Ereignisse im Präkambrium in einem kurzen Text zusammen.

W/S 3 **Panspermie:** Diese heiß diskutierte Hypothese besagt, dass das Leben nicht auf der Erde entstand, sondern aus dem Weltall auf die Erde kam. Recherchiert im Internet Datenmaterial dazu und diskutiert die Idee anhand der gefundenen Quellen. Bewertet auch die Seriosität der Quellen.

Basiskonzept

Stoff- und Energieumwandlung: Durch die Fotosynthese wurde der aerobe Stoffwechsel möglich. Auch die Zellatmung wurde von Bakterien „erfunden". Energiereiche Verbindungen wie Glukose konnten jetzt mit Sauerstoff vollständig zu CO_2 veratmet werden, wobei viel mehr Energie in Form von ATP gespeichert werden kann als bei anaeroben Vorgängen.

Die Endosymbionten-Theorie

Euzyten entstanden durch mehrere Endozytose-Ereignisse

Kompartimentierung

Variabilität, Verwandtschaft, Geschichte und Evolution

Innerhalb des Vorläufers der eukaryotischen Zelle waren durch Einstülpung abgetrennte Teilbereiche entstanden. Ein weiterer evolutionärer Schritt führte zum Entstehen von Mitochondrien und Chloroplasten. Die Evolution dieser beiden Organellen ereignete sich vor ca. 2 Mrd. Jahren (→Abb. 5 d–e).

Die Vorläufer der Euzyten lebten wahrscheinlich räuberisch, indem sie kleinere Prokaryoten aufnahmen und verdauten. Vermutlich waren also sowohl Mitochondrien als auch Chloroplasten ursprünglich freilebende Bakterien, von denen sich die Vorläuferzelle ernährte. Manche dieser aufgenommenen Bakterien wurden nicht verdaut. Stattdessen lebten sie – in Endozytosevesikeln eingeschlossen – in der Wirtszelle weiter, vermehrten sich dort auch und wurden bei Teilungen an die Nachkommen weitergegeben.

Durch den Austausch von Stoffwechselprodukten entwickelte sich so ein Zusammenleben zu gegenseitigem Nutzen, also eine Symbiose. Da hier der eine Partner in der Zelle des anderen lebt, nennt man dies eine **Endosymbiose**.

Dieser Zusammenschluss hatte offenbar Vorteile für beide Teile: Die bakteriellen Vorläufer der Mitochondrien boten der Wirtszelle den immensen Vorteil einer effizienten Herstellung von ATP durch Zellatmung. Ebenso boten Chloroplasten den Vorteil, dass ihre Wirtszellen sich nun durch Fotosynthese ernähren konnten. Umgekehrt bot die Wirtszelle den ursprünglich freilebenden Bakterien Schutz und lieferte ihnen alle benötigten Nährstoffe.

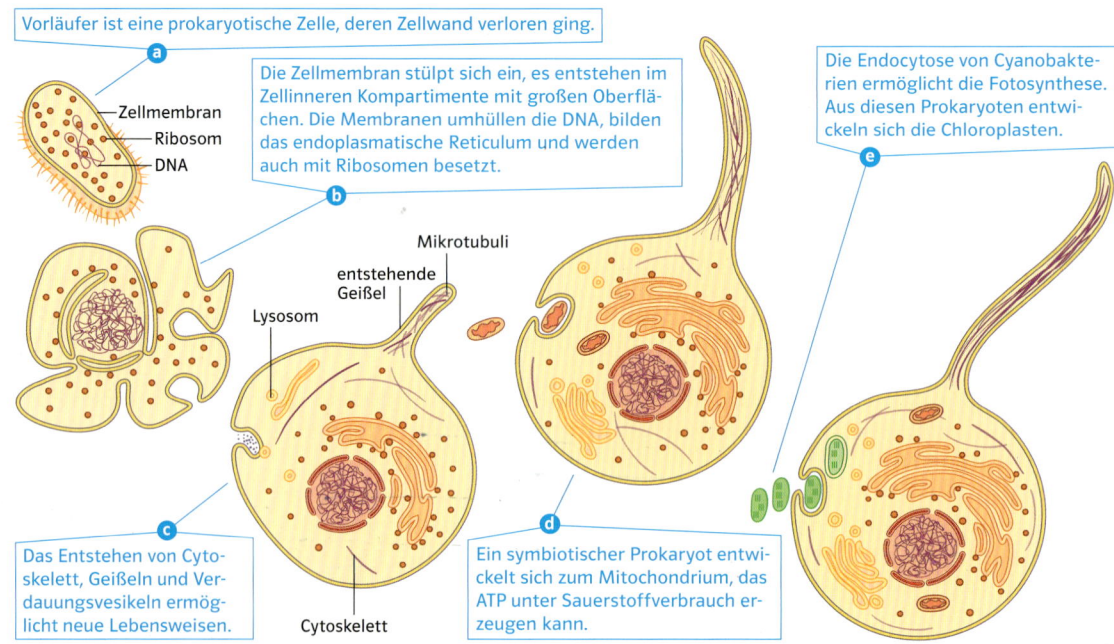

Vorläufer ist eine prokaryotische Zelle, deren Zellwand verloren ging.
a

Zellmembran
Ribosom
DNA

Die Zellmembran stülpt sich ein, es entstehen im Zellinneren Kompartimente mit großen Oberflächen. Die Membranen umhüllen die DNA, bilden das endoplasmatische Reticulum und werden auch mit Ribosomen besetzt.
b

Mikrotubuli
entstehende Geißel
Lysosom

Die Endocytose von Cyanobakterien ermöglicht die Fotosynthese. Aus diesen Prokaryoten entwickeln sich die Chloroplasten.
e

Das Entstehen von Cytoskelett, Geißeln und Verdauungsvesikeln ermöglicht neue Lebensweisen.
c

Cytoskelett

Ein symbiotischer Prokaryot entwickelt sich zum Mitochondrium, das ATP unter Sauerstoffverbrauch erzeugen kann.
d

Abb. 5: Endosymbionten-Theorie: Die Euzyte entstand durch mehrere Endozytose-Ereignisse.

Aufgaben

W 1 Euzyten aus Prozyten: Erläutere, weshalb die unterschiedlichen Lebensweisen von Prokaryoten eine notwendige Grundlage für die Entstehung der eukaryotischen Zelle bildeten.

W 2 Die Ideen zur Endosymbionten-Theorie trafen ursprünglich auf großen Widerstand in der Fachwelt, bis sie schließlich allgemein anerkannt wurden. Recherchiere die Argumente und Zweifel der Gegner der Theorie.

Basiskonzepte

Kompartimentierung: Die Abgliederung membranumhüllter Räume war für die größeren Zellen ein entscheidender Vorteil: So konnten Stoffe konzentriert werden, die sich sonst über die Zelle verteilt hätten.

Variabilität, Verwandtschaft, Geschichte und Evolution: Die Endosymbionten-Theorie ist durch viele Belege gesichert, zB haben Mitochondrien und Chloroplasten eine Doppelmembran. Die äußere Membran weist eukaryotische Merkmale auf, die innere prokaryotische. Mitochondrien und Chloroplasten haben ebenso ein eigenes Bakterien-Genom.

Entstehung der Vielzelligkeit

Vielzellige Körper ermöglichen Differenzierung und Arbeitsteilung der Zellen.

Kompartimentierung

Wenn sich Einzeller vermehren, trennen sich die beiden Tochterzellen nach der mitotischen Teilung. Bleiben die Tochterzellen aneinander haften, ist das dagegen ein erster Schritt in Richtung **Vielzelligkeit**.

Zur echten Vielzelligkeit gehört aber noch mehr. Zusammenhängende Zellen tauschen Stoffe und Informationen aus. Dies zeigt zB die Kugelalge *Volvox*, die aus vielen gleichartigen Zellen in einer gemeinsamen Gallerthülle besteht (→Abb. 6).

Je mehr Zellen zusammenhängen, umso größere Körper entstehen, was neue Vorteile eröffnet: Schutz vor Fressfeinden, **Spezialisierung** verschiedener Zelltypen und damit einhergehend **Arbeitsteilung**.

Alle Tiere, sämtliche Landpflanzen und die meisten Pilze sind vielzellig. Die Vielzelligkeit entstand in diesen Gruppen jeweils mehrfach unabhängig. Die größte Differenzierung von Zellen zeigen Tiere. Beim Menschen kann man zB über 200 Zelltypen unterscheiden.

Die ersten mehrzelligen Organismen traten wahrscheinlich bei Cyanobakterien bereits vor 2-3 Mrd. Jahren auf. Die ersten komplexen mehrzelligen Organismen waren die Gabonionta, die erstmals vor 2,1 Mrd. Jahren vorkamen.

Dabei handelt es sich um zellkolonieartige Formationen. an weiß aber nicht ob und wie die Gabonionta mit nachfolgenden Formen verwandt sind. Erst in der Ediacara-Fauna vor etwa 635 Millionen Jahren traten größere Formen auf, aber auch ihre Verwandtschaft mit späteren Formen ist unklar.

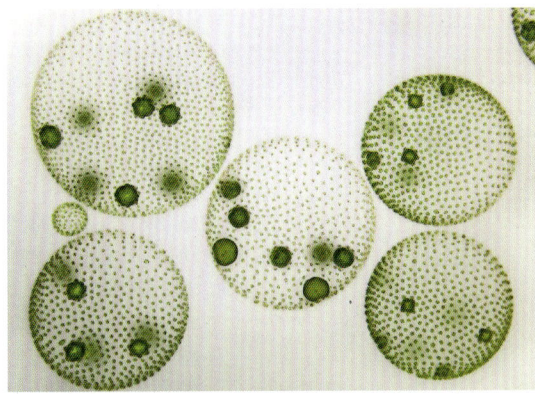

Abb. 6: Die Kugelalge *Volvox* besteht aus vielen einzelnen, gleichartigen Zellen, die miteinander Stoffe austauschen und kommunizieren. In ihrem Inneren bildet sie Tochterkugeln, die sie beim Absterben und Aufreißen freisetzt. Die Kugeln sind 0,15 bis 1mm groß.

Die kambrische Explosion

Am Beginn des Kambriums entstanden fast alle der modernen Tierstämme.

Erst zu Beginn des Kambriums, vor etwa 541 Millionen Jahren, entstand eine große Organismenvielfalt: Es traten relativ gleichzeitig fast alle der modernen Tierstämme mit ihren Bauplänen zum ersten Mal auf. Man spricht daher von der „kambrischen Explosion". Warum sämtliche Tierstämme so plötzlich entstanden gilt nach wie vor als ungeklärt. Manche Forscherinnen und Forscher vermuten, dass ein biologisches Wettrüsten einsetzte, da erstmals Organismen mit räuberischer Lebensweise auftraten. Um das Überleben zu sichern, mussten sich die Organismen möglicherweise rasch an die neuen Bedingungen anpassen und Strukturen zum Schutz entwickeln.

Alle Tiere im Kambrium waren Meeresbewohner (→Abb. 7). Die Gliederfüßer (Arthropoden) entstanden und wurden dominant. Zu dieser Gruppe gehören die Trilobiten (→Abb. 1, Abb. 10), das sind dreilappig aufgebaute, am Meeresboden lebende Tiere, die im Perm wieder ausstarben.

Bei den Pflanzen existierten lediglich vielzellige Algen. Am Ende des Kambriums kam es durch einen Rückgang des Meeresspiegels zu einem Aussterben vieler Arten.

Abb. 7: Organismenvielfalt im Kambrium. Die gezeigten Tiere basieren auf einer Rekonstruktion nach den Fossilfunden aus dem Burgess-Schiefer, Kanada.

Aufgabe

S 1 Evolution des Todes: „Die Evolution der Vielzelligkeit ist auch die Evolution des Alterstodes." Begründe diese Aussage.

Basiskonzept

Kompartimentierung: Arbeitsteilung erhöht die Effizienz, weil jeder Zelltyp bestimmte Aufgaben übernimmt und sich darauf spezialisieren kann.

Die weitere Evolution im Erdaltertum (Paläozoikum)

Im Erdaltertum eroberten Pflanzen und Tiere das Wasser und das Land; Insekten eroberten auch den Luftraum

Im **Ordovizium** traten die ersten Gruppen von Korallen auf und die Kopffüßer wurden zur dominanten Gruppe der Räuber im Meer mit Schalenlängen von bis zu 10 m. Seeigel und Seesterne traten zum ersten Mal auf. Die ersten einfachen Landpflanzen entstanden. Am Ende des Ordoviziums kam es zu einem Massenaussterben, zu dem vermutlich starker Vulkanismus beitrug.

Aus dem **Silur** stammen die ersten Fossilien der Knochenfische. Im flachen Meer lebten bis zu 2 m lange Riesenskorpione. Die Landpflanzen entwickelten sich weiter und es entstanden die ersten Gefäßpflanzen.

Im **Devon** entwickelten sich die Fische, besonders die Panzerfische und Stachelhaie zu großer Vielfalt. Gegen Ende des Devon begann die Eroberung des Festlands (→Abb. 9). Die ersten Landwirbeltiere traten auf, die aus den Quastenflossern entstanden (→S. 67). Es entstanden außerdem die ersten geflügelten Insekten. Durch die Fotosynthese der Landpflanzen stieg der Sauerstoffgehalt stark an.

Im **Karbon** dehnten sich Wald- und Sumpflandschaften aus. Farne und baumhohe Schachtelhalme kamen vor. Aufgrund des hohen Sauerstoffgehalts konnten Rieseninsekten wie zB Riesenlibellen entstehen. Neben den Amphibien, die an Land keine Konkurrenten hatten, und bis zu 6 m lang wurden, entstanden die ersten Reptilien.

Im **Perm**, dem letzten Zeitalter im Paläozoikum, entstanden die Therapsiden, reptilartige Vorläufer der Säugetiere. Nacktsamige Pflanzen wurden dominant. Am Ende des Perm geschah das größte bisher bekannte Massenaussterben der Erdgeschichte. Zahlreiche marine wirbellose Gruppen, darunter die Trilobiten, starben aus.

Abb. 8: *Ichthyostega*[1] ist eines der ersten Fossilien mit vier Füßen und eine Übergangsform zwischen Fischen und Landwirbeltieren. Er lebte großteils im Wasser, besaß aber auch ein robustes Skelett und eine kräftige Muskulatur. Er konnte daher auch schon an Land gehen.

Erdmittelalter (Mesozoikum) und Erdneuzeit (Känozoikum)

Im Erdmittelalter beherrschten Saurier das Land, das Wasser und die Luft

In der Erdneuzeit besetzten nach dem Aussterben der Saurier die Säugetiere und Vögel frei gewordene ökologische Nische

In der **Trias** eroberten die Reptilien die Luft, das Land und das Meer. Es entstanden Flugsaurier (→S. 67), Dinosaurier und Fischsaurier.

Der **Jura** war die erste Blütezeit der Dinosaurier. Der „Urvogel" Archaeopteryx wurde in Gesteinsschichten des Oberen Jura in Solnhofen, Deutschland gefunden (→Abb. 9, Abb. 10). Er lebte vor 150 Millionen Jahren und besaß Merkmale von Reptilien und Vögeln (→S. 72).

In der **Kreide** beherrschten die Dinosaurier die Erde, es gab aber auch bereits Säugetiere. Es entstanden die ersten strauchartigen Blütenpflanzen. Am Ende der Kreidezeit löste vermutlich ein Meteoriteneinschlag auf der Halbinsel Yucatan in Mexico ein weltweites Massenaussterben aus, das sowohl Tier- als auch Pflanzengattungen betraf. Die Dinosaurier, außer den Vögeln, starben aus.

Im **Paläogen**, der ersten Periode des Känozoikums (Erdneuzeit), kam es zur Weiterentwicklung der Vögel. Die Säugetiere wurden nach dem Aussterben der Dinosaurier zu den beherrschenden Landtieren. Sie entwickelten sich zu sehr großer Vielfalt. In dieser Zeit entstanden auch die Meeressäuger (→S. 67).

Abb. 9: *Archaeopteryx* war ca. so groß wie ein Rabe. Er besaß scharfe Zähne und Klauen mit drei Fingern wie Dinosaurier, aber bereits Federn wie Vögel.

Im **Neogen** entstanden Grassavannen, und dann auch viele Grasfresser wie Pferde (→Abb. 10), Antilopen und Bisons. Im **Quartär,** der jüngsten Periode der Erdneuzeit, kam es zu starken Klimaschwankungen und mehreren Eiszeiten. Viele große Säugetiere wie Mammuts und Säbelzahntiger starben aus.

Glossar

[1] **Ichthyostega:** vom Griechischen *ichthys* für Fisch und *stega* für Schädel

Die Entwicklung des Lebens im Überblick

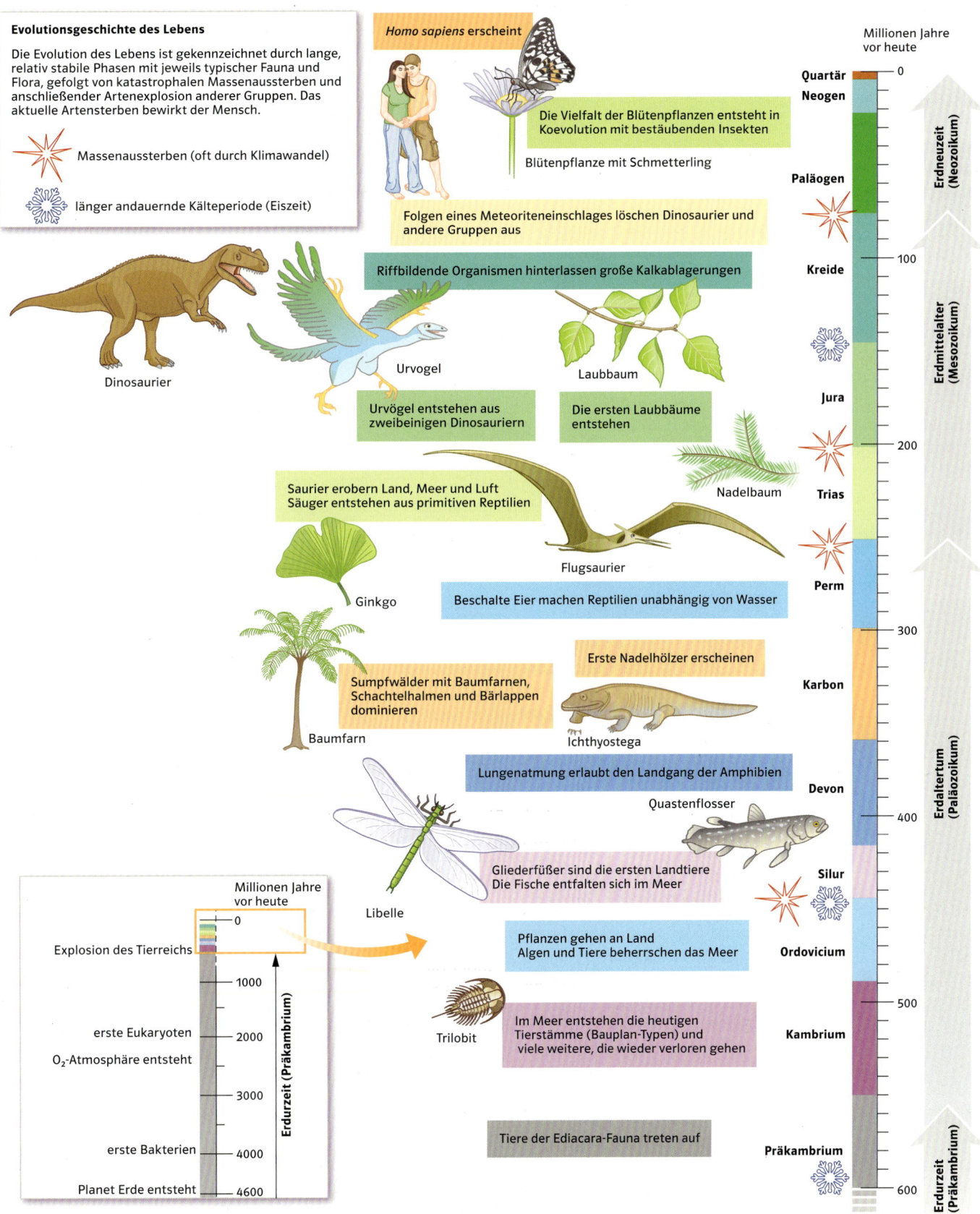

Evolutionsgeschichte des Lebens

Die Evolution des Lebens ist gekennzeichnet durch lange, relativ stabile Phasen mit jeweils typischer Fauna und Flora, gefolgt von katastrophalen Massenaussterben und anschließender Artenexplosion anderer Gruppen. Das aktuelle Artensterben bewirkt der Mensch.

Massenaussterben (oft durch Klimawandel)

länger andauernde Kälteperiode (Eiszeit)

Homo sapiens erscheint

Die Vielfalt der Blütenpflanzen entsteht in Koevolution mit bestäubenden Insekten

Blütenpflanze mit Schmetterling

Folgen eines Meteoriteneinschlages löschen Dinosaurier und andere Gruppen aus

Riffbildende Organismen hinterlassen große Kalkablagerungen

Dinosaurier

Urvogel

Laubbaum

Urvögel entstehen aus zweibeinigen Dinosauriern

Die ersten Laubbäume entstehen

Saurier erobern Land, Meer und Luft Säuger entstehen aus primitiven Reptilien

Nadelbaum

Flugsaurier

Ginkgo

Beschalte Eier machen Reptilien unabhängig von Wasser

Erste Nadelhölzer erscheinen

Sumpfwälder mit Baumfarnen, Schachtelhalmen und Bärlappen dominieren

Baumfarn

Ichthyostega

Lungenatmung erlaubt den Landgang der Amphibien

Quastenflosser

Libelle

Gliederfüßer sind die ersten Landtiere Die Fische entfalten sich im Meer

Pflanzen gehen an Land Algen und Tiere beherrschen das Meer

Trilobit

Im Meer entstehen die heutigen Tierstämme (Bauplan-Typen) und viele weitere, die wieder verloren gehen

Tiere der Ediacara-Fauna treten auf

Millionen Jahre vor heute

Quartär	0
Neogen	
Paläogen	
Kreide	100
Jura	200
Trias	
Perm	
Karbon	300
Devon	400
Silur	
Ordovicium	
Kambrium	500
Präkambrium	600

Erdneuzeit (Neozoikum)

Erdmittelalter (Mesozoikum)

Erdaltertum (Paläozoikum)

Erdurzeit (Präkambrium)

Millionen Jahre vor heute

Explosion des Tierreichs

0

1000

erste Eukaryoten — 2000

O₂-Atmosphäre entsteht

3000

Erdurzeit (Präkambrium)

erste Bakterien — 4000

Planet Erde entsteht — 4600

Abb.10: Evolutionsgeschichte des Lebens. Die Evolution des Lebens ist gekennzeichnet durch lange, relativ stabile Phasen mit jeweils typischer Fauna und Flora, gefolgt von katastrophalen Massenaussterben und anschließender Artenexplosion anderer Gruppen.

3.2 Mechanismen der Evolution

Das Entstehen von Darwins Evolutionstheorie

Der Lamarckismus geht von der Vererbung erworbener Merkmale aus, diese Theorie hat sich nicht bestätigt

Bis ins 19. Jahrhundert dachte man, dass ein göttlicher Akt der Schöpfung die biologische Vielfalt geschaffen hätte, und dass die Arten konstant wären, sich also nicht verändern.

Im Jahr 1766 äußerte **George Buffon**[1] die Vermutung, dass Fossilien Vorgänger von lebenden Tieren sind und stellte die Konstanz der Arten in Frage. Er zweifelte auch an der damals gängigen Annahme, die Erde sei nur ca. 6 000 Jahre alt.

Georges Cuvier[2] verglich um 1800 die Baupläne der Tiere miteinander, und kam so zu der Erkenntnis, dass es mehrere unterschiedliche Baupläne gibt, und dass Arten auch aussterben können. Er maß Massenaussterben eine große Bedeutung zu, war jedoch von der Konstanz der Arten überzeugt.

Der Darwinismus postuliert die Vererbung von Merkmalen, die durch die natürliche Selektion begünstigt wurden

Jean-Baptiste Lamarck[3] formulierte Anfang des 19. Jahrhunderts eine erste Theorie des Artenwandels: Tiere würden sich verändern, je nachdem wie sie ihre Körper benutzten. Viel genutzte Strukturen würden sich vergrößern, wenig genutzte verkümmern. Laut Lamarck erwerben die Nachkommen diese Änderungen von ihren Eltern. So erfolgte über Generationen hinweg eine Anpassung an die Umwelt. Weil diese Vorstellung aber nicht mit den später bekannten Vererbungsmechanismen in Einklang zu bringen war, wurde der **Lamarckismus** zu großen Teilen wieder verworfen. Heute kennt die Genetik allerdings tatsächlich mehrere Mechanismen, wie erworbene Merkmale von Eltern über mehrere Generationen an ihre Nachkommen weitergegeben werden können – mit diesen Mechanismen beschäftigt sich die Epigenetik (→ S. 29).

Als junger Mann unternahm der britische Naturforscher **Charles R. Darwin**[4] eine ausgedehnte Expeditionsfahrt an Bord eines Schiffs, der Beagle. Das Ziel dieser Expedition war es, die Küsten von Südamerika zu vermessen und anschließend über Australien und Afrika wieder nach England zurückzukehren. Die Reise sollte schließlich fünf Jahre dauern (1831–1836). Darwin legte auf seiner Reise umfangreiche Sammlungen von bis dahin in Europa völlig unbekannten Tier- und Pflanzenarten an und hielt seine Beobachtungen und theoretischen Überlegungen detailliert fest. Unter anderem studierte er die Vielfalt nah verwandter Finkenarten auf den Galapagos-Inseln.

Er vermutete, dass sie alle von einer kleinen Siedlergruppe vom Festland abstammen. Er beobachtete weiters, dass Südamerika von anderen Tieren bevölkert war als Europa, diese aber ähnliche Anpassungen an ihre Habitate zeigten wie die Tiere Europas.

Nach seiner Rückkehr beschäftigte er sich intensiv mit den Beobachtungen der Reise und entwickelte die Idee der Veränderlichkeit der Arten. Er hatte unter den Nachkommen einer Art geringfügige Unterschiede bemerkt – eine Variabilität bestimmter Merkmale. Er vermutete, dass je nach Umweltbedingungen die Bestangepassten am häufigsten überleben und ihre Merkmale weitervererben können („**survival of the fittest**"). In der Evolutionstheorie, die er schließlich formulierte, ist die **natürliche Selektion** oder Auslese der entscheidende Mechanismus.

Darwin war sich bewusst, dass seine Evolutionstheorie als provokant empfunden würde. Er wollte daher vor der Veröffentlichung seiner Ideen so viele Beweise wie möglich anhäufen. Als ihm dann aber **Alfred R. Wallace**[5] in einem Brief von dessen eigenen Beobachtungen und von sehr ähnlichen Schlussfolgerungen berichtete, beschloss er, seine Theorie sofort zu veröffentlichen. Darwin publizierte also 1859 – mehr als 20 Jahre nach seiner Reise auf der Beagle – das Werk „**On the Origin of Species by Means of Natural Selection**". Sein Buch wurde ein Bestseller und eines der einflussreichsten wissenschaftlichen Werke aller Zeiten. Es dauerte allerdings einige Zeit, bis die damalige Fachwelt Darwins revolutionäre Ideen über die Evolution allgemein akzeptierte.

Abb. 11: Charles Darwin

Glossar

[1] **George-Louis Leclerc de Buffon** (1707–1788), französischer Naturforscher

[2] **Georges Cuvier** (1769–832) französischer Zoologe und Paläontologe

[3] **Jean-Baptiste Lamarck** (1744–1822), französischer Botaniker und Zoologe

[4] **Charles Robert Darwin** (1809–1882), britischer Naturforscher

[5] **Alfred Russell Wallace** (1823–1913), britischer Naturforscher und Geograf

Aufgabe

W/S 1 Recherchiere die Reaktion der damaligen Gesellschaft auf die Veröffentlichung von Darwins Werk "The Origin of Species". Diskutiere, ob wissenschaftliche Werke auch heute noch ähnliche Reaktionen hervorrufen können.

Die Synthetische Evolutionstheorie

Die Synthetische Evolutionstheorie konnte Mendels Vererbungsmechanismen mit Darwins Selektionstheorie in Einklang bringen

Zur Zeit Darwins war der Mechanismus, durch den die Erbinformation von den Eltern auf die Nachkommen übertragen wird, unbekannt. Darwin glaubte noch, dass sich die Merkmale beider Eltern bei den Nachkommen mischen, so wie sich zwei Flüssigkeiten mischen. Wäre das der Fall, so würden neue Eigenschaften, die durch Mutationen entstehen, sofort wieder „verdünnt" werden und könnten sich niemals etablieren.

Um 1900 wurden schließlich Mendels Ergebnisse wiederentdeckt. Mendel hatte einen Vererbungsmechanismus gefunden, der erklären konnte, warum sich Merkmale nicht mehr und mehr miteinander vermischen.

Im 20. Jahrhundert wurden die Ergebnisse zur Vererbung von Gregor Mendel (→S. 38) mit Darwins Selektionstheorie in Einklang gebracht. Die daraus hervorgehende **Synthetische Evolutionstheorie** stellte die Evolutionsbiologie auf ein neues, rigoroses Fundament.

Die Synthetische Theorie wurde zur Basis für die darauf folgende Forschung: Mithilfe der neuen Theorie konnte erklärt werden, wie evolutionäre Veränderung und Anpassung in Populationen, d.h. in Gruppen von Individuen derselben Art, die sich miteinander fortpflanzen, geschieht.

Ebenfalls im 20. Jahrhundert machte die Genetik erhebliche Fortschritte. Es wurde geklärt, dass Chromosomen das Material der Erbinformation enthalten. Später wurde die Struktur der DNA aufgeklärt. So wurde Darwins Theorie im 20. Jahrhundert durch die Genetik gestärkt, vertieft und erweitert.

Obwohl die Synthetische Evolutionstheorie die Evolution von Populationen gut beschreiben konnte, blieben manche Fragen unbeantwortet. Die Entwicklungsbiologie blieb zB völlig unbeachtet (siehe nächster Abschnitt). Auch der Beitrag der Symbiose in der Evolution blieb ausgeklammert (vgl. Endosymbiose, S. 64).

Evolutionäre Entwicklungsbiologie

Nur wenige Gene im Organismus steuern die Embryonalentwicklung

Die Evolutionäre Entwicklungsbiologie beschäftigt sich mit der Evolution von Entwicklungsprozessen. Bereits Darwin hatte bemerkt, dass die frühe Entwicklung von Embryonen bei Arten, die miteinander verwandt waren, sehr ähnlich verlief. In den 1980er Jahren wurden schließlich revolutionäre Entdeckungen gemacht: Es wurde geklärt, dass nur wenige Gene im Genom eines Organismus die Embryonalentwicklung steuern. Diese sind bei allen Eukaryoten annähernd ident, also auch bei so unterschiedlichen Gruppen wie zB Pilzen, Arthropoden und Wirbeltieren. Diese Gene blieben über Jahrmillionen der Evolution konserviert!

Wie in Kapitel 1 beschrieben wurde, haben viele Gene eine **regulative Funktion**, d.h. viele Gene wirken als Schalter in einem **Gen-Netzwerk** und können andere Gene ein- und ausschalten. Dadurch haben solche Gene Einfluss auf viele Merkmale gleichzeitig. Zufällige Mutationen an irgendeiner Stelle des Netzwerks, das für die Entwicklung eines Embryos verantwortlich ist, behindern meist die Funktionalität. Stell dir vor, man würde einen beliebigen Bauteil eines Computers verändern. Es ist sehr unwahrscheinlich, dass das Gerät dann nach wie vor funktioniert. Aus diesem Grund wurden jene Gene, die die Embryonalentwicklung kontrollieren, über Jahrmillionen durch natürliche Selektion kaum verändert.

Heute weiß man, dass die Mendelschen Regeln also einen Sonderfall beschreiben: Nur wenige Merkmale werden von einem einzigen Gen kontrolliert.

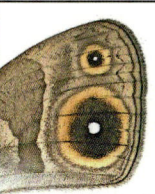

Abb.12: Völlig neue Strukturen, wie diese Augenflecken auf Schmetterlingsflügeln, können durch Mutationen entstehen, die regulatorische Gene betreffen.

Viele Merkmale sind hingegen das Produkt von Gen-Netzwerken. Die Giraffe hat also kein Gen für einen langen Hals, sondern Schalter-Gene lassen dabei gewisse Entwicklungsschritte, die zum Wachstum eines langen Halses führen, in Teilen des Körpers länger andauern. Mutationen, die regulative Gene betreffen, können auch völlig neue Strukturen im Körper erzeugen (→Abb. 12). Diese liefern so wiederum das Rohmaterial für die nächsten Schritte der Evolution.

Die Evolutionstheorie ist insofern bewiesen, als unzählige Fakten belegen, dass die Vielfalt der Organismen auf der Erde durch Evolution entstanden ist, und dass Arten veränderlich sind. Die Details der Evolutionsmechanismen aber sind nach wie vor Objekt der aktuellen Forschung.

Variation und Selektion

Die zufällige Variation von Merkmalen ist notwendig, damit Evolution stattfinden kann

Variabilität, Verwandtschaft, Geschichte und Evolution

Die Lebewesen einer Population zeigen durch zufällige Mutationen und durch Rekombination eine gewisse **zufällige genetische Variation**. Das ist eine wichtige Grundvoraussetzung dafür, dass natürliche Selektion wirken kann. Nur wenn Variation in erblichen Merkmalen vorhanden ist, kann durch natürliche Selektion bessere Angepasstheit entstehen.

Daher kommen Individuen, die besser angepasst sind, die besser in der Nahrungsbeschaffung sind und besser überleben können, durchwegs neben weniger gut angepassten vor. Jene mit vorteilhafter Merkmalsausprägung werden mehr Nachkommen hinterlassen, d.h. einen höheren **Reproduktionserfolg** haben. Man sagt auch, diese Individuen haben eine **höhere Fitness**. Den Auswahlprozess der am besten angepassten Individuen nennt man **natürliche Selektion**. Diese führt dazu, dass erbliche Merkmale, die zum Erfolg eines Individuums beitragen, in späteren Generationen vermehrt auftreten.

In Abb. 13 siehst du ein Beispiel wo das Merkmal Schwanzlänge einen Einfluss auf den Reproduktionserfolg von Vögeln hat. Den Zusammenhang zwischen der Merkmalsausprägung und dem Fortpflanzungserfolg beschreibt die **Fitnessfunktion**: Jeder Wert, den ein Merkmal haben kann (x-Achse), bekommt dabei einen Fitness-Wert (y-Achse) zugeordnet. Eine bestimmte Fitness-Funktion gilt nur für einen festgelegten Satz von Umweltbedingungen, zB für gewisse klimatische Bedingungen oder für eine gewisse Nahrungsverfügbarkeit.

Natürliche Selektion kann nun auf verschiedene Arten auf eine Merkmalsverteilung wirken (→Abb. 13): Meist wirkt Selektion **stabilisierend**, begünstigt also die mittleren Merkmalsausprägungen. **Gerichtete Selektion** dagegen fördert die Ausprägung der Extreme. **Disruptive Selektion** würde die Ausprägung beider Extreme gleichzeitig bevorzugen. Im Beispiel in Abb. 13 sind die entsprechenden Fitnessfunktionen und ihre Auswirkungen auf das Merkmal der Schwanzfedernlänge gezeigt.

Natürliche Selektion ist oft stabilisierend, selten gerichtet oder disruptiv

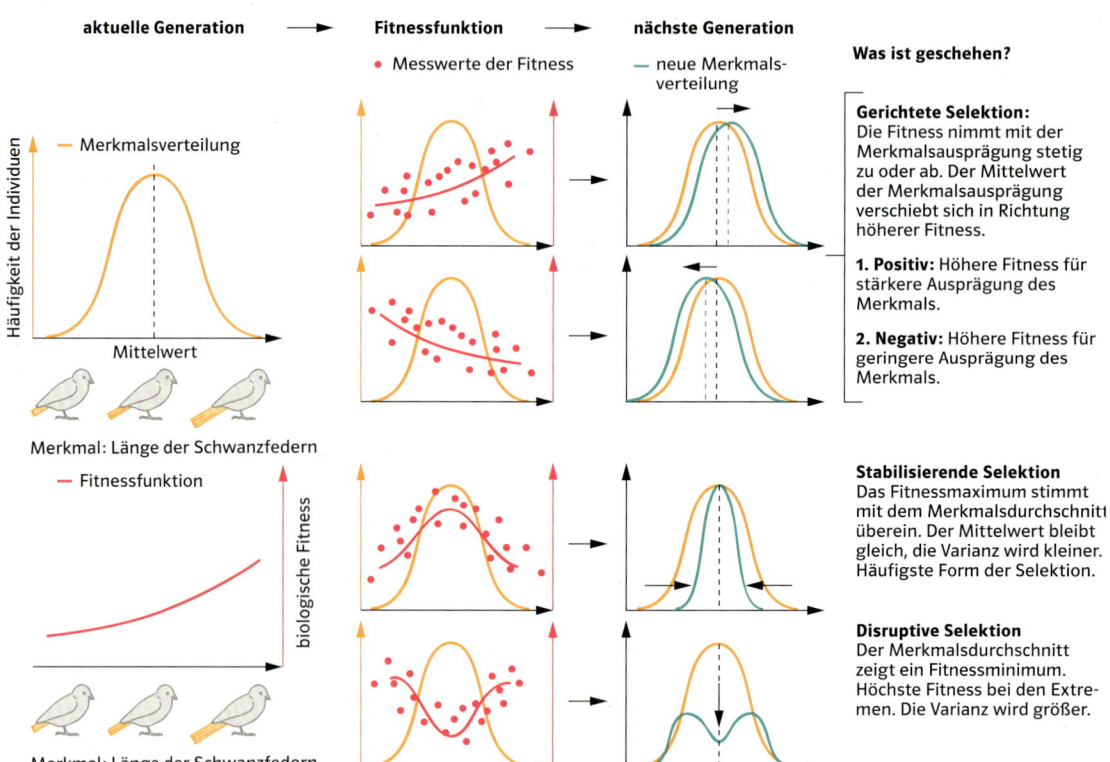

Abb.13: Auswirkungen von Natürlicher Selektion auf die Merkmalsverteilung.

Aufgabe

E 1 Fitnessfunktion: Sieh dir die Fitness-Funktionen zum Bsp. der gerichteten Selektion in Abb. 13 genau an. Die Fitness-Funktion steigt entweder an oder fällt ab. Interpretiere die Bedeutung der Steigung der Fitnessfunktion für die Evolution der Art.

Basiskonzept

Variabilität, Verwandtschaft, Geschichte und Evolution: Die Anzahl der Merkmale, die durch Selektion angepasst werden, scheint grenzenlos: Dies betrifft äußere Merkmale wie Körperbau, Färbung oder Verhalten. Vielmehr aber sind „innere" Merkmale wie molekulare und physiologische Prozesse betroffen: Enzymfunktion, Entwicklung, Stoffwechsel, Immunabwehr, etc. unterliegen genauso der Selektion.

Gendrift führt zu zufälligen Veränderungen im Genpool

Beim Gründereffekt entsteht aus einer kleinen Gruppe von Individuen eine neue Population

Ein kräftiger Windstoß verweht ein paar Schmetterlinge an einen entfernten Ort. Dort gründen sie eine neue Population. Diese wird sich, verursacht durch das Zufallsereignis, in ihren Genvarianten von der ursprünglichen Population unterscheiden. Ob ein Individuum sich erfolgreich vermehrt muss also nicht unbedingt vom Genotyp abhängen. Ein Organismus kann auch einfach Pech oder Glück haben. Seine Allele werden dann in der nächsten Generation häufiger oder seltener vorkommen, ohne dass dies einem Anpassungswert entspricht – im Gegensatz zur Situation bei Evolution durch natürliche Selektion.

Zufällige Änderungen in der Allelhäufigkeit einer Population bezeichnet man als **genetische Drift** (→S. 71). Sie ist ein wichtiger Evolutionsfaktor und erklärt die teils große Unvorhersagbarkeit des Evolutionsgeschehens. Vor allem in kleinen Populationen kann die genetische Drift eine wesentliche Rolle spielen, da Zufallseffekte hier stärker ins Gewicht fallen.

Die verwehten Schmetterlinge sind ein Beispiel für eine besondere Form starker Gendrift, den **Gründereffekt**. Er beruht auf der zufälligen Verschleppung von Individuen.

Eine ähnliche Form starker Gendrift bezeichnet der **Flaschenhalseffekt**. Dabei bewirkt eine Katastrophe wie zB ein Waldbrand, dass die meisten Individuen einer Ausgangspopulation sterben – die Population geht sinngemäß durch einen „Flaschenhals" (→Abb. 14 a).

Auch der Mensch kann einen solchen Effekt verursachen: So hat er den Europäischen Bison, den Wisent, über die Jahrhunderte in freier Wildbahn vollständig ausgerottet. Nur wenige Wisente überlebten in Zoos. Aus diesen Tieren wurden durch Nachzüchtung und Auswildern mit großer Mühe wieder natürliche Populationen aufgebaut. Europaweit leben jetzt über 4 000 Tiere. Dieser Prozess hat aber seine Spuren hinterlassen: Der Großteil der genetischen Varianz ist durch die starke Dezimierung verschwunden, der **Genpool**[1] ist entsprechend verarmt. Daher sind die Chancen der Wisent-Population sich an wandelnde Umweltbedingungen anzupassen stark eingeschränkt. Für Zuchtprogramme seltener Zootiere bedeutet der Flaschenhalseffekt eine starke Einschränkung ihrer Erfolgswahrscheinlichkeit.

> **Flaschenhalseffekt:** In einer Ausgangspopulation sterben durch eine Katastrophe die meisten Individuen; einige überleben durch Zufall. Aus ihnen entsteht eine neue Population mit anderen Allelhäufigkeiten.

alte Populationszusammensetzung
neue Populationszusammensetzung
Restpopulation
→ Dezimierung →

Abb. 14 a: Flaschenhalseffekt. Genetische Drift kann schlagartig auftreten.

Abb. 14 b: Wisent. Diese Art ist durch einen genetischen Flaschenhals gegangen. Heute freilebende Wisent-Populationen gehen auf nur wenige Tiere zurück, die in Tiergärten überlebt haben.

Glossar

[1] **Genpool:** Die Gesamtheit aller Allele (Genvariationen) einer Population. Je kleiner der Genpool einer Population, desto geringer die Anpassungsmöglichkeiten durch natürliche Selektion.

Aufgaben

S 1 Gendrift und Zucht: Du bekommst die Verantwortung für die europäischen Zoopopulationen von Schneeleoparden und sollst sie vor der genetischen Verarmung durch Gendrift schützen. Erläutere dein Vorgehen.

S 2 Inselpopulation Auf einigen wenigen kahlen Felsen im italienischen Mittelmeer findet man eine kleine, aber besondere Eidechsenpopulation: Die Tiere der vorkommenden Unterart *Podarcis siculus coeruleus* sind blau gefärbt. Diese Farbe scheint keinen besonderen Anpassungswert zu haben. Die Tiere anderer Populationen dieser Art sind grün mit braunen Tupfen. Sie haben manchmal einen blauen Bauch. Gib eine mögliche Erklärung für das Entstehen der Inselpopulation an.

3.3 Belege für die Evolution

Die Evolution wird durch zahlreiche Fossilien bestätigt

Fossilien liefern Belege für die Abstammung von Lebewesen, die anhand molekularbiologischer oder genetischer Daten überprüft werden

Unter den Fossilien sind jene besonders interessant, die **Übergangsformen** darstellen, und die so die Entwicklung von einer Gruppe von Lebewesen zu einer anderen dokumentieren (zB *Archaeopteryx, Ichthyostega* →S. 66). Bei den Waltieren, dazu gehören Wale und Delfine, vermutete bereits Darwin, dass sie von Landsäugetieren abstammen, und dass ihre Vorfahren einen Anpassungsprozess an das Leben im Meer durchlaufen haben. Fälschlicherweise dachte Darwin jedoch, dass Wale von Bären abstammten. In den vergangenen 150 Jahren konnten Paläontologinnen und Paläontologen belegen, dass Flusspferde die nächsten lebenden Verwandten der Waltiere sind. Andere Paarhufer wie Schweine und Rinder sind von diesen beiden Gruppen stammesgeschichtlich weiter entfernt. Dies bedeutet jedoch nicht, dass die Flusspferde die Vorfahren der Waltiere waren, jedoch dass beide Gruppen einen gemeinsamen Vorfahren besitzen.

Lebende Fossilien sind Organismen, die urtümliche Merkmale aufweisen und fossilen Formen ähneln

Variabilität, Verwandtschaft, Geschichte und Evolution

Besonders interessant für die Paläontologie sind so genannte **lebende Fossilien**. So werden Arten bezeichnet, die fossilen Formen stark ähneln, und deren nahe Verwandte gewöhnlich ausgestorben sind. Bekannt ist der Quastenflosser *Latimeria*, der 1938 auf einem Fischmarkt in Südafrika entdeckt wurde (→Abb. 16). Bis dahin kannte die Wissenschaft nur fossile Arten. Man dachte, diese wären seit langer Zeit ausgestorben. Quastenflosser besitzen nicht die bei Fischen üblichen dünnen Strahlenflossen, sondern dicke, durch Knochen gestützte, muskuläre Flossen. Aus diesen Flossen sind später Beine für die Fortbewegung an Land evolviert. Seit langem gelten die fossilen Quastenflosser daher als enge Verwandte der Landwirbeltiere.

Neben fossilen Belegen werden auch **Merkmale im Körperbau** (→S. 99) sowie **molekularbiologische und genetische Analysen** (→S. 74) heute lebender Organismen benutzt, um Abstammung und Verwandtschaft von Arten zu überprüfen.

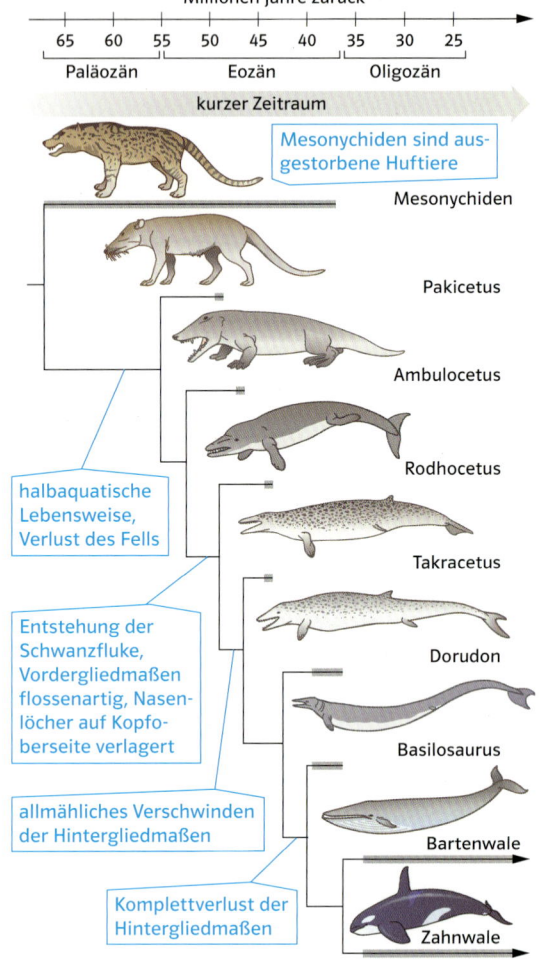

Millionen Jahre zurück

65 · 60 · 55 · 50 · 45 · 40 · 35 · 30 · 25

Paläozän — Eozän — Oligozän

kurzer Zeitraum

Mesonychiden sind ausgestorbene Huftiere — Mesonychiden

Pakicetus

Ambulocetus

Rodhocetus

halbaquatische Lebensweise, Verlust des Fells

Takracetus

Entstehung der Schwanzfluke, Vordergliedmaßen flossenartig, Nasenlöcher auf Kopfoberseite verlagert

Dorudon

Basilosaurus

allmähliches Verschwinden der Hintergliedmaßen

Bartenwale

Komplettverlust der Hintergliedmaßen

Zahnwale

Abb. 16: Die Evolution der Waltiere aus Landsäugetieren ist durch Fossilfunde belegt. Flusspferde sind die nächsten lebenden Verwandten der Wale.

Abb. 15: Der Quastenflosser *Latimeria* gilt als „lebendes Fossil", weil er in vielen Merkmalen den fossilen Quastenflossern ähnlich ist.

Aufgabe

W 1 **Lebende Fossilien:** Suche nach weiteren drei Beispielen für „lebende Fossilien" und finde ihre wissenschaftlichen Namen heraus. Begründe ihre Zuordnung zu den „lebenden Fossilien".

Basiskonzept

Variabilität, Verwandtschaft, Geschichte und Evolution: Die Bezeichnung „lebendes Fossil" ist unglücklich gewählt. Wie man von Fossilfunden weiß, sind die Quastenflosser als Gruppe sehr alt; Latimeria hingegen ist erdgeschichtlich viel jünger. Als rezente, d. h. als heute lebende Art, besitzt Latimeria zahlreiche Merkmale, die meist Anpassungen an ein Leben in tiefen Meeresregionen darstellen. Latimeria hat also nur ein fossilartiges Äußeres bewahrt, ist aber sonst keineswegs ein „lebendes Fossil".

Atavismen und Rudimente belegen die Evolution

Ein Atavismus ist das Wiederauftreten eines Merkmals, das bei früheren Vorfahren ausgeprägt war

Struktur und Funktion

Im Jahr 2006 wurde vor Japan ein ungewöhnlicher Delfin gefangen: Er hatte neben den beiden Brustflossen noch zwei Bauchflossen, obwohl Delfine eigentlich nur Brustflossen besitzen. Die Brustflossen der Delfine sind im Verlauf der Evolution aus den Vorderbeinen ihrer landlebenden Vorfahren entstanden. Die Hinterbeine wurden zunächst zu Bauchflossen, die dann schrittweise zurückgebildet wurden (→Abb. 13, S. 72).

Eine Struktur, die nur selten bei heutigen Lebewesen ausgeprägt ist, aber typisch für deren Vorfahren war, nennt man **Atavismus**[1]. Im Fall des Delfins ist dies ein weiterer Beleg für die Abstammung der Waltiere von vierbeinigen Säugetieren.

Atavismen sind also Indizien dafür, dass nicht mehr genutzte genetische Information nur stillgelegt wurde, aber nach wie vor vorhanden ist.

Auch **Rudimente**[2] liefern Belege für die Evolution. Im Gegensatz zu einem Atavismus kommt ein Rudiment bei allen Vertretern einer Art vor. Es handelt sich dabei um einen „Überrest" einer ehemals wichtigen Struktur, die funktionslos wurde und allmählich verschwand. Auch hier gibt es bei den Walen ein Beispiel: Bei Bartenwalen finden sich noch sehr kleine Reste von Beckenknochen, an denen bei ihren Vorfahren die Hinterbeine ansetzten. Eine Funktion dieser Rudimente ist nicht mehr vorhanden.

Analogien und Homologien

Homologe Merkmale beruhen auf gemeinsamer Abstammung, analoge Merkmale auf Anpassung an ähnliche Umweltbedingungen

Merkmale, die auf eine gemeinsame Abstammung oder genetische Grundlage zurückzuführen sind, bezeichnet man als **homologe Merkmale**. Die Vorderextremitäten aller Landwirbeltiere sind zB homolog (→Abb. 17). Obwohl die Vorderextremitäten bei den Flippern der Wale oder den Flügeln der Fledermäuse stark abgewandelt wurden, handelt es sich dabei um homologe Strukturen, was durch zahlreiche Übergangsformen belegt ist. Homologien zählen zu den wichtigsten Belegen, um Stammbäume und Verwandtschaftsverhältnisse zu rekonstruieren.

Um homologe Merkmale zu erkennen, verwendet man drei Kriterien: Sie weisen die gleiche **Lagebeziehung** im Körper auf. Sie gleichen sich in ihrer **Feinstruktur**, zB lassen sich die einzelnen Knochen der Wirbeltier-Vorderextremitäten einander zuordnen (→Abb. 14). Homologe Merkmale sind zudem **kontinuierlich**, d.h. sie lassen sich über Fossilfunde oder Embryonalstadien miteinander verbinden (→S. 66).

Im Gegensatz dazu ist die Körperform von schnell schwimmenden Tieren wie Haien, Delfinen, Pinguinen und fossilen Meeresechsen nicht auf eine gemeinsame Abstammung zurückzuführen. Eine solche Ähnlichkeit wird als **Analogie** bezeichnet. Analogien treten auf, wenn sich nicht näher verwandte Arten an ähnliche Umweltbe-

dingungen angepasst haben. Bei den genannten Arten entstand unabhängig voneinander eine ähnliche Körperform. Diese geht nicht auf gleiche Gene zurück, sondern auf eine Anpassung an eine schwimmende Lebensweise, bei der ein stromlinienförmiger Körper von Vorteil ist.

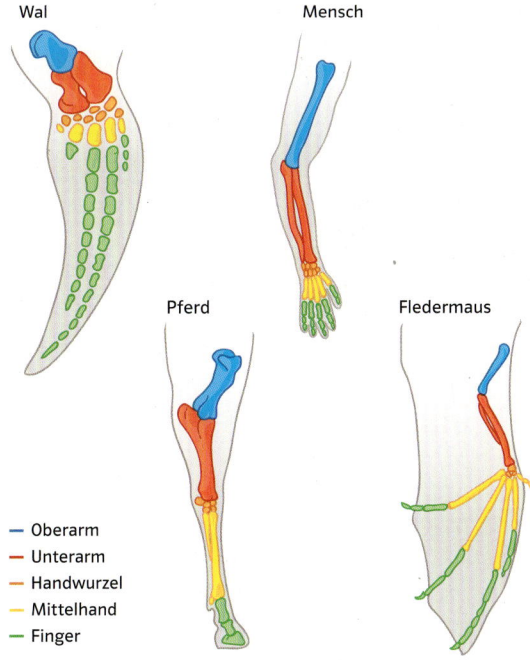

— Oberarm
— Unterarm
— Handwurzel
— Mittelhand
— Finger

Abb. 17: **Homologie** am Beispiel der Vorderextremitäten der Säugetiere

---

Glossar

[1] **Atavismus**, vom Lateinischen *atavus* für Urahn

[2] **Rudiment** vom Lateinischen *rudimentum* für Anfang oder Urform

Aufgaben

W/S 1 **Atavismen und Rudimente:** Finde und beschreibe weitere Beispiele für Arten mit Rudimenten oder Atavismen. Argumentiere, inwiefern diese Beispiele Belege für die Abstammung dieser Arten darstellen.

W 2 **Homolog oder Analog?** Beurteile für folgende Beispiele, ob es sich um homologe oder analoge Strukturen handelt, und begründe deine Entscheidung: **a)** Flügel der Vögel und Flügel der Insekten; **b)** Grabbein von Maulwurfsgrille und Maulwurf; **c)** Schwimmblase der Fische und Lunge der Landwirbeltiere; **d)** Stachel der Rose und Dorn der Kakteen

Basiskonzept

Struktur und Funktion: Manche Rudimente übernehmen im Lauf der Evolution neue Funktionen. Das Steißbein des Menschen gilt beispielsweise als Rudiment einer ehemals längeren Schwanzwirbelsäule, erleichtert uns aber heute das Sitzen.

Die Erstellung von Stammbäumen

Stammbaumanalyse mithilfe mitochondrialer DNA

Neben Gemeinsamkeiten im Körperbau werden auch molekularbiologische Merkmale herangezogen, um Abstammungsverhältnisse zu rekonstruieren. Besonders DNA-Sequenzvergleiche eignen sich dafür.

In Abbildung 18 a ist eine Basenabfolge der mitochondrialen DNA des Menschen sowie von vier Primatenarten gezeigt. Der Gibbon dient hier als Außengruppe, dh er ist mit den anderen Arten weniger eng verwandt als diese untereinander. Die Außengruppe dient so als Referenz an der Basis des Stammbaums.

Wie du siehst, zeigen die DNA-Sequenzen weitgehende Übereinstimmungen, aber auch Abweichungen. Nun werden verschiedene plausible Stammbäume konstruiert (b). Basierend auf jeder dieser Stammbaumhypothesen wird errechnet, wie

viele Mutationen geschehen hätten müssen, um die beobachteten Sequenzunterschiede in der DNA zu erzeugen. Jener Stammbaum, der mit den wenigsten Mutationen auskommt, gilt schließlich als der plausibelste.

Ein typisches Ergebnis siehst du in Abbildung 18 b. Hier sind zwei mögliche Stammbäume gezeigt. Nach dem Sequenzabgleich der fast 17 000 Basen der mitochondrialen DNA zeigt sich, dass die erste Variante mit weniger Mutationen auskommt um die Verwandtschaftsverhältnisse abzubilden. Allerdings wären 30 Basen viel zu wenig für eine zuverlässige Aussage; ca. 10 000 Basen sollte die Analyse mindestens umfassen. Mit der wachsenden Leistungsfähigkeit der DNA-Sequenzierungen haben derartige Stammbaumrekonstruktionen an Bedeutung gewonnen. Ihre Vorteile liegen darin, dass viele Tausend Basen verglichen werden können, bis hin zu ganzen Genomen.

a Wie hier bei Base Nr. 5 sind die Basen an 21 weiteren Positionen bei allen fünf Arten identisch.

An Position 19 muss beim Orang-Utan die zusätzliche Base „A" eingefügt worden sein (Insertion).

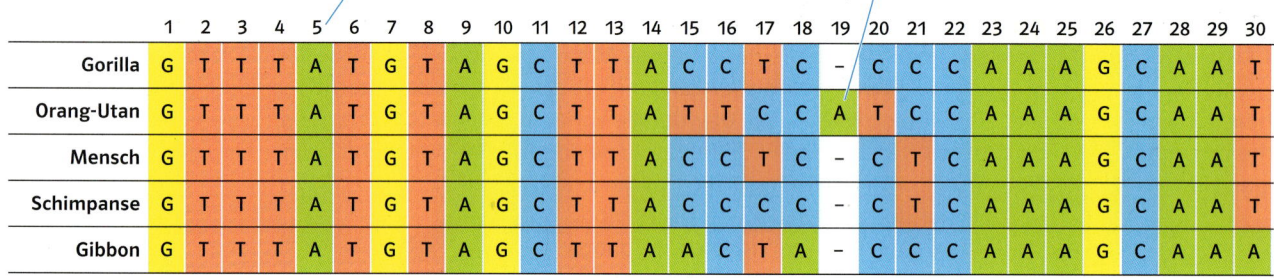

	1	2	3	4	5	6	7	8	9	10	11	12	13	14	15	16	17	18	19	20	21	22	23	24	25	26	27	28	29	30
Gorilla	G	T	T	T	A	T	G	T	A	G	C	T	T	A	C	C	T	C	–	C	C	C	A	A	A	G	C	A	A	T
Orang-Utan	G	T	T	T	A	T	G	T	A	G	C	T	T	A	T	T	C	C	A	T	C	C	A	A	A	G	C	A	A	T
Mensch	G	T	T	T	A	T	G	T	A	G	C	T	T	A	C	C	T	C	–	C	T	C	A	A	A	G	C	A	A	T
Schimpanse	G	T	T	T	A	T	G	T	A	G	C	T	T	A	C	C	C	C	–	C	T	C	A	A	A	G	C	A	A	T
Gibbon	G	T	T	T	A	T	G	T	A	G	C	T	T	A	A	C	T	A	–	C	C	C	A	A	A	G	C	A	A	A

An Position 15 haben Gorilla, Schimpanse und Mensch eine gemeinsame Mutation nach „C". Das spräche für ihre enge Verwandtschaft.

An Position 21 haben Schimpanse und Mensch eine gemeinsame Mutation von „C" nach „T". Das spräche für ihre enge Verwandtschaft.

b

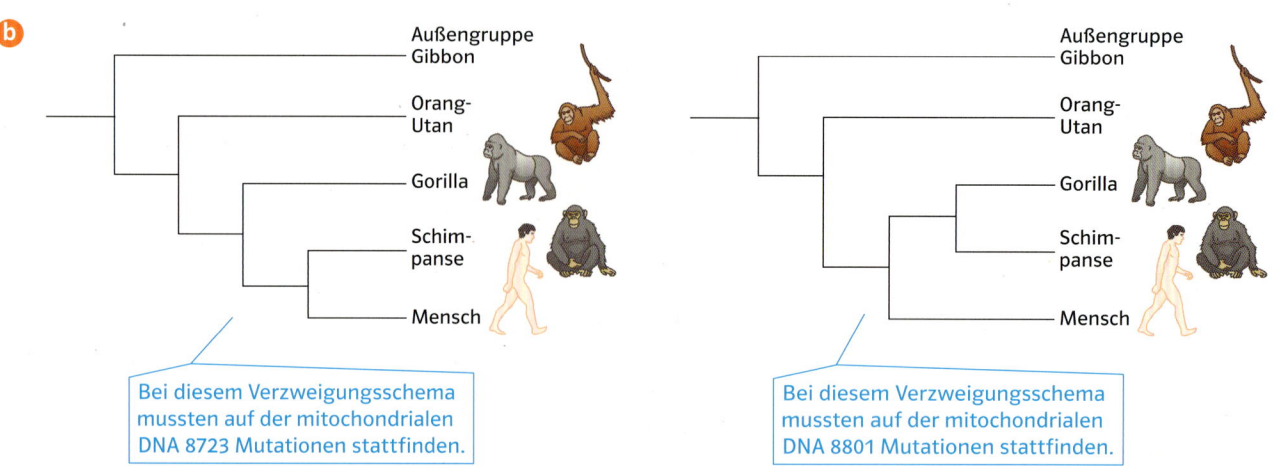

Bei diesem Verzweigungsschema mussten auf der mitochondrialen DNA 8723 Mutationen stattfinden.

Bei diesem Verzweigungsschema mussten auf der mitochondrialen DNA 8801 Mutationen stattfinden.

Abb. 18: Stammbaumanalyse mithilfe von mitochondrialer DNA bei fünf Primaten

Basiskonzept

Variabilität, Verwandtschaft, Geschichte und Evolution: Mitochondriale DNA (mtDNA) wurde vor allem in der Anfangszeit der Gentechnik für Stammbaumanalysen benutzt, weil sie übersichtlich klein ist und leicht von den anderen Nucleinsäuren der Zelle abtrennbar ist. Außerdem unterliegt sie nicht der Rekombination, sondern wird bei vielen Lebewesen nur über die Linie der Mutter vererbt.

Die letzten Dinosaurier

Sind die Dinosaurier ausgestorben?

Natürlich, das weiß doch jedes Kind! Oder doch nicht?

Die Dinosaurier sind eine Gruppe von Reptilien, die im Mesozoikum die Erde „beherrschten" – und vor 65 Mio. Jahren gemeinsam mit vielen anderen Gruppen ausgestorben sind – zumindest gilt das für die meisten Dinosaurier.

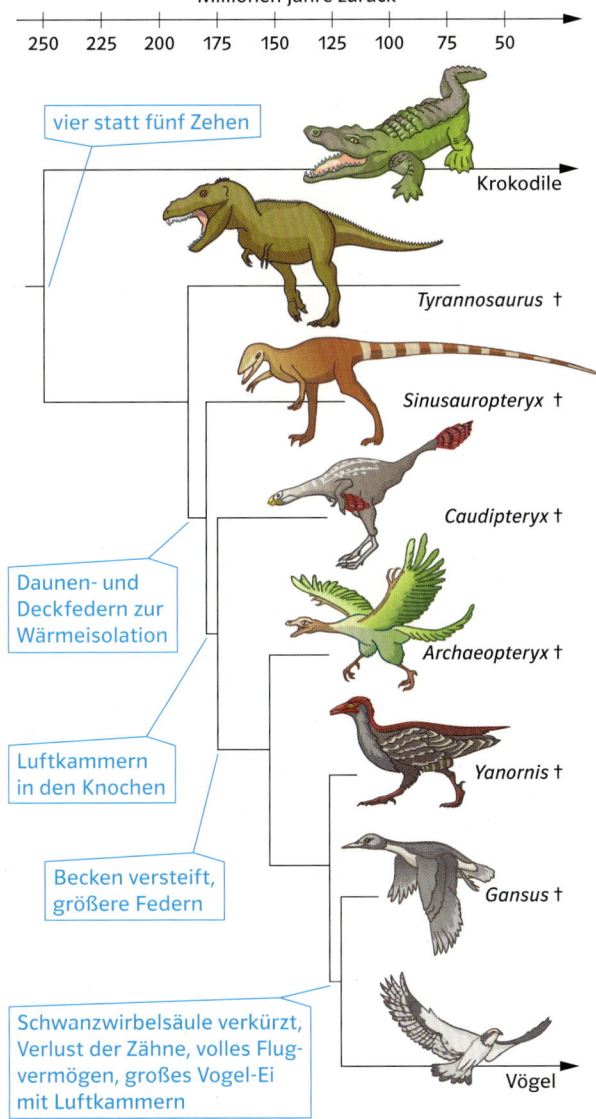

Abb. 19: Stammbaum der Vögel. Durch fossile Vertreter wird der evolutive Wandel in Einzelschritten rekonstruierbar, wie hier am Beispiel der Vögel. *Archaeopteryx* gehört mit den anderen dargestellten Dinosaurier-Arten an die Basis des Stammbaums der Vögel.

Offenbar haben bestimmte kleine, zweibeinige Dinosaurier aus Reptilienschuppen Federn entwickelt — vermutlich zunächst Daunen- und Deckfedern zum Schutz vor Kälte und Schmutz und erst viel später Steuer- und Schwungfedern zum Fliegen. Diese Dinosauriergruppe hat in Form der Vögel bis in unsere Tage überlebt.

Wie du auf Seite 66 gelesen hast, gilt *Archaeopteryx* als „Übergangsform zwischen Reptilien und Vögeln". Doch diese Bezeichnung ist irreführend. *Archaeopteryx* ist kein direkter Vorfahre der Vögel. Stattdessen gehört er zu einem ausgestorbenen Seitenzweig am Stammbaum der Vögel (→Abb. 19).

Lange blieb *Archaeopteryx* der einzige Vertreter, der sowohl Vogel- als auch Dinosauriermerkmale besaß. In den letzten Jahrzehnten aber hat man vor allem in China viele weitere Fossilien entdeckt, die sich ebenfalls gut in den frühen Stammbaum der Vögel einordnen lassen (→Abb. 19).

Auch am Naturhistorischen Museum Wien (NHM Wien) wird Forschungsarbeit auf diesem Gebiet betrieben. Alexander Lukeneder sowie weitere Mitarbeiterinnen und Mitarbeiter sind bemüht, einerseits neue Ergebnisse zur Evolution der Dinosaurier zu publizieren, und andererseits diese Ergebnisse der Öffentlichkeit zu präsentieren. Im NHM Wien wurde der „Sauriersaal" gemäß neueren Erkenntnissen aus der Forschung umgestaltet: Besonders der Tatsache, dass viele Dinosaurier Federn besaßen, wird mit einem lebensgroßen Modell eines befiederten *Deinonychus* Rechnung getragen (→Abb. 20).

Abb. 20: Das *Deinonychus*-Modell am NHM Wien mit Alexander Lukeneder

Literatur: Harzhauser, M.; Lukeneder, A.; Göhlich, U.B.; Kroh, A.; Nichterl, T.; Mandic, O.: Dinosaurier – Die Schrecklichen Echsen der Urzeit (Saalführer). 2. Auflage, Naturhistorisches Museum Wien (2011).
Lukeneder, A.; Gridling, H.: Akte Dinosaurier – den Riesenechsen auf der Spur. Wien: Seifert (2007).

Aufgabe

W 1 Definiere, was man unter einem Vertreter einer Stammgruppe versteht. Nenne Beispiele dafür aus der Evolution der Waltiere (→Abb. 15, S. 72).

Kompetenz-Check: Evolutionsbiologie

Was hast du in diesem Kapitel gelernt?

Lösungen
🌐 43t3us

✓ Du hast gelernt, was Fossilien sind und wie diese verwendet werden, um den Verlauf der Evolution zu rekonstruieren.

✓ Du weißt nun, wie das Leben auf der Erde begann und kennst die wichtigsten Schritte in der Evolution zur Vielzelligkeit.

✓ Du kannst die Endosymbiontentheorie erläutern und Belege dafür nennen.

✓ Du weißt über die Entstehung der Evolutionstheorie von Lamarck über Darwin zur synthetischen Evolutionstheorie Bescheid.

✓ Du kannst zwischen Selektion und Gendrift unterscheiden und diese Mechanismen erklären.

✓ Du kannst beurteilen, wie anatomische und molekularbiologische Merkmale benutzt werden, um Abstammung und Verwandtschaftsverhältnisse von Lebewesen herauszufinden.

✓ Du hast einen Überblick über die wichtigsten Belege der Evolution; du kennst Begriffe wie Atavismen und Rudimente, Homologie und Analogie, und kannst erkennen und beurteilen, wann diese vorliegen.

Du kannst dir Fachwissen aneignen und kommunizieren

W 1 Welche Fachbegriffe sind hier beschrieben? Nenne diese und führe jeweils ein konkretes Beispiel an, um den Begriff zu verdeutlichen.
- **a.** Das Wiederauftreten eines Merkmals, das bei früheren Vorfahren ausgeprägt war
- **b.** Zufällige Änderungen im Genpool einer Population
- **c.** Merkmale, die auf gemeinsamer Abstammung beruhen
- **d.** Strukturen, die ihre Funktion verloren haben und als (verkümmerter) Überrest auftreten
- **e.** Heute lebende Organismen, die urtümliche Merkmale aufweisen und fossilen Formen ähneln
- **f.** Fortpflanzungserfolg von Individuen einer Population
- **g.** Merkmale, die auf der Anpassung an ähnliche Umweltbedingungen beruhen und nicht auf gemeinsame Abstammung

W 2 Beschreibe die Entstehung der Euzyte aus Prozyten.

W 3 Grenze die Theorien von Lamarck und Darwin gegeneinander ab. Führe dazu Gemeinsamkeiten und Unterschiede an.

W 4 Eine besondere Leistung der Paläontologie ist es, durch fossile Belege die zeitliche Abfolge von Veränderungen im Laufe der Evolution zu rekonstruieren. Beschreibe diese Abfolge am Beispiel der Evolution der Waltiere.

W 5 „Volvox steht am Übergang von der Ein- zur Vielzelligkeit." Suche im Internet Informationen zum Bau des Körpers und der Zellen von Volvox und begründe diese Aussage.

Du kannst Erkenntnisse gewinnen

E 1 Der Riesenhirsch (*Megaloceros giganteus*; →Abb. 21) bewohnte in der Eiszeit die offene Tundra, war Grasfresser, wog bis zu 1400 kg und hatte ein Geweih mit einer Spannweite bis zu 4 m. Mit dem Ende der Eiszeit, also zu der Zeit als der Riesenhirsch ausstarb, verwandelte sich die Tundra zunächst teilweise in Sumpfland, danach breitete sich Wald aus. Heute existieren nur erheblich kleinere Hirscharten, wie zB der Rothirsch.

a) Formuliere eine Hypothese über die Gründe des Aussterbens des Riesenhirschs.

b) Erkläre am vorliegenden Beispiel den Begriff *survival of the fittest*.

Abb. 21: Riesenhirsch.

E 2 Haie besitzen im Kiefer und auf der gesamten Körperoberfläche Placoidschuppen. Im Kiefer sind sie groß und fungieren als Zähne. Am Körper sind sie sehr klein, wodurch sich die Haihaut sandpapierartig anfühlt. Abbildung 22 zeigt einen Längsschnitt durch eine Placoidschuppe im Vergleich zu einem menschlichen Zahn.

Schließe aus den beiden Längsschnitten in Abb. 22, ob sich die Placoidschuppen der Haie und die Zähne der Menschen homolog oder analog entwickelt haben. Wende dabei die drei Kriterien zur Prüfung auf Homologie an.

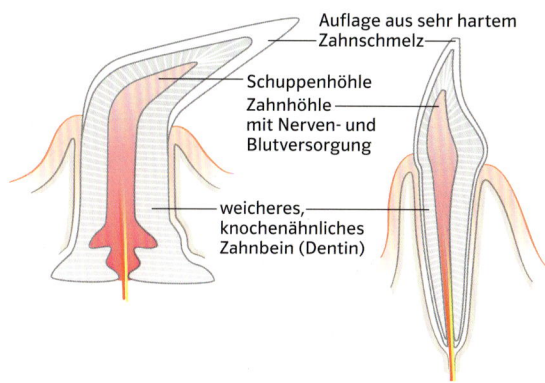

Abb. 22: Placoidschuppen und Zähne.

E 3 Mit der Endosymbionten-Theorie wird die Entstehung der Mitochondrien bei Euzyten erklärt. Die Tabelle unten zeigt dir Untersuchungsergebnisse am Bakterium *Escherichia coli* sowie an einer Euzyte und ihren Mitochondrien. Werte die Daten mit Blick auf die Endosymbionten-Theorie aus.

	E. coli	Euzyte	Mitochondrium
Membranhüllen (Zahl)	1	1	2 (innere und äußere Membran)
Membranlipide	neben Phospholipiden auch Cardiolipin	neben Phospholipiden auch Cholesterol	innere Membran: Phospholipide und Cardiolipin äußere Membran: Phospholipide und Cholesterol
Erbmaterial	ringförmiges, freies DNA-Molekül	DNA nicht ringförmig; in Chromosomen	ringförmiges, freies DNA-Molekül
Anteil Proteine zu Lipide in der Membranhülle	ca. 70 % zu 30 %	ca. 55 % zu 45 %	innere Membran: ca. 74 % zu 26 % äußere Membran: ca. 50 % zu 50 %

Du kannst Standpunkte begründen und reflektiert handeln

S 1 Diskutiere die folgende Aussage: *„Die Evolutionstheorie ist doch auch nur eine Theorie, genauso wie die Schöpfungsgeschichte."*

Recherchiere dazu zuerst die Bedeutung des Begriffs „Theorie" in den Naturwissenschaften. Verwende in deiner Argumentation Belege für die Evolution, die du in diesem Kapitel kennengelernt hast.

Semestercheck (7. Semester)

Das hast du in diesem Semester gelernt

Bist du fit für das nächste Semester? Hier kannst du dich selbst testen!

Zytologische und molekulare Grundlagen der Vererbung →*Grundlagen der Genetik, S. 10–17*	Bau der DNA • Griffiths Experiment • Chromosomen • Bau der RNA • Replikation • Zellzyklus • DNA-Polymerase • Helicase • Ligase	→ *Kompetenz-Check, S. 34*
Biochemische Vorgänge bei der Proteinsynthese →*Grundlagen der Genetik, S. 18–31*	Genexpression • mRNA • Transkription • RNA-Prozessierung • Spleißen • Translation • RNA-Polymerase • Zentrales Dogma der Molekularbiologie • Codesonne • Stopp-Codon • transferRNA • Regulation der Genexpression • Epigenetik • Viren • Telomer	→ *Kompetenz-Check, S. 34*
Vererbungsregeln und Humangenetik →*Vererbungsregeln und Humangenetik, S. 36–57*	Genotyp • homozygot – heterozygot • Crossing-over • Gregor Mendel • dominant-rezessiv – intermediär • Uniformitätsregel • Spaltungsregel • Unabhängigkeitsregel • Kodominanz • Chromosomentheorie der Vererbung • Genkarten • Mutationen • Genommutationen • Polyploidie • autosomale und gonosomale Gendefekte • Krebsentstehung	→ *Kompetenz-Check, S. 58*
Chemische und biologische Evolution →*Evolutionsbiologie, S. 61–67*	Fossilien • Paläontologie • chemische Evolution • Ursuppe • Entwicklung der Fotosynthese • Endosymbionten-Theorie • Vielzelligkeit • Erdzeitalter • Paläozoikum • Mesozoikum • Känozoikum	→ *Kompetenz-Check, S. 76*
Evolutionstheorien →*Evolutionsbiologie, S. 68–69*	George Buffon • Jean-Baptiste Lamarck • Charles R. Darwin • Alfred R. Wallace • Synthetische Evolutionstheorie • Evolutionäre Entwicklungsbiologie	→ *Kompetenz-Check, S. 76*
Evolutionsmechanismen →*Evolutionsbiologie, S. 70–73*	Variation und Selektion • Genetische Drift • Gründereffekt • Flaschenhalseffekt • Genpool • Atavismus • Rudimente • Analogie • Homologie	→ *Kompetenz-Check, S. 76*

Diesen Basiskonzepten bist du begegnet

Im Laufe des Semesters bist du den Basiskonzepten der Biologie an vielen Stellen begegnet. In folgender Tabelle ist als Beispiel bereits eine Stelle aus diesem Buch angegeben. Vervollständige die Tabelle und ergänze sie auch mit passenden Beispielen, die im Schulbuch nicht gekennzeichnet sind.

Seite	Thema / Kapitel	Erklärung des Basiskonzeptes
Kompartimentierung		
64	Endosymbiose	Abgegliederte, membranumhüllte Räume in der Zelle ermöglichen eine Konzentrierung von Stoffen.
Steuerung und Regelung		
Struktur und Funktion		
Reproduktion		
Stoff- und Energieumwandlung		
Information und Kommunikation		
Variabilität, Verwandtschaft, Geschichte und Evolution		

8. Semester

» Was erwartet dich in diesem Semester

Das zweite Semester beginnen wir mit der **Evolution des Menschen**. Was unterscheidet uns von Schimpansen? Was haben wir mit Neandertalern gemeinsam? Wie entwickelte sich beim Menschen der aufrechte Gang? Spannende Fragen – die du am Ende dieses Abschnitts beantworten kannst.

Im zweiten Kapitel widmen wir uns einem weiteren wichtigen Thema der Evolutionsbiologie: der **Entstehung der Artenvielfalt**. Hier lernst du, wie neue Arten entstehen und wie sie sich in einer verändernden Umwelt weiterentwickeln können. Du erfährst auch, welche Bedeutung dieses Wissen zum Beispiel für den Schutz vom Aussterben bedrohter Tier- und Pflanzenarten hat.

Am Ende des Jahres geht es um **Bio- und Gentechnologie**. In diesem Kapitel lernst du, wie Organismen für technologische Anwendungen genutzt werden können oder deren Erbgut sogar gezielt dafür verändert wird. Dieser Bereich der Biologie ist wahrscheinlich derjenige, der sich derzeit am schnellsten weiterentwickelt. Neue Methoden ermöglichen uns faszinierende Anwendungen in der Medizin oder in der Landwirtschaft, die vor wenigen Jahren noch undenkbar waren. Wir als Gesellschaft sind aber auch gefordert darüber nachzudenken, ob wir alles was möglich ist, auch tatsächlich nutzen möchten, insbesondere wenn uns die Folgen nicht vollständig bekannt sind.

Abb.: Szene eines Vorfahren des modernen Menschen bei der Jagd in einer europäischen Landschaft vor etwa 600 000 Jahren.

4. Evolution des Menschen

Du lernst in diesem Kapitel ...

Bonusmaterial
⊕ 8gk9z9

W Wissen organisieren

... Du erfährst, wie unser Körperbau an den aufrechten Gang angepasst ist.

... Du lernst, dass du Neandertaler-Gene in dir trägst, weil sich der frühe moderne Mensch mit dem Neandertaler verpaart hat.

... Du erfährst, dass der moderne Mensch ausgehend von Afrika die gesamte Erde besiedelt hat.

E Erkenntnisse gewinnen

... Du lernst, wie mithilfe der Methode der molekularen Uhr Erkenntnisse über das Alter von gemeinsamen Vorfahren gewonnen werden können.

... Du kannst zuordnen, welche Eigenschaften den modernen Menschen mit dem Schimpansen verbinden und welche uns unterscheiden.

S Schlüsse ziehen

... Du kannst Hypothesen zum Entstehen von großen Gehirnen beim modernen Menschen einordnen.

... Du kannst unterschiedliche Evolutionstheorien aus der Wissenschaftsgeschichte erörtern und kannst bewerten, inwieweit diese dem aktuellen Stand der Forschung entsprechen.

≫ Wie ähnlich sind uns Schimpansen?

Die vollständige DNA des Schimpansen wurde 2010 sequenziert. Daher wissen wir, dass fast die gesamte DNA-Sequenz mit jener des Menschen identisch ist, und zwar unglaubliche 98,7 %! Allerdings unterscheiden wir uns zusätzlich in den Aktivitätsmustern unserer Gene.

Welche Eigenschaften den modernen Menschen *Homo sapiens* ausmachen und wie diese Eigenschaften im Laufe der Evolution entstanden sind, erfährst du in diesem Kapitel. Wir werden sehen, welche frühen Menschenarten vor uns die Erde besiedelten und werden uns mit den Methoden auseinandersetzen, die Wissenschafter und Wissenschafterinnen benutzen, um Licht ins Dunkel der menschlichen Evolution zu bringen.

Tatsächlich hat sich hier besonders in den letzten Jahren und Jahrzehnten sehr viel getan: Wir wissen heute weit mehr über unsere evolutionäre Abstammung als noch vor wenigen Jahrzehnten. Um diese spannenden neuen Erkenntnisse geht es in diesem Kapitel.

4.1 Abstammung des modernen Menschen

Die Vorfahren der ersten Menschen

Zu den Menschen-
affen zählen außer
dem modernen
Menschen Schim-
pansen, Gorillas und
Orang-Utans

**Variabilität, Verwandt-
schaft, Geschichte und
Evolution**

Vor etwa 85 Millionen Jahren zweigte die Linie, die zu den **Primaten**[1] führte, von den übrigen Säugetieren ab. Die ersten Primaten waren kleine und vermutlich nachtaktive Tiere. Durch nach vorne gerichtete Augen, Greifhände und Greiffüße waren sie gut an das Klettern in Bäumen angepasst.

Vor etwa 20 Millionen Jahren schließlich lebten in Afrika, Europa und Asien bereits schwanzlose Menschenaffen mit einem relativ großen Gehirn, die zu den Vorfahren der heutigen Menschenaffen gerechnet werden. Sie wurden vor ca. 10 Millionen Jahren weitgehend von kleinen, langschwänzigen Primatenarten verdrängt. Größere Populationen der Menschenaffen konnten nur in den afrikanischen und südostasiatischen Regenwäldern überleben, wo sie heute noch vorkommen. Sie wurden zu den Vorfahren der heutigen Schimpansen, Gorillas, Orang-Utans, Gibbons und des Menschen.

Durch Vergleiche von Gensequenzen weiß man, dass Schimpansen mit dem Menschen enger verwandt sind als Gorillas und Orang-Utans (→Methode S. 113). Gemeinsam mit diesen Arten zählt der Mensch zu den Hominiden[2] oder Großen Menschenaffen (→Abb. 1). Mit den Großen Menschenaffen am engsten verwandt sind die Gibbons. Sie werden daher auch als kleine Menschenaffen bezeichnet. Außer den Orang-Utans, die heute nur auf den Inseln Borneo und Sumatra in Südostasien heimisch sind, kommen alle anderen Menschenaffen nur in Afrika vor. Nach aktuellen Berechnungen geschah die Abspaltung der Linie der Urmenschen in Afrika vor rund fünf bis sieben Millionen Jahre von jener, die zu den Schimpansen führte. Zu dieser Zeit veränderte sich das Klima. Es würde kühler, und so entstanden große Steppengebiete im Osten Afrikas. Aufrecht gehende Urmenschen, die sich zumindest zeitweise auf zwei Beinen fortbewegen konnten, hatten in diesen Steppen einen Vorteil und konnten sich etablieren.

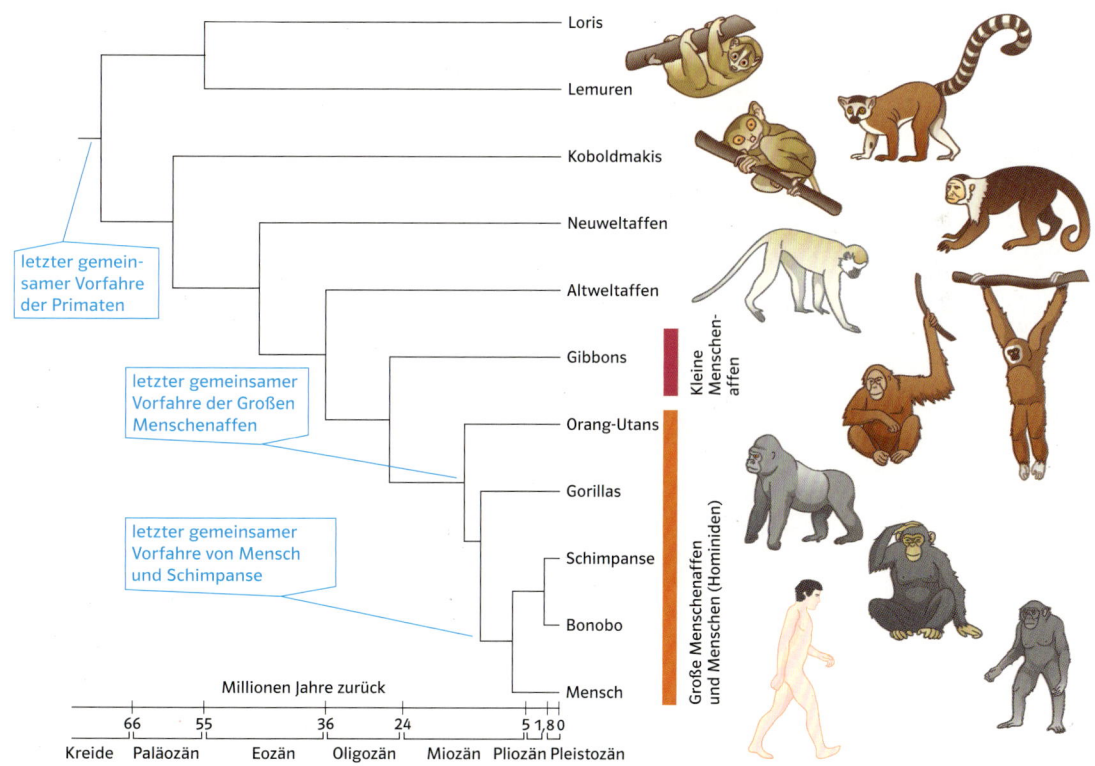

Abb.1: Stammbaum der Primaten. In diesem Stammbaum ist die Stellung des Menschen und seiner nächsten lebenden Verwandten auf Basis der Sequenzen mitochondrialer Gene dargestellt. Die Zeitpunkte der Aufspaltungen können allerdings nur recht ungenau bestimmt werden (siehe Methode, S. 74).

Glossar

[1] **Primaten:** Gruppe von Säugetieren, zu denen neben Lemuren, Pavianen, Makaken, Schimpansen und Gorillas auch der Mensch gehört. Außer dem Menschen sind Primaten in den Tropen und Subtropen verbreitet.

[2] **Hominiden:** Familie der Menschenaffen innerhalb der Primaten, die Orang-Utans, Gorillas, Schimpansen und den Menschen, sowie seine frühen ausgestorbenen Vorfahren umfasst.

Basiskonzept

Variabilität, Verwandtschaft, Geschichte und Evolution: Schimpansen sind sehr eng mit dem modernen Menschen verwandt. Neuesten Erkenntnissen zufolge sind 98,7 % ihrer DNA-Sequenz mit unserer identisch, allerdings unterscheiden wir uns zusätzlich in der Genexpression, dh in der Umsetzung des genetischen Codes.

Der aufrechte Gang entwickelte sich vor dem größeren Gehirn

„Lucy" ist ein Vormensch der Gattung *Australopithecus*, der bereits aufrecht gehen konnte

Dass unsere menschlichen Vorfahren bereits aufrecht gehen konnten, bevor ihre Gehirne so groß wurden wie unsere heute sind (→S. 87), wissen wir unter anderem dank eines besonders gut erhaltenen menschlichen Fossils, das den Namen „Lucy" bekommen hat. Dabei handelt es sich um die Skelettüberreste eines weiblichen Vormenschen der Art ***Australopithecus afarensis***[1], die 1974 in der äthiopischen Wüste ausgegraben wurden. *Australopithecus* besiedelte vor vier bis zwei Millionen Jahren die Steppen Ost- und Südafrikas. Von Lucy sind der Schädel und das halbe Becken sowie viele weitere Knochen gut erhalten (→Abb. 2). Aufgrund gewisser Merkmale dieser Knochen wissen wir, dass *Australopithecus* bereits auf zwei Beinen gehen konnte, und zwar nicht nur für ein paar Schritte wie Schimpansen, sondern dauerhaft und stabil. Lucy war recht klein – sie war nur etwas über einen Meter groß – und hatte ein Gehirn, das im Verhältnis zu ihrem restlichen Körper nicht größer war als das heutiger Menschenaffen.

Ein weiterer spektakulärer Fund bestätigte, dass sich der aufrechte Gang vor dem großen Gehirn entwickelt hatte. Bei **Laetoli** in Tansania wurden 1976 von der Forscherin Mary Leakey[2] und ihrem Team **versteinerte Fußspuren** zweier Hominiden gefunden, vermutlich von *Australopithecus afarensis*. Die beiden Frühmenschen gingen nebeneinander über eine frische Schicht vulkanischer Asche, und hinterließen darin Abdrücke, die erhalten blieben. Obwohl sie fast vier Millionen Jahre alt sind, ähneln sie Fußabdrücken von modernen Menschen.

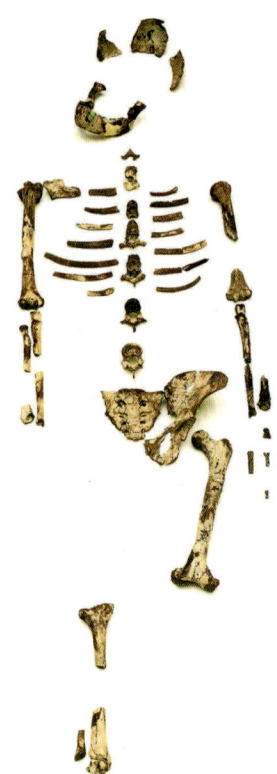

Abb. 2: „Lucy", ein weiblicher Frühmensch der Art *Australopithecus afarensis*. Von ihrem Skelett blieben 40 % erhalten. Lucy lebte vor etwa 3,2 Millionen Jahren.

Den Abdrücken fehlt die bewegliche große Zehe der Menschenaffen – stattdessen hat der Abdruck ein Fußgewölbe wie unsere Füße es haben (→Abb. 3).

Abb. 3: Die berühmten Fußabdrücke aus Laetoli, Tansania. Zwei Individuen der Art *Australopithecus afarensis* hinterließen vermutlich ihre Abdrücke in Vulkanasche. Diese Funde klärten die große Frage, ob in der Evolution des Menschen zuerst das große Gehirn oder der aufrechte Gang entstanden sind.

Glossar

[1] **Australopithecus afarensis:** Der Name bedeutet „südlicher Affe von Afar" und verweist auf die Afar-Region in Äthiopien, den Fundort zahlreicher Fossilien, unter anderem von *A. afarensis*.

[2] **Mary Leakey:** Mary und ihr Mann Louis Leakey führten Ausgrabungen in Kenia und Tansania durch und entdeckten unzählige Fossilien von frühen Hominiden. Ihr Sohn Richard und dessen Frau Meave setzten die Arbeit später fort. Ohne die Anstrengungen der Leakey-Familie wüssten wir viel weniger über unsere Abstammung.

Aufgaben

E 1 Manche Forscherinnen und Forscher denken, dass der kleinere der beiden Vormenschen, der in Laetoli Fußabdrücke hinterließ, ein Kind auf der Hüfte getragen hat. Die Vermutung hat mit der Beschaffenheit der Fußabdrücke, insbesondere mit der Abdrucktiefe, zu tun. Sieh dir Abb. 3 genau an und leite ab, was die Ursache für diese Vermutung sein könnte.

E 2 Über die Ursache der Evolution des aufrechten Gangs gibt es unterschiedliche Hypothesen und kein wirkliches Einvernehmen in der Fachwelt. Formuliere selber eine Hypothese, welchen Vorteil der aufrechte Gang Frühmenschen gebracht haben könnte. Sammelt Vorschläge in der Klasse und bewertet gemeinsam die Ideen. Recherchiert anschließend, welche Hypothesen Wissenschaftler und Wissenschaftlerinnen für plausibel halten.

Der Körperbau des modernen Menschen ist dem aufrechten Gang angepasst

Der aufrechte Gang machte eine Umgestaltung des gesamten Körperbaus notwendig

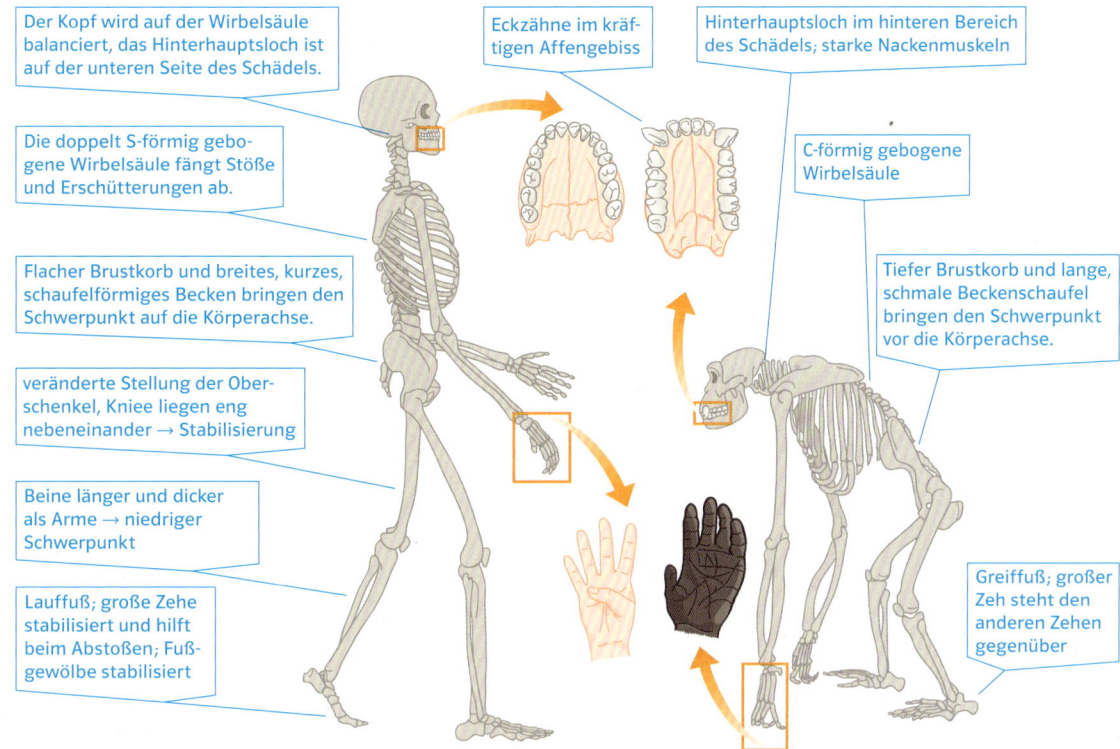

Der Kopf wird auf der Wirbelsäule balanciert, das Hinterhauptsloch ist auf der unteren Seite des Schädels.

Die doppelt S-förmig gebogene Wirbelsäule fängt Stöße und Erschütterungen ab.

Flacher Brustkorb und breites, kurzes, schaufelförmiges Becken bringen den Schwerpunkt auf die Körperachse.

veränderte Stellung der Oberschenkel, Knie liegen eng nebeneinander → Stabilisierung

Beine länger und dicker als Arme → niedriger Schwerpunkt

Lauffuß; große Zehe stabilisiert und hilft beim Abstoßen; Fußgewölbe stabilisiert

Eckzähne im kräftigen Affengebiss

Hinterhauptsloch im hinteren Bereich des Schädels; starke Nackenmuskeln

C-förmig gebogene Wirbelsäule

Tiefer Brustkorb und lange, schmale Beckenschaufel bringen den Schwerpunkt vor die Körperachse.

Greiffuß; großer Zeh steht den anderen Zehen gegenüber

Abb. 4: Unterschiede im Skelett vom modernen Menschen und vom Schimpansen. Hier sind jene Unterschiede beschrieben, die mit dem aufrechten Gang zu tun haben.

Struktur und Funktion

Die Evolution des aufrechten Gangs machte eine Anzahl von Veränderungen im menschlichen Skelettapparat notwendig. In Abbildung 4 siehst du einen Vergleich zwischen dem Skelett des modernen Menschen, der sich auf zwei Beinen fortbewegt, und jenem unserer nächstverwandten Art, den Schimpansen, die sich meist auf vier Beinen fortbewegen. Unsere Füße sind Lauffüße mit einem Fußgewölbe, jene der Schimpansen hingegen sind Greiffüße mit einer großen Zehe, die den anderen Zehen gegenübergestellt ist. Unsere Beine sind viel kürzer als unsere Arme, da die Beine alleine für die Fortbewegung verantwortlich sind. Bei den Schimpansen sind die Arme im Verhältnis zu den Beinen viel länger. Unser Becken ist kürzer, runder und robuster als das langgezogene Becken der Schimpansen, und unsere Wirbelsäule ist anders gekrümmt.

Lucy besaß bereits viele aber noch nicht alle dieser Anpassungen an den aufrechten Gang. Sie hatte bereits kompakte und gewölbte Lauffüße wie wir. Ihre langen Arme und gebogenen Finger waren aber im Gegensatz zu unseren noch für das Klettern auf Bäumen geeignet, so wie jene der Schimpansen. Sie hatte jedoch bereits eine Wirbelsäule, die wie unsere auf der unteren und nicht auf der hinteren Seite des Schädels ansetzt, und die so den Kopf gerade und stabil halten kann. Ebenso wie wir Menschen hatte sie bereits ein robustes, schüsselförmiges Becken, das den Oberkörper stützt und aufrecht hält.

Aufgabe

S 1 Angenommen, du fändest von einem fossilen Hominiden Skelettelemente des Schädels und Oberkörpers, nicht aber des Beckens und der Beine. Schlussfolgere durch welche Merkmale du darauf schließen könntest, ob diese Art auf zwei oder auf vier Beinen lief.

Basiskonzept

Struktur und Funktion: In der Evolution des aufrechten Gangs fand eine Funktionsänderung der Füße statt: Bei den Greiffüßen der Schimpansen kann der große Zeh gegenübergestellt werden. Sie dienen zum Greifen von Ästen beim Klettern auf Bäumen.

Bei den menschlichen Lauffüßen ist der große Zeh geradeaus gerichtet. Die Hände des modernen Menschen allerdings sind von ihrer Funktion her Greifhände geblieben, ebenso wie jene der Schimpansen. Mit den menschlichen Händen lassen sich präzise Fingerbewegungen wie zB der Pinzettengriff ausführen.

Vorfahren und engste Verwandte des modernen Menschen

Arten der Gattung *Homo* existierten zeitgleich mit verschiedenen anderen Frühmenschenarten

Vor rund 2,4 Millionen Jahren waren die Australopithecinen ausgestorben. Durch einen Klimawandel hatte sich die Baumsavanne Ostafrikas in eine Trockensavanne verwandelt. In dieser veränderten Umwelt hatten Arten der Menschengattung *Homo*, zu der auch der moderne Mensch zählt, vermutlich einen Vorteil. Verschiedene *Homo* Arten lebten über einige hunderttausend Jahre gemeinsam mit verschiedenen Typen der robuster gebauten Frühmenschen der Gattung **Paranthropus**[1] in den Savannen Ostafrikas. Diese hatten einen Schädel mit starker Kaumuskulatur und breiten Backenzähnen. *Homo* unterschied sich unter anderem dadurch, dass er die Herausforderungen der Trockensavanne mit „Köpfchen" meisterte: Er stellte Werkzeuge her und nutzte diese vor allem zur Jagd und zur Zerteilung von Fleischnahrung.

Abb. 5: Steinwerkzeug. Steinwerkzeuge belegen eindrucksvoll die Fähigkeiten von *Homo erectus*.

Gattung *Paranthropus*

frühe *Hominiden*

Sahelanthropus tchadensis

Orrorin tugenensis

Ardipithecus

P. aethiopicus

P. boisei

P. robustus

Gattung *Australopithecus*

A. anamensis

A. afarensis

A. africanus

Gattung *Homo*

A. garhi

H. habilis

H. ergaster

H. floresiensis

H. erectus

H. neanderthalensis

H. heidelbergensis

H. sapiens

.... Zuordnung unklar

▬▬ Zeitfenster, in dem die Art gelebt hat

——— auf Basis morphologischer Vergleiche vermutete Abstammungsverhältnisse

| 6 | 5 | 4 | 3 | 2 | 1 | 0 |

Millionen Jahre zurück

Abb. 6: Stammbaum der Vorfahren und engsten Verwandten des Menschen

Die ersten Vertreter der Gattung *Homo* lebten bereits vor 2,8 Millionen Jahren in Ostafrika. Zu welcher Art diese zu zählen sind, wird in Fachkreisen diskutiert. Ein früher Vertreter unserer Gattung war **Homo habilis**[2] (→Abb. 6).

Abbildung 6 zeigt, dass *Homo habilis* bereits ein sehr viel größeres Gehirnvolumen hatte als *Paranthropus* oder *Australopithecus*. Damit war er offensichtlich im Vorteil gegenüber *Paranthropus*.

Glossar

[1] **Paranthropus**: „Nebenmensch", im Stammbaum neben dem Menschen angeordnet, vom Altgriechischen *para* = neben und *anthropos* = Mensch

[2] **Homo habilis**: „geschickter Mensch", vom Lateinischen *homo* = Mensch und *habilis* = geschickt

Ein großes Gehirn kennzeichnet die Gattung *Homo*

Das Skelett von *Homo erectus* ist jenem des modernen Menschen, bis auf das viel kleinere Gehirn, sehr ähnlich

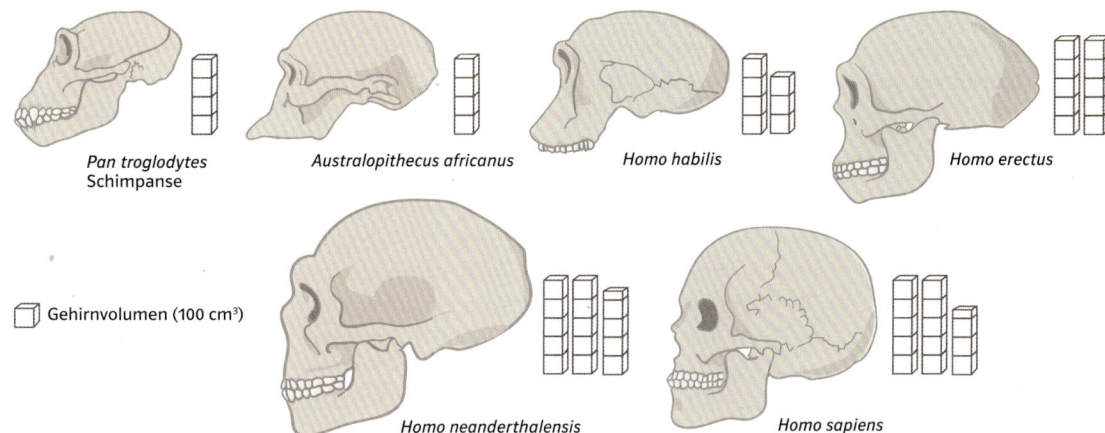

Pan troglodytes
Schimpanse

Australopithecus africanus

Homo habilis

Homo erectus

☐ Gehirnvolumen (100 cm³)

Homo neanderthalensis

Homo sapiens

Abb. 7: Gehirngrößen von Schimpanse, *Australopithecus* und Arten der Gattung *Homo*. Die Würfel neben den rekonstruierten Schädeln verdeutlichen in etwa die Größe der Gehirne, die allerdings innerhalb einer Art stark variiert.

Das wachsende Gehirnvolumen bei den Arten der Gattung *Homo* passt zu Funden, die zeigen, dass die Jagdwaffen, die diese Frühmenschen herstellten, immer besser wurden.

Über **Homo habilis** wissen wir nur wenig. Die Art starb vor etwa 1,4 Millionen Jahren aus. Mehr als über Homo habilis ist über die jüngere Art **Homo erectus**[1] bekannt. Ein spektakulärer Fund gelang 1984 am Turkana-See in Kenia, wo ein 1,6 Millionen Jahre altes und nahezu vollständiges Skelett eines 11–15 jährigen Burschen, der 160 cm groß war und rund 35 kg gewogen haben dürfte, gefunden. Dieses menschliche Fossil bekam den Namen **Turkana-Boy**.

Auf den ersten Blick ist dieses Skelett kaum von jenem des modernen Menschen zu unterscheiden – wäre da nicht der vergleichsweise kleine Schädel mit einem Gehirnvolumen, das mit 880 cm³ nur 2/3 so groß ist wie das des modernen Menschen *Homo sapiens* (→Abb. 7). Turkana-Boy gehört der Art *Homo erectus* an, die manchmal auch in zwei Arten unterteilt wird, die ältere *H. ergaster* und die jüngere *H. erectus* (→S. 86, Abb. 6). *Homo erectus* war ein Jäger und Sammler, der sich von Früchten, Wurzeln und Fleisch ernährte. Wie verkohlte Knochen und Rußspuren an verschiedenen Fundstätten belegen, konnte er bereits mit Feuer umgehen.

Homo erectus beginnt zu wandern

Homo erectus lebte in manchen Teilen der Erde bis in Zeiten, in denen der moderne Mensch bereits verbreitet war

Während sich alle seine Vorfahren in der afrikanischen Heimat aufhielten, begann *H. erectus* zu wandern. Über **Vorderasien**, wo er sich bereits vor 1,8 Millionen Jahren im Bereich des Kaukasus aufhielt, wanderte *H. erectus* in mehreren Wellen, bis nach Europa, wo er sich zu *Homo heidelbergensis* weiterentwickelte. Er erreichte **China, Ostasien und die indonesischen Inseln**. Dort lebte er vermutlich bis vor ca. 60 000 Jahren – also bis in Zeiten, in denen große Teile der Welt bereits vom modernen Menschen *Homo sapiens* besiedelt worden waren.

Skelettfunde auf der Insel Flores bei Java, die im Gegensatz zu anderen Inseln Südostasiens damals keine Anbindung an das asiatische Festland hatte, zeigen, dass *H. erectus* in der Lage war, rund 20 km breite Meerengen zu überqueren. Es ist allerdings nicht geklärt ob dies aktiv, mit Flößen geschah, oder ob *H. erectus* dort als ver-

driftetes Opfer eines Tsunamis landete. Funde in einer Höhle auf der Insel Flores zeigen, dass *H. erectus* sich dort zu einer kleinwüchsigen Form entwickelt hat, dem **Homo floresiensis**, und dass die Art dort noch vor ca. 12 000 Jahren gelebt hat. Er jagte Komodowarane und Zwergelefanten, zerlegte sie mit Werkzeugen und briet seine Beute – und dies trotz seines winzigen Gehirns, das nur 380 cm³ umfasste. Manche Forscher und Forscherinnen denken allerdings, dass es sich bei *Homo floresiensis* nicht um eine eigene Menschenart handelt, sondern um eine kleinwüchsige Form des modernen Menschen.

Aktuelle Funde, die 2019 auf der Insel Luzon auf den Philippinen gemacht wurden, deuten darauf hin, dass auch dort eine eigene Menschenart gelebt hat. Diese bekam den Namen **Homo luzonensis**.

Glossar
[1] *Homo erectus*: „aufrechter Mensch", vom Lateinischen *erigere* = aufrichten

Aufgabe
E 1 Sammle Daten zur Gehirngröße von Genies, zB von Nobelpreisträgern und -trägerinnen, und von anderen erwachsenen „Durchschnittsmenschen". Analysiere die Unterschiede in diesen Werten, und ziehe Schlüsse über den Zusammenhang zwischen Gehirnvolumen und Intelligenz innerhalb der Art des modernen Menschen.

Die Wurzeln des modernen Menschen, *Homo sapiens*, liegen in Ostafrika

Im Osten Afrikas setzte sich der Trend zu immer größeren Gehirnen fort. Dort entstand der moderne Mensch, **Homo sapiens**[1], mit einer durchschnittlichen Gehirngröße von $1300–1400\ cm^3$. Der **Homo neanderthalensis**, oder Neandertaler, der mit dem modernen Menschen eng verwandt ist, erreichte jedoch ein noch größeres Gehirnvolumen von $1500\ cm^3$. Erste Knochen der Neandertaler wurden bereits 1856 im Tal der Neander bei Düsseldorf gefunden, daher stammt der Name. Die Neandertaler waren robuster gebaut als der moderne Mensch. Sie fertigten verschiedenste Waffen, kümmerten sich um Kranke und Verletzte und bestatteten ihre Toten mit Grabbeigaben. Sie starben vor etwa 40 000 Jahren aus.

Welche Ursache die Zunahme der Gehirngröße bei *Homo* hatte, ist nach wie vor ungeklärt. Manche Wissenschafter und Wissenschafterinnen sehen die Ursache in der verbesserten Zufuhr von Proteinen mit der Nahrung, über Fisch, Fleisch oder gekochte Wurzeln. Möglicherweise spielte das Kochen der Nahrung eine wichtige Rolle, da dadurch die Energie, die in der Nahrung steckt, besser erschlossen wird. Andere denken, dass es von Vorteil war ein leistungsfähiges Gehirn zu haben, da dies ein besseres soziales Zusammenleben in der Gruppe sowie eine bessere Kommunikation innerhalb der Gruppe ermöglichte.

Homo sapiens breitet sich über die Erde aus

Homo sapiens zeugte mit dem Neandertaler Nachkommen.

Molekulargenetische und archäologische Untersuchungen zeigen, dass der moderne Mensch *Homo sapiens* von einer eher kleinen Gruppe von Vorfahren abstammt, die vor rund 300 000 Jahren in **Nord- und Ostafrika** lebten. Anschließend breitet sich *Homo sapiens* rasch über ganz Afrika aus. Es wird vermutet, dass *Homo sapiens* das Wandern begann, weil Klimaveränderungen, vor allem Dürren, ihn dazu drängten oder weil die Bevölkerungszahl wuchs, so dass er neuen Lebensraum suchte. Von Afrika ausgehend breitete er sich weiter, ähnlich wie zuvor *Homo erectus*, in mehreren Wellen **über die Erde** aus (→Abb. 9). Wo er hinkam hinterließ er Spuren. Dazu gehören neben feiner bearbeiteten Stein- und später Bronzewerkzeugen auch Höhlenmalereien, Felsritzungen, Schnitzereien und natürlich menschliche Knochen.

Die ältesten europäischen Funde von *Homo sapiens* stammen aus Griechenland und wurden 2019 entdeckt. Diese Funde dokumentieren, dass *H. sapiens* bereits vor 210 000 Jahren in Europa lebte. Die damalige Besiedlung scheint aber nicht von Dauer gewesen zu sein. Genetische Daten weisen darauf hin, dass nahezu alle heute lebenden Menschen in Europa und Asien von einer Population abstammen, die diese Kontinente viel später, vor etwa 50 000–70 000 Jahren, besiedelte. Als diese erneute Migrationswelle Europa erreichte, war hier allerdings bereits der Neandertaler, ein Nachfahre des *Homo erectus*, verbreitet.

Der moderne Mensch verdrängte die Neandertaler innerhalb von weniger als 10 000 Jahren – allerdings nicht, ohne sich vorher in Vorderasien und Europa mit ihnen zu verpaaren. Der Vergleich von Neandertaler-DNA aus fossilen Knochen und Zähnen mit der DNA heutiger Europäer und Asiaten, den Forscher und Forscherinnen 2010 angestellt haben, belegt, dass *H. sapiens* sich mit *H. neanderthalensis* fortgepflanzt hat.

Jede und jeder von uns Europäerinnen und Europäern trägt daher **2–4 % Neandertalergene** in sich. Bis zu diesem interessanten Ergebnis war man davon ausgegangen, dass *H. sapiens* und *H. neanderthalensis* zwei klar abgegrenzte Arten darstellen. Tatsächlich ist aber die Artabgrenzung bei frühen Menschenarten nicht immer so eindeutig. Demzufolge werden der moderne Mensch und der Neandertaler nun eher als Unterarten einer gemeinsamen Art betrachtet.

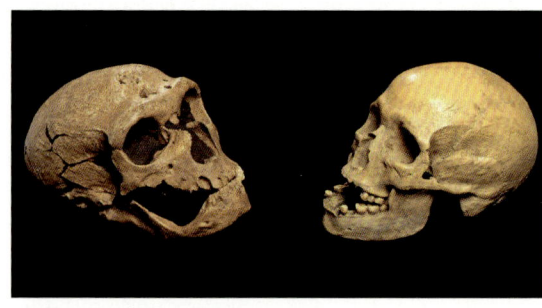

Abb. 8: Schädel eines Neandertalers (links) und eines modernen Menschen (rechts)

Glossar
[1] *Homo sapiens*: „weiser Mensch", vom Lateinischen *sapere* = Verstand haben

Aufgabe
W 1 Wiederhole die unterschiedlichen Artkonzepte im Kapitel Evolutionsbiologie, und argumentiere, warum man den Neandertaler und den modernen Menschen ursprünglich als zwei, nunmehr aber eher als eine gemeinsame Art ansieht.

Basiskonzept
Stoff- und Energieumwandlung: Alle menschlichen Populationen, die heute existieren, essen auch gekochtes Essen. Durch das Kochen wird ein größerer Anteil der enthaltenen Energie zugänglich gemacht werden.

Die Geschichte von *Homo sapiens* ist eine von Migration und Vermischung

In Südafrika wurde 2013 eine neue Menschenart, *Homo naledi*, entdeckt

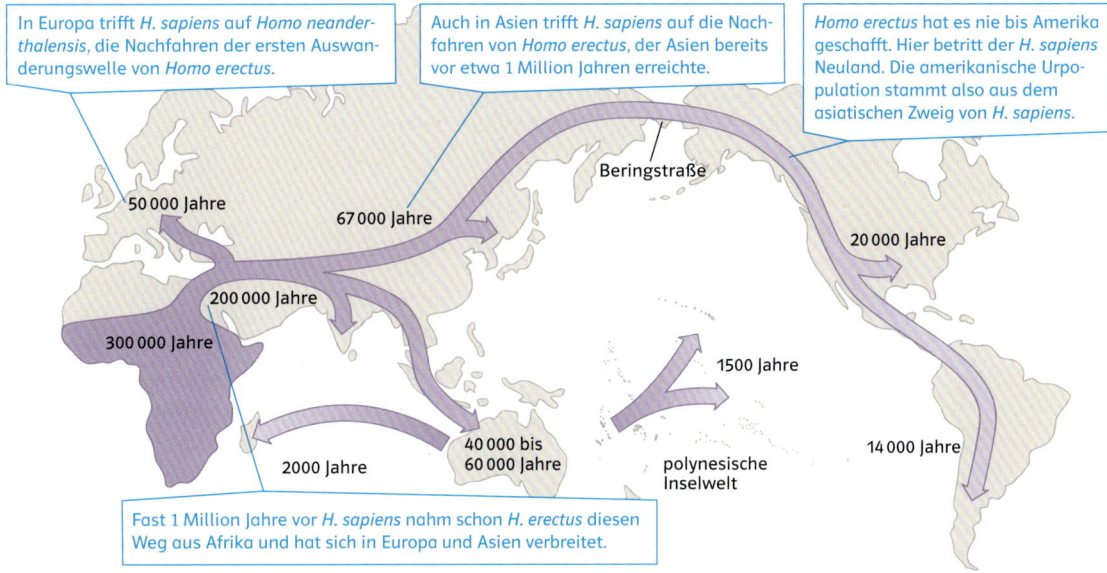

In Europa trifft *H. sapiens* auf *Homo neanderthalensis*, die Nachfahren der ersten Auswanderungswelle von *Homo erectus*.

Auch in Asien trifft *H. sapiens* auf die Nachfahren von *Homo erectus*, der Asien bereits vor etwa 1 Million Jahren erreichte.

Homo erectus hat es nie bis Amerika geschafft. Hier betritt der *H. sapiens* Neuland. Die amerikanische Urpopulation stammt also aus dem asiatischen Zweig von *H. sapiens*.

50 000 Jahre · 67 000 Jahre · Beringstraße · 20 000 Jahre · 200 000 Jahre · 300 000 Jahre · 1500 Jahre · 14 000 Jahre · 2000 Jahre · 40 000 bis 60 000 Jahre · polynesische Inselwelt

Fast 1 Million Jahre vor *H. sapiens* nahm schon *H. erectus* diesen Weg aus Afrika und hat sich in Europa und Asien verbreitet.

Abb. 9: *Homo sapiens* verbreitete sich von Afrika ausgehend rasch über die ganze Erde. Die Zahlen geben an, wie viele Jahre die Erstbesiedelung zurückliegt.

Unser Verständnis zur Besiedlung der Kontinente durch *Homo sapiens* basierte lange auf der alleinigen Interpretation von Fossilien und archäologischen Funden, bis die Analyse von DNA und insbesondere von „ancient DNA", darunter versteht man DNA, die Jahrzehnte bis Jahrtausende alt ist, möglich wurde. Viele Unklarheiten über unsere Abstammung konnten dadurch ausgeräumt werden. Viele der neuen Erkenntnisse belegen, dass die Geschichte des modernen Menschen eine Geschichte von wiederholter Migration und Vermischung von Populationen ist.

Von Afrika ausgehend erfolgte die Besiedlung von Eurasien unter anderem entlang der Küsten bis hin nach Südostasien und Ozeanien (→Abb. 9). Australien wurde schließlich vor 50 000 Jahren besiedelt. Während dieser Zeit war der Meeresspiegel viel niedriger, und die Inselwelt von Südostasien bildete eine zusammenhängende Landmasse. Ebenso waren Australien und Neuguinea verbunden. Ein Vergleich der DNA von indigenen Einwohnern Australiens mit Menschen aus Südostasien und afrikanischen Populationen belegt diese Besiedelungsroute.

Jene Menschen, die von Asien aus kommend Amerika besiedelten, sind die Vorfahren der Ureinwohner Amerikas. Durch den niedrigen Meeresspiegel war zwischen dem nordöstlichen Sibirien und dem westlichen Alaska eine Landbrücke entstanden. Die Erstbesiedler Amerikas migrierten so über die Beringstraße nach Amerika (→Abb. 9). Die Besiedelung erfolgte vermutlich vor knapp 20 000 Jahren. Die ältesten archäologischen Funde aus den USA sowie aus Chile belegen die Präsenz von *H. sapiens* in Amerika vor zumindest 15 000 Jahren. Genetische Vergleiche bestätigen diese Besiedlungsroute: Die engsten Verwandten der amerikanischen Ureinwohner stammen aus dem heutigen nordöstlichen Sibirien. Aber nicht nur der Mensch nützte die entstandene Landbrücke: Auch der Grizzlybär wanderte von Sibirien kommend nach N-Amerika ein. Die Südspitze Amerikas erreichte der moderne Mensch schließlich vor 14 000 Jahren.

Manche abgelegenen Inseln wie Hawaii, Madagaskar und die polynesischen Inseln waren bis vor rund 1500 Jahren frei von menschlicher Besiedelung (→Abb. 9).

Reproduktion

Die Evolution des Menschen verlief nicht geradlinig

Die Geschichte der Evolution des modernen Menschen muss neuen Funden entsprechend laufend adaptiert werden

Variabilität, Verwandtschaft, Geschichte und Evolution

Was wir über die Evolution des Menschen wissen hat sich in den letzten Jahrzehnten gründlich gewandelt. Aufgrund von **unzähligen neuen Fossilfunden** hat sich die Artenzahl der bekannten Hominiden vervielfacht!

Bei Lucys Entdeckung dachten die meisten Forscher und Forscherinnen noch, dass die Evolution des Menschen relativ geradlinig verlaufen war, von *Australopithecus* über *Homo erectus* hin zu *Homo sapiens*. Jüngere Fossilfunde zeichnen allerdings ein weitaus **komplexeres Bild der menschlichen Evolution**: Mehrere *Australopithecus*-Arten haben offensichtlich gleichzeitig existiert. Dasselbe gilt für mehrere *Homo*-Arten, die teilweise mit *Homo sapiens* Nachkommen zeugten (→Neandertaler, S. 88 und Denisovier, Blick in die Forschung S. 95). Außerdem wurden weitere ältere Arten von Hominiden entdeckt, die weder in die Gattung *Homo* noch in die Gattung *Australopithecus* passten. Diese Erkenntnisse tragen zu einem Verständnis bei, dass die Evolution des Menschen nicht entlang einer Linie, sondern eher wie ein weit verzweigter Busch verlief.

Die erste Australopithecus Art, *Australopithecus africanus*, wurde bereits 1920 beschrieben, und Lucy (→S. 84) schließlich 1974. In den 1990er Jahren kam es zur Entdeckung von gleich mehreren neuen Australopithecinen. *Australopithecus ramidus* wurde beschrieben, eine Art, die weitaus älter ist als Lucy, nämlich über 4 Millionen Jahre.

Wie Lucy stammte der Fund aus der Afar-Region in Äthiopien. In Kenia wurde *Australopithecus anamensis* entdeckt (→Abb. 10), *A. bahrelghazali* im Tschad, und *A. garhi* ebenfalls in Äthiopien.

Schließlich stieß *Kenyanthropus platyops*, ein mindestens 3,5 Millionen alter Vormensch, entdeckt in Kenia, dazu.

Wiederum in der Afar-Region wurden *Ardipithecus ramidus* (→Abb. 10) und *Ardipithecus kadabba* entdeckt. Bei *Ardipithecus* handelt es sich um einen Vormenschen, der vor 4–5 Millionen Jahren lebte und der keinen Greiffuß wie ein Schimpanse besaß, sondern einen Fuß, der zum aufrechten Gehen geeignet war, mit einer weit abspreizbaren großen Zehe. Zuvor hatte man angenommen, dass der gemeinsame Vorfahre von Schimpanse und Mensch wohl einen Greiffuß wie die Schimpansen besaß. Dies stellt der Fund von *Ardipitecus* aufgrund seines Alters infrage.

Die bisher ältesten gefundenen Hominiden-Fossilien stammen von *Orrorin tugenensis*, der vor 6 Millionen Jahren lebte und 2000 in Kenia entdeckt wurde, sowie von *Sahelanthropus tchadensis*, entdeckt 2001 im Tschad, und der vor 7 Millionen Jahren lebte (→Abb. 10). Beide konnten vermutlich bereits stückweise aufrecht gehen und beide besaßen Eigenschaften, die auch bei *Homo* vorkommen. Eine dieser beiden Arten könnte daher möglicherweise der direkte Vorfahre des modernen Menschen gewesen sein.

Abb. 10: Rekonstruktionen von *Sahelanthropus tchadensis*, *Ardipithecus ramidus* und *Australopithecus anamensis*. Die Abbildungen zeigen künstlerische Interpretationen basierend auf dem erhaltenen Skelettmaterial. So ähnlich dürften die Vertreter dieser drei Hominiden-Arten ausgesehen haben.

Basiskonzept

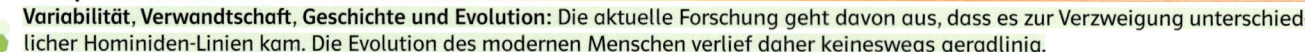

Variabilität, Verwandtschaft, Geschichte und Evolution: Die aktuelle Forschung geht davon aus, dass es zur Verzweigung unterschiedlicher Hominiden-Linien kam. Die Evolution des modernen Menschen verlief daher keineswegs geradlinig.

Aktuelle Ausgrabungen in Südafrika

In Südafrika wurde 2013 eine neue Menschenart, *Homo naledi*, entdeckt

Erst 2013 wurden zahlreiche **weitere menschliche Fossilien in Südafrika** entdeckt, für die eine neue Art innerhalb der Gattung *Homo* mit dem Namen *Homo naledi* geschaffen wurde. Die Fundstätte enthält Knochen von unzähligen Individuen unterschiedlichen Alters, die offenbar absichtlich in einem Höhlensystem, der Dinaledi-Höhle, abgelegt wurden. Aktuell ist erst ein kleiner Teil des Materials ausgegraben (→Abb. 11).

Homo naledi ähnelt in Aspekten den Australopithecinen. Er war klein gewachsen und sein Gehirnvolumen betrug 40-45 % von jenem des modernen Menschen. Die Schädelform ist aber frühen *Homo*-Arten ähnlich.

Das Alter der Fossilien wurde von Forscherinnen und Forschern 2017 auf 300 000 Jahre geschätzt, was überraschend jung ist, weil es bedeutet, dass auch diese Art **gleichzeitig mit anderen Homo-Arten lebte**. Vermutlich handelt es sich bei *Homo naledi* um eine Abzweigung der *Homo*-Linie, nicht um einen direkten Vorfahren von *Homo sapiens*.

Manche Fachleute vermuten auch, dass es sich bei den Funden in der Dinaledi-Höhle um Überreste mehrerer unterschiedlicher *Homo* Arten handelt, da die Merkmale der Fossilien so vielfältig sind.

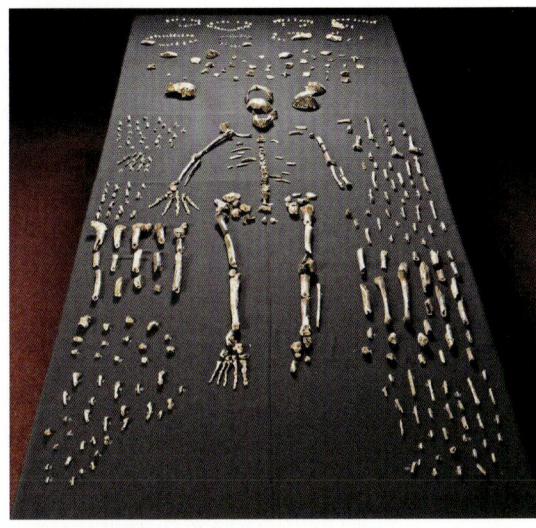

Abb. 11: Skelettfunde von *Homo naledi*.

Menschliche Ethnien

Alle heute lebenden Menschen sind sich genetisch sehr ähnlich

Die Vorfahren aller heute lebenden Menschen waren Afrikaner. Trotz Unterschieden in Haut-, Haar-, und Augenfarben ähneln sich alle Menschen heute genetisch sehr, da unsere **gemeinsamen Vorfahren erst vor 5 000 Generationen lebten** – das ist evolutionsbiologisch betrachtet eine recht kurze Zeitspanne. Etwa 85 % der genetischen Unterschiede finden sich innerhalb lokaler Bevölkerungen. Diese führen zB zu Unterschieden in Blutgruppen und Varianten von Enzymen. Nur 15 % machen die Unterschiede zwischen verschiedenen Völkern[1] aus, wie unterschiedlich Menschen auch auf den ersten Blick aussehen mögen. Die veraltete Vorstellung, dass sich die heutige Menschheit in deutlich unterscheidbare Rassen aufteilen lässt, entbehrt jeglicher wissenschaftlicher Grundlage.

Es gibt also biologisch gesehen keinen Grund, Menschen wegen Unterschieden, wie z.B. ihrer Pigmentierung, als ungleich anzusehen. Diese Erkenntnis ist wichtig, denn lange genug galten die ethnischen Typen des modernen Menschen als so extrem unterschiedlich, dass dieses Argument dazu genutzt wurde, Angehörige anderer Völker zu versklaven und als minderwertig zu behandeln.

Um Volksgruppen zu unterscheiden, verwenden Wissenschafter und Wissenschafterinnen heute den Begriff **Ethnien.** Sie meinen damit soziale Gruppen, die sich aufgrund ihrer gemeinsamen Sprache, Kultur, Wirtschaftsordnung oder Abstammung zueinander zugehörig fühlen. Weltweit gibt es etwa 1300 solche Ethnien. Dazu gehören viele indigene Völker. Im Gegensatz dazu sprechen Biologen und Biologinnen von **menschlichen Populationen.** Darunter versteht man, so wie bei anderen Arten, eine Gruppe von Individuen derselben Art, die in einem geographischen Gebiet zusammenlebt.

Aber warum gibt es unterschiedliche **Hautfarben?** Vermutlich waren unsere Vorfahren dunkel pigmentiert, was die Haut vor der schädlichen Wirkung übermäßiger UV-Strahlung in den Tropen schützte. Eine gewisse Menge UV-Strahlung ist jedoch für die Bildung von Vitamin D aus Cholesterol lebenswichtig. Menschen mit einer geringeren Pigmentierung könnten daher bei der Besiedlung sonnenärmerer Regionen einen Selektionsvorteil gehabt haben.

Glossar
[1] **Volk:** Gruppe von Menschen mit kulturellen Gemeinsamkeiten und Verwandtschaftsbeziehungen.

Aufgabe
E 1 In hohen Breitengraden gibt es nur wenige Bevölkerungsgruppen, die dunkelhäutig sind. Die dunkel pigmentierten Inuit nutzen Vitamin-D-reiche Nahrungsquellen wie Fisch. Erläutere anhand dieses Beispiels, warum die Pigmentierung der Haut nur wenig Aufschluss über die Verwandtschaft von Völkern geben kann.

4.2 Kulturelle Evolution

Gene und Kultur

Kulturelle Evolution und natürliche Evolution wirken heute gemeinsam auf die menschliche Population

Aus Erfahrungen zu lernen ist für das tägliche Überleben vieler Tiere entscheidend (→Verhaltensbiologie, Band 6). Bei vielen Tierarten geben Eltern ihre erworbenen Kenntnisse und Fertigkeiten an ihre Nachkommen weiter – es entstehen **Traditionen oder Kulturen**. Beim Menschen ist die Weitergabe von Erfahrungen sicherlich am stärksten ausgeprägt.

Die Weitergabe erworbener Fertigkeiten von Generation zu Generation, das Kopieren des Verhaltens von Vorbildern, Lernen und Lehren sind Bestandteil der kulturellen Evolution. Der Mensch wird von ihr in einem ähnlichen Maße beeinflusst wie durch die biologische Evolution.

Unser **Sprachvermögen** beispielsweise baut auf einer genetischen Grundlage auf – das FOXP2-Gen spielt eine wichtige Rolle dabei. Es sorgt für die Aktivierung von anderen Genen.

Mutationen im FOXP2-Gen des Menschen führen zu Störungen im Sprachvermögen.

Manche Sprachwissenschafter und -wissenschafterinnen schließen von der Beobachtung der Entstehung von Mischsprachen, wie dem Kreolischen, und der Leichtigkeit, mit der Kinder ihre Muttersprache erlernen, sogar auf einen Sprachinstinkt, also auf eine „angeborene universelle Grammatik". Möglicherweise lernen wir auf Basis dieser Anlage die unterschiedlichsten Sprachen mit ihren jeweiligen Vokabeln und Grammatiken.

Kulturelle und natürliche Evolution haben eine Reihe von Ähnlichkeiten neben vielen Unterschieden. Beispielsweise können Kulturen „mutieren". Attraktive, neue Ideen oder Moden breiten sich mit einer ähnlichen Dynamik in Populationen aus wie neue Allele. Anders als in der natürlichen Evolution werden Bestandteile von Kulturen aber nicht nur von Eltern auf Nachkommen „vererbt", sondern auch „**horizontal**" – dh zwischen Nichtverwandten – weitergegeben.

Milchwirtschaft und Evolution

Die Fähigkeit, Milch zu verdauen, mussten Erwachsene erst evolvieren

Kulturelle und natürliche Evolution gehen oft Hand in Hand. Die Erfindung des Ackerbaus und der Viehzucht veränderte in der Jungsteinzeit die Selektionsdrücke. Wie Analysen fossiler DNA zeigen, konnte zuvor **Milchzucker (Laktose)** nur von Neugeborenen und Säuglingen verdaut werden. Ältere Kinder und Erwachsene vertrugen keine Milch. Ihnen fehlte das **Enzym Lactase**, das nötig ist, um Milchzucker abzubauen.

Als vor rund 8000 bis 10 000 Jahren mit der Züchtung von Schafen, Ziegen und Rindern begonnen wurde, profitierte davon anfangs eine kleine Minderheit der Bevölkerung, die wegen einer zufälligen Mutation Milch auch in späterem Alter verwerten konnte. Die Viehhaltung führte dazu, dass heute **85 % der erwachsenen Europäer und Europäerinnen** Milch vertragen, wie auch zB das Rinderzucht betreibende Volk der Tutsi in Ostafrika. Der Anteil liegt bei Völkern, die keine oder kaum Milchwirtschaft betreiben, unter 10 % (→Abb. 12).

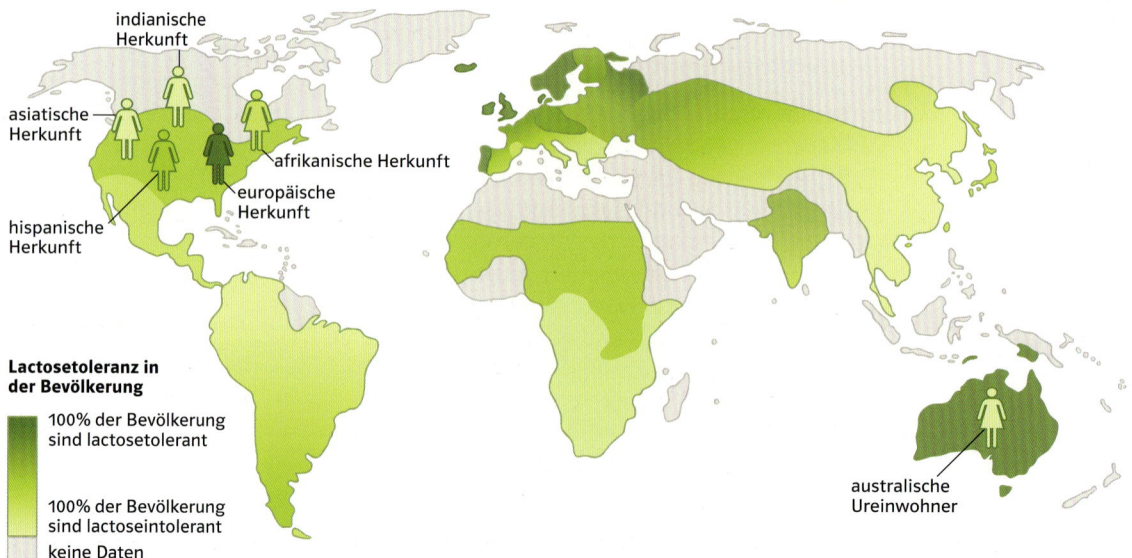

indianische Herkunft

asiatische Herkunft

afrikanische Herkunft

europäische Herkunft

hispanische Herkunft

australische Ureinwohner

Lactosetoleranz in der Bevölkerung

100 % der Bevölkerung sind lactosetolerant

100 % der Bevölkerung sind lactoseintolerant

keine Daten

Abb. 12: Verbreitung des Lactase-Gens. Die verschiedenen Grüntöne verdeutlichen die Häufigkeit der Milchzuckertoleranz.

Ackerbau und Evolution

Die Lebenserwartung sank drastisch in der Jungsteinzeit

In noch drastischerer Weise wurde die Evolution des Menschen durch die Erfindung des Ackerbaus beeinflusst. Jagende und sammelnde Menschen in Mesopotamien, Südostasien und Mittelamerika wurden sesshaft, mit weitreichenden Konsequenzen für Gesundheit und Lebenserwartung. Mehr als 100 000 Jahre lang hatte sich der Mensch einigermaßen ausgewogen von einer Vielzahl von Pflanzen und Tieren ernährt. Die Nahrung der bäuerlichen Gesellschaft der Jungsteinzeit bestand jedoch hauptsächlich aus wenigen **kohlenhydratreichen aber vitaminarmen Nutzpflanzen**, je nach Gegend **Mais, Reis oder Hirse**. Diese einseitige Ernährung führte zu Karies und Zahnverlust, dazu zu den verschiedensten Mangelerkrankungen.

Durch die Arbeit auf dem Feld nutzen sich die Gelenke viel stärker ab als beim Jagen und Sammeln, und weil die sesshaften Menschen so eng zusammenlebten, stieg auch der Anteil jener an, die an **Infektionskrankheiten** starben. Die **mittlere Lebenserwartung nahm ab**, von etwa 33 auf 20 Jahre! Die Lebenserwartung der jagenden und sammelnden Menschen wurde vermutlich erst im 18. Jahrhundert wieder erreicht und stieg seither kontinuierlich an. Viel früher nahm wahrscheinlich aufgrund der besseren Nahrungsverfügbarkeit das Bevölkerungswachstum zu – es wurden mehr Kinder geboren und die Weltbevölkerung stieg von einigen Hunderttausend in der Altsteinzeit bis auf 170–400 Millionen vor 2 000 Jahren und über 7 Milliarden heute (→Abb. 13).

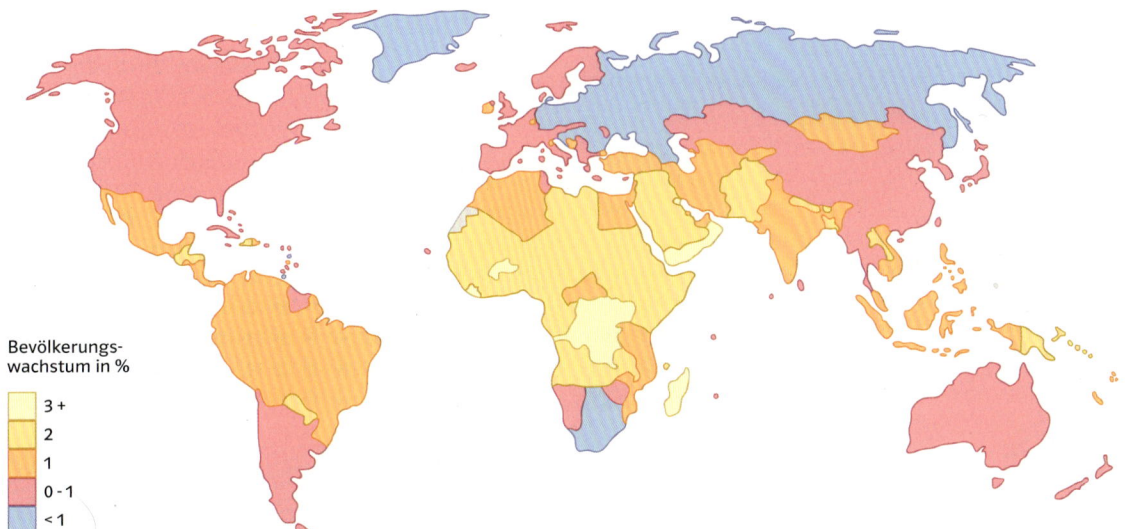

Bevölkerungswachstum in %

3 +
2
1
0 - 1
< 1

Abb. 13: Bevölkerungswachstum in verschiedenen Ländern (in %). Die Bevölkerung nimmt in Europa ab, vor allem in Afrika aber weiterhin zu.

Die menschliche Evolution geht weiter

Das explosionsartige Bevölkerungswachstum trägt zur menschlichen Evolution bei

Reproduktion

Auch wenn man denken könnte, dass wir uns dank des medizinischen Fortschritts von den Einflüssen von Mutation und Selektion bereits losgelöst haben, so unterliegen wir tatsächlich nach wie vor den Mechanismen der Evolution.

Das beginnt bereits vor der Geburt. Mehr als zwei Drittel aller Zygoten sterben zB unbemerkt wenige Tage nach der Befruchtung ab. Meist handelt es sich dabei um Embryonen mit massiven genetischen Defekten. Biologinnen und Biologen sprechen dabei von „**interner Selektion**". Besonders in Afrika, Asien und Südamerika ist außerdem die **Sterblichkeit bei Neugeborenen und Säuglingen** immer noch erschreckend hoch. Und selbst wer erfolgreich erwachsen geworden ist, hat damit nicht automatisch Nachkommen.

Die Veränderung der Lebensweise und Umwelt, die *Homo sapiens* erfahren hat, üben einen immensen Selektionsdruck aus. Das explosionsartige **Wachstum der Weltbevölkerung** (→Abb. 13) bedingt auch einen rasanten Anstieg an neuen Mutationen, sodass die Evolutionsgeschwindigkeit beim Menschen im Laufe der letzten Jahrtausende sogar zugenommen hat! Genetische Untersuchungen zeigen, dass viele dieser neuen, adaptiven Mutationen zwar präsent sind, andere Genvarianten aber noch nicht vollständig ersetzt haben (siehe Populationsgenetik, S. 101).

Die menschliche biologische Evolution geht also weiter – eng verstrickt mit der gleichzeitig ablaufenden kulturellen Evolution.

Aufgabe

S 1 Argumentiere, welche Konsequenz die Behandlung von Erbkrankheiten, an denen unsere Vorfahren früher gestorben wären, für die Evolution des Menschen haben könnte.

Basiskonzept

Reproduktion: Starke Selektion findet beim Menschen bereits im Mutterleib statt, da viele Zygoten sich nicht weiterentwickeln.

Die molekulare Uhr

Zur Datierung und zur Stammbaumanalyse wird mitochondriale DNA benutzt

Stammbäume, die auf Fossilfunden basieren, stimmen zwar meist grob aber bleiben oft unvollständig, da häufig Übergangsformen fehlen. Zwar kennt man mittlerweile einige sehr alte Fossilien, die vermutlich von Vorfahren des modernen Menschen stammen (*Orrorin tugenensis*, 6 Millionen Jahre alt und *Sahelanthropus tchadensis*, 7 Millionen Jahre alt, siehe S. 86). Jedoch ist zB der letzte gemeinsame Vorfahre von Schimpanse und modernem Mensch nicht bekannt.

Zur **Rekonstruktion von Abstammungsverhältnissen** bedient man sich daher einer Methode, die auf dem **Vergleich von DNA-Sequenzen** von heute lebenden Nachfahren basiert. Damit lassen sich die wahrscheinlichsten Stammbäume erstellen. So kann man rückberechnen, wie lange zB die Aufzweigung der beiden Linien, die zum modernen Menschen und zum Schimpansen führen, her ist. Man verwendet dazu häufig die mitochondriale DNA.

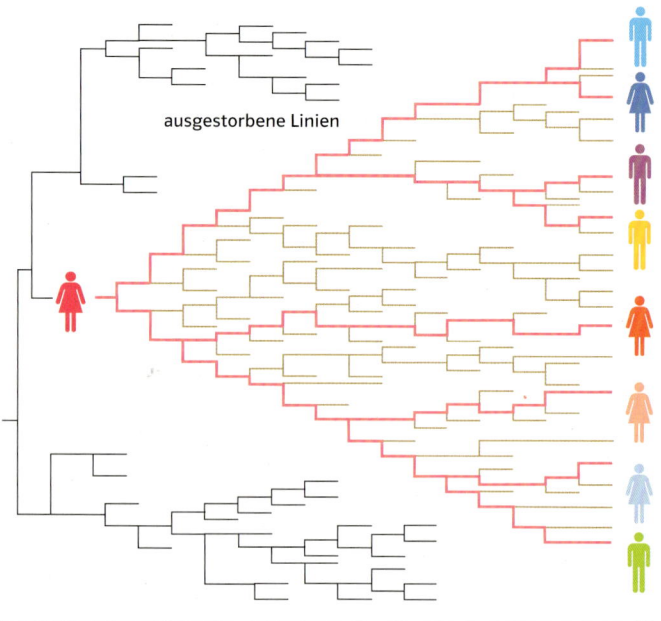

ausgestorbene Linien

Frauen in der Population vor ca. 200 000 Jahren   heutige Population des Menschen

Abb. 14: „Mitochondriale Eva". Die heute vorhandenen Varianten der mitochondrialen DNA lassen sich auf eine „mitochondriale Eva" zurückführen, die vor rund 200 000 Jahren gelebt hat. Alle anderen mitochondrialen Linien sind ausgestorben.

Nicht nur die Zellkerne unserer Zellen, sondern auch die Mitochondrien, enthalten DNA (**mtDNA**[1]). Die mitochondrialen Gene werden über die mütterliche Linie weitergegeben, und Unterschiede in diesen Genen beruhen daher nur auf Mutationen, nicht auf Rekombination, wie bei der DNA im Zellkern.

Kennt man die Mutationsrate, und geht man davon aus, dass sie konstant ist, kann man so rückschließen, wann die Ausgangssequenz eines solchen mitochondrialen DNA-Abschnittes existiert hat. Es ist so, also ob eine **„molekulare Uhr"** die Unterschiede in der DNA, die sich durch Mutationen ansammeln, quasi „mitstoppt". Auf die Mutationsrate lässt sich rückschließen, indem man Sequenzunterschiede der DNA für Organismen ermittelt, deren gemeinsame Vorfahren mit einer anderen Methode datiert wurden, zB über Fossilfunde, deren Alter man kennt.

Mithilfe dieser Methode wurde zB berechnet, dass sich die DNA aller Mitochondrien, die in der heutigen menschlichen Population vorkommen, auf die DNA einer Frau zurückführen lassen, die vor etwa 200 000–300 000 Jahren gelebt hat: der „mitochondrialen Eva". Evolutionär betrachtet ist die gemeinsame Abstammung aller heute lebenden Menschen also nur einen Augenschlag her – 200 000–300 000 Jahre sind in der Evolution verhältnismäßig kurz.

Für den letzten gemeinsamen Vorfahren von Schimpansen und Menschen gibt es sehr unterschiedliche Berechnungen, die von 4 bis 13 Millionen Jahren reichen. Grund dafür ist die komplexe Abstammung, siehe Aufgabe 1.

Statt der Unterschiede in der mitochondrialen DNA können auch Unterschiede in der Struktur von anderen Biomolekülen, die sich mit der Zeit durch Mutationen anhäufen, zur Ermittlung der Mutationsrate und zur Eichung der molekularen Uhr verwendet werden. Tatsächlich wurde diese Methode erstmals an Unterschieden in den Hämoglobin-Molekülen unterschiedlicher Abstammungslinien getestet.

Glossar

[1] **mtDNA:** Die mitochondriale DNA (mtDNA) enthält wenige für den Stoffwechsel relevante Gene. Alle Mitochondrien der Zygote, aus der ein Embryo wächst, stammen aus der mütterlichen Eizelle, daher stammt auch die gesamte mtDNA von der Mutter, nicht so wie die DNA im Zellkern, die zu gleichen Teilen von Mutter und Vater stammt.

Aufgaben

W 1 Bei Menschen und Schimpansen scheint die Abstammungsgeschichte komplizierter zu sein als ursprünglich angenommen. Nach der Abspaltung der Linien ist es über eine Periode von mehreren Millionen Jahren vermutlich zur Hybridisierung zwischen den Linien gekommen. Die Ergebnisse dieser Analyse wurden 2006 publiziert: *Patterson N, Richter DJ, Gnerre S, Lander ES, Reich D (2006). „Genetic evidence for complex speciation of humans and chimpanzees". Nature. 441 (7097): 1103–8.* Lies den Abstract der Studie, und fasse zusammen, wie die Forscher und Forscherinnen zu diesem Ergebnis kommen.

E 2 Um die molekulare Uhr zu „eichen" und eine Mutationsrate zu berechnen, existieren weitere Methoden. Bei einer davon werden die Unterschiede in der mitochondrialen DNA zwischen Eltern, Kindern und Enkeln verglichen. Leite ab, wie daraus die Anzahl von Mutationen pro Generation und die Mutationsrate bestimmt werden können.

E 3 Der molekularen Uhr liegt die Annahme der Konstanz der Mutationsrate zugrunde. Diese Annahme schränkt die Genauigkeit der Schätzungen stark ein. Begründe dieses Faktum.

Die mysteriösen Denisovier

Eine neue Menschenart

Russische Forscherinnen und Forscher entdeckten 2008 in einer Höhle in Sibirien, der **Denisova-Höhle** (→Abb. 15), einen menschlich aussehenden Fingerknochen (→Abb. 16). Erst eine aufwändige **aDNA-Analyse**[1], die von einer Forschungsgruppe am Max-Planck-Institut für Evolutionäre Anthropologie in Deutschland durchgeführt wurde, gab Aufschluss über die Identität dieser Menschen: Der gefundene Knochen stammte von einer weiblichen Jugendlichen (genannt **„X woman"**), die dort vor 40 000 Jahren lebte. Sie war jedoch weder ein moderner Mensch, noch ein Neandertaler, sondern gehörte zu einer bis dahin unbekannten, ausgestorbenen Menschenart!

Diese Menschen bekamen den Namen **Denisovier**. Wir wissen, dass sie um die Denisova-Höhle bereits vor mehr als 100 000 Jahren lebten. Die Denisovier gehören, wie wir, zur Gattung *Homo*, sind also mit uns Menschen eng verwandt. Insgesamt hat man von diesen Menschen erst einen Fingerknochen, einzelne Zähne und einen Zehenknochen gefunden. Kleine Überreste von nur vier Personen sind also alles, was wir von dieser Menschenart kennen! Über ihren Körperbau wissen wir daher sehr wenig. Möglicherweise waren sie robuster gebaut als wir, ähnlich dem Neandertaler.

Abb. 15: Denisova-Höhle. Die Höhle liegt in den sibirischen Bergen, in der Nähe der Grenze zu China und der Mongolei. Hier wurde 2008 das menschliche Fossil „X woman" gefunden.

Es ist selten, dass sich DNA zehntausende Jahre lang erhält. Bei den meisten Fossilien, die so alt oder älter sind, kann kaum intakte DNA mehr sichergestellt werden. Um so beeindruckender ist es, dass bei den Denisoviern aus einem Fingerknochen genetisches Material gewonnen werden konnte. In diesem Fall war das kühle Klima in der Höhle sehr günstig für die Erhaltung. Stell dir vor – mithilfe eines einzelnen, kleinen Fingerknochen wurde so eine neue Menschenart entdeckt und es konnte so die genetische Ähnlichkeit dieser Menschen mit uns errechnet werden (→Methode S. 74)!

Die aDNA-Analysen wiesen darauf hin, dass die Neandertaler mit den Denisoviern eng verwandt waren. Für die Abstammung des modernen Menschen bedeutet dies, dass es **mehrere Menschenarten gleichzeitig** auf der Erde gab. Dass der moderne Mensch mit den Denisoviern gemeinsame Nachkommen zeugte, weiß man, da sich 3–5 % der Gene der Denisovier, die man aus dem Fingerknochen kennt, beim modernen Menschen, und zwar bei Aborigines und Melanesiern[2] wiederfinden.

Abb. 16: Denisovier-Fingerknochen. Dieses menschliche Fossil hat den Namen „Denisova 3" bekommen. Die Forscherinnen und Forscher nennen das Fossil auch „X woman".

Literatur: Reich, D; et al.: Genetic history of an archaic hominin group from Denisova Cave in Siberia. In: Nature. 2010, Jg. 468, S. 1053–1060.

Glossar

[1] **aDNA:** aDNA bedeutet „ancient DNA" oder „alte DNA". DNA, die aus alten Überresten von Lebewesen stammt, nennt man aDNA. Sie ist von viel geringerer Qualität als moderne DNA, da sich DNA im Laufe der Zeit zersetzt. Es bedarf spezieller Techniken und Labors, um aDNA zu analysieren. Ein Problem besteht in der leichten Kontamination: Menschliche DNA ist tatsächlich überall, jeder Fingerabdruck hinterlässt DNA! Solche aDNA-Proben müssen daher unter extrem sterilen Bedingungen extrahiert und untersucht werden.

[2] **Melanesier:** Zu den Melanesiern rechnet man die indigenen Einwohner einiger Inseln im Südpazifik, nämlich von Neuguinea (Papua Neuguinea und das indonesische Westneuguinea), Fiji, Neukaledonien, den Salomonen und Vanuatu.

Aufgaben

W 1 Das mitochondriale Genom der X woman wurde 2010 im Wissenschaftsmagazin Nature unter dem Titel „The complete mitochondrial DNA genome of an unknown hominin from southern Siberia" veröffentlicht. Lies den Abstract der Studie und erläutere, was die Forscher und Forscherinnen über die Migration der Vorfahren der Denisovier rückschließen.

S 2 In der Wissenschaft wird diskutiert, ob die Denisovier eine eigene Menschenart darstellen, oder eine Unterart des modernen Menschen. Lies nach, was man unter einer Unterart versteht. Analysiere, was für bzw. wider diese beiden Einordnungen spricht.

Kompetenz-Check: Evolution des Menschen

Was hast du in diesem Kapitel gelernt?

Lösungen
🌐 j5cx4a

✓ Du kennst die Unterschiede im Aufbau des Skeletts von Schimpansen und modernen Menschen.

✓ Du weißt nun, dass das Fossil „Lucy" eine wichtige Rolle dabei spielte, zu verstehen, wie der aufrechte Gang entstanden ist.

✓ Du kennst die Methode der „molekularen Uhr" und weißt, wie sie dazu benutzt wird, Abstammungsverhältnisse zu klären.

✓ Du hast einige in den letzten Jahrzehnten entdeckte, neue Menschenarten kennengelernt.

✓ Du weißt, dass der moderne Mensch von Afrika ausgehend die gesamte Erde besiedelte.

✓ Du hast gelernt, dass mehrere Menschenarten nebeneinander die Erde besiedelten, und kannst wissenschaftliche Belege dafür aufzählen und diese beurteilen.

Du kannst dir Fachwissen aneignen und kommunizieren

W 1 Erkläre die folgenden Begriffe mit jeweils einem Satz:
Primaten, Greiffuß, Neandertaler, *Homo naledi*

_____

_____

W 2 Finde in der Abbildung drei Gemeinsamkeiten und drei Unterschiede im Aufbau des Skeletts von Schimpansen und modernen Menschen und beschrifte diese in der Abbildung.

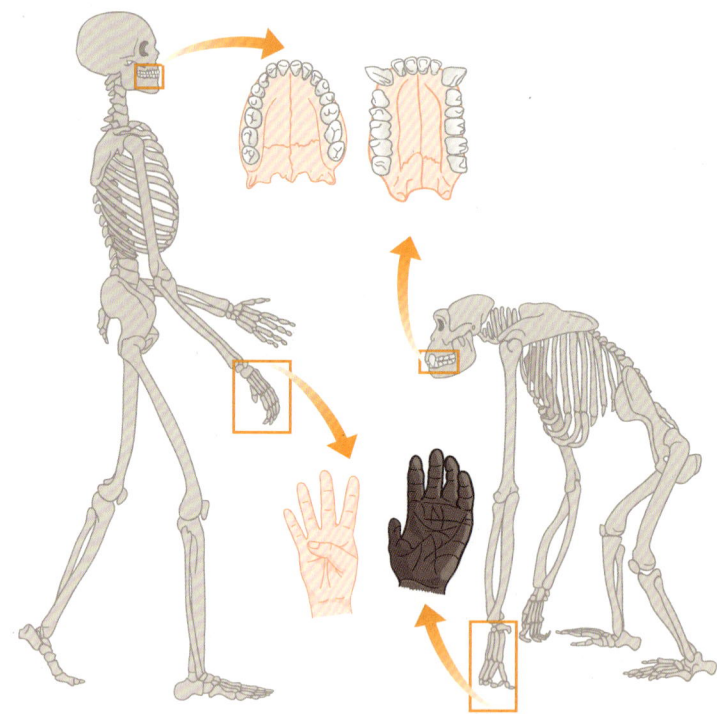

W 3 Zähle drei neue Menschenarten auf, die in den letzten Jahrzehnten entdeckt wurden, und gib an, wann sie die Erde besiedelten.

_____

_____

_____

Du kannst Erkenntnisse gewinnen

E 1 Skizziere die Skelette von modernem Menschen und von Lucy und vergleiche die beiden Skelette, wie in der Abbildung auf Seite 96 (Aufgabe 2), indem du jeweils drei gemeinsame und drei unterschiedliche Merkmale beschriftest.

E 2 In Asien und in der indigenen Bevölkerung Amerikas werden über 90% der Menschen nach den ersten Kindheitsjahren laktoseintolerant. Leite ab, was dies über die Verbreitung von Milchwirtschaft bei diesen Völkern bedeutet.

E 3 Du hast im Abschnitt „Methoden in der Praxis" auf Seite 94 molekulare Uhren kennengelernt. Erkläre kurz wie diese Methode funktioniert.
Vergleiche die Datierung des letzten gemeinsamen Vorfahren von Mensch und Schimpansen mit der Datierung des letzten gemeinsamen Vorfahren aller heute lebenden modernen Menschen und gib an, wann die jeweiligen letzten gemeinsamen Vorfahren gelebt haben.

Du kannst Standpunkte begründen und reflektiert handeln

S 1 Kulturelle Evolution bei Schimpansen? Schimpansen haben, so wie der Mensch, den Werkzeuggebrauch entwickelt. Ihre Methoden unterscheiden sich allerdings manchmal, je nach Population. So benutzen Schimpansen aus dem Kibale-Wald in Uganda Stöckchen, um an den Honig in Baumstämmen zu kommen. Im Gegensatz dazu benutzen Schimpansen aus dem Budongo-Wald zerkaute Blätter, die sie als Schwämme für denselben Zweck nutzen. Interpretiere, ob diese Tiere ebenso wie wir eine Kultur besitzen, die evolviert.

S 2 Diskutiere, warum der folgende Satz klarstellt, dass eine Unterteilung in menschliche Rassen keinen Sinn macht: „Schimpansen, obwohl sie sich äußerlich recht ähnlich sind, sind genetisch viel variabler als der moderne *Homo sapiens* aus den unterschiedlichen Ecken der Welt."

S 3 Stell dir vor, du diskutierst mit jemandem, der der Überzeugung ist, die menschliche Evolution wäre nur eine Hypothese von mehreren und die Menschheit wäre am siebten Tag der Schöpfung, wie in der Bibel erzählt, erschaffen worden. Argumentiere basierend auf den vielfältigen wissenschaftlichen Erkenntnissen, die du in diesem Kapitel gelernt hast, warum die Evolution des Menschen außer Zweifel steht.

5. Die Entstehung der Artenvielfalt

Du lernst in diesem Kapitel ...

Bonusmaterial
wk5fm8

W Wissen organisieren

... Du erfährst, wie man in der Biologie **Arten definieren** kann.

... Du lernst, wie sich Arten abhängig von ihrer Umwelt verändern oder **neue Arten entstehen** können.

... Du lernst, wie durch evolutionäre Prozesse die **biologische Vielfalt** des Lebens entstehen konnte.

E Erkenntnisse gewinnen

... Du lernst die Hardy-Weinberg-Regel anzuwenden, und kannst damit **Häufigkeiten von Phänotypen** berechnen.

... Du erfährst, wie ein Forschungsteam **Anpassungen** von Pflanzen an ihre Bestäuber untersucht.

... Du lernst die **sympatrische** und **allopatrische Artbildung** kennen, und kannst diese Prozesse vergleichen.

S Schlüsse ziehen

... Du kannst die Entstehung von Merkmalsvielfalt durch **sexuelle Selektion** erklären.

... Du kannst argumentieren, warum die Evolution **keine Optimallösungen** erzeugt.

... Du kennst verschiedene **Artdefinitionen** und kannst beurteilen, wann welche sinnvoll verwendet werden können.

Rubinkehlkolibri (*Archilochus colubris*)

» Wie kommt es zur Vielfalt der Arten?

Die biologische Vielfalt scheint unerschöpflich. Immer wieder werden Lebewesen in Zeitschriften oder anderen Medien als ein „Wunder der Natur" vorgestellt, wie zB dieser Rubinkehlkolibri (*Archilochus colubris*). Er ist wirklich ein wahres Wunderwerk, eine flotte Flugmaschine mit nur geringem Spritverbrauch. Mit nur zwei Gramm Nektar im Bauch fliegt er 800 km am Stück, wenn er über den Golf von Mexiko in sein Winterquartier zieht.

Der Stoffwechsel, der ihm diese Leistung ermöglicht, benötigt allerdings viel Sauerstoff: 200 Atemzüge pro Minute bedarf es, und bis zu 1300 Herzschläge pro Minute! Dazu investiert er auch in sein Aussehen und erhöht so die Chancen beim anderen Geschlecht auf Fortpflanzungserfolg.

Funktionieren kann das nur, wenn er sich mit „Powerdrinks" wie Nektar und proteinhaltigen Snacks wie weichen Insekten ernähren kann. Während kalter Nächte muss er seine Körpertemperatur von ca. 42 °C deutlich absenken, um den Energieverbrauch zu reduzieren. Dass komplexe Kompromisse für komplexe Umweltanforderungen gefunden werden ist eine wesentliche Konsequenz der Evolution. Und dies gilt nicht nur für den Rubinkehlkolibri, sondern für die gesamte Vielfalt der Organismen. Wie es dazu kommt, lernst du in diesem Kapitel.

5.1 Die Entstehung der Artenvielfalt

Was ist eine Art?

Die Definition einer Art kann nach verschiedenen Kriterien erfolgen

Variabilität, Verwandtschaft, Geschichte und Evolution

Du hast im vorigen Semester gelernt, nach welchen Mechanismen Evolution erfolgt. Lebewesen zeigen eine gewisse Variabilität, die als Grundlage für die Selektion dient: Je nach Umweltbedingungen überleben die Bestangepassten. Dazu kommen Zufallsfaktoren wie die genetische Drift. So weit, so gut. Doch wie kommt es dazu, dass neue Arten entstehen? Und was ist das überhaupt – eine Art?

In der Systematik ist eine **Art** zunächst einmal eine bestimmte **Kategorie**: Mehrere Arten werden zu einer Gattung zusammengefasst, Gattungen zu Familien, diese zu Ordnungen, weiter zu Klassen, dann Stämmen und Reichen. Diese Einteilung ist nützlich für das Erstellen von Stammbäumen, definiert aber nicht die Art.

Und tatsächlich ist diese auch gar nicht so leicht zu definieren. Denn eine biologische „Art" ist nichts starr Festgelegtes. Es ist eine Momentaufnahme von Populationen, die ständig im Fluss sind. Diese Dynamik macht es schwierig zu definieren, was denn eine „Art" ausmacht und wie sie abgegrenzt ist. Dazu können Arten nach verschiedenen Kriterien definiert werden.

Eines haben alle Artbegriffe gemeinsam: Jede biologische Art wird fachlich über die **binäre Nomenklatur** benannt: Der Artname setzt sich aus dem Namen der Gattung, der mit einem Großbuchstaben beginnt, und dem Zusatz für die jeweilige Art, der mit einem Kleinbuchstaben beginnt, zusammen, zB *Homo sapiens* für den Menschen.

Äußere Merkmale können zur Definition der Art verwendet werden

Die Morphospezies ist eine Art, die nach äußeren Merkmalen definiert ist

Kann man nicht einfach alle Individuen, die gleich aussehen, als Art definieren? Bei Hunden führt dies zu Schwierigkeiten: Alle Haushunde gehören ebenso wie der Wolf zur Art *Canis lupus* und doch sehen ein Wolf, ein Dalmatiner und ein Yorkshire Terrier sehr unterschiedlich aus. Äußerliche Merkmale sind also in manchen Fällen wenig geeignet, um Lebewesen in Arten einzuteilen (→Abb. 1). Eine solche Einteilung kann aber sinnvoll sein, wenn man die richtigen Merkmale heranzieht. Bei Marienkäferarten sind zB die Hartteile des Geschlechtsapparats deutlich unterschiedlich, aber **artspezifisch**. Da Zwischenformen fehlen, ist es wahrscheinlich, dass jeder Typ einer eigenen Art zuzuschreiben ist. Andere Beispiele für morphologische[1] Merkmale, die zur Artabgrenzung dienen, sind Gebissdetails bei Säugetieren, Flossendetails bei Fischen oder Bein- und Flügeldetails bei Insekten. So kommt man zum **morphologischen Artbegriff**: Arten sind Gruppen von Individuen, die sich anhand morphologischer Merkmale zuverlässig voneinander unterscheiden lassen. Arten, die gemäß dieser Definition festgelegt sind nennt man auch **Morphospezies**. Bestimmungsbücher arbeiten mit diesem Artbegriff, und auch fossile Arten können nur nach diesem eingeordnet werden.

Die Abgrenzung nach morphologischen Merkmalen bleibt aber problematisch. Wie deutlich müssen Unterschiede sein, damit man eine neue Art abgrenzt? DNA-Vergleiche (→phylogenetischer Artbegriff, S. 100) zeigen zudem, dass äußerlich annähernd identische Individuen manchmal genetisch so unterschiedlich sind, dass sie mehreren Arten zugeordnet werden müssen. In diesem Fall spricht man von mehreren kryptischen Arten oder **Kryptospezies[2]**.

Abb.1: Harlekinmarienkäfer oder Asiatischer Marienkäfer (*Harmonia axyridis*). Obwohl die hier gezeigten Tiere unterschiedliche Farbmuster zeigen, gehören sie alle zur selben Art.

Glossar

[1] **Morphologie**, vom Griechischen *morphe* für Gestalt oder Form, bezeichnet die Lehre von der Gestalt, Form bzw. Struktur der Organismen.

[2] **Kryptospezies**, vom Griechischen *kryptos* für versteckt.

Aufgabe

W 1 Tier- und Pflanzenarten: Liste Tier- und Pflanzenarten auf, die dir einfallen. Überprüfe anschließend durch Suche im Internet, ob es sich dabei wirklich um Arten handelt.

Basiskonzept

Variabilität, Verwandtschaft, Geschichte und Evolution: Nicht nur die Definition der Art ist schwierig, die anderen Kategorien sind noch weniger exakt festgelegt. Die Art ist sogar die eindeutigste Kategorie, wie die hier vorgestellten Definitionen zeigen.

Die Biospezies ist über die Fortpflanzung definiert

Eine Biospezies ist eine Gruppe von Lebewesen, die sich untereinander fortpflanzen und fruchtbare Nachkommen haben

Aus evolutionsbiologischer Sicht ist der morphologische Artbegriff nicht ausreichend. Nicht das Aussehen ist entscheidend, sondern ob sich Individuen verpaaren und fruchtbare Nachkommen haben können (→Abb. 2). Eine solche Fortpflanzungsgemeinschaft ist genetisch isoliert und evolviert als Einheit. Man spricht von einer **biologischen Art** oder **Biospezies**.

Dieser biologische Artbegriff ist zwar in hohem Maß anerkannt, aber oft schwierig zu überprüfen: Wer sich mit wem fortpflanzen könnte oder fortgepflanzt hat, kann nur exemplarisch nachgewiesen werden. Bei asexuellen, also klonalen Populationen, wie zB bei Bakterien, müsste man jedem Genotyp eine eigene Art zuordnen, was wenig Sinn macht. Außerdem ist nicht überprüfbar, ob Angehörige zeitlich getrennter Generationen, zB ein Rotfuchs heute und einer vor 100 Jahren, Artgenossen sind. Bei fossilen Arten kann dies naturgemäß gar nicht überprüft werden.

Abb. 2: Zebroid. Zu einer Biospezies gehören nur Lebewesen, die sich verpaaren können und fruchtbare Nachkommen haben. Pferd und Zebra können Nachkommen haben, diese Zebroide sind aber unfruchtbar. Pferd und Zebra gehören damit nicht zur gleichen biologischen Art.

Der phylogenetische Artbegriff betrachtet die genetische Ähnlichkeit

Der phylogenetische Artbegriff berücksichtigt die gemeinsame Abstammung

Der **phylogenetischen Artbegriff** betont die gemeinsame Abstammung: Er definiert eine Art als die gesamte Gruppe von Individuen, die über einen bestimmten Zeitraum auf einen gemeinsamen Vorfahren zurückgeführt werden kann.

Die gemeinsame Abstammung lässt sich feststellen, indem man die Unterschiede zwischen den DNA-Sequenzen von unterschiedlichen Individuen betrachtet. So können Ähnlichkeiten auf molekularer Ebene objektiv gemessen werden, und es lässt sich aussagen, ob Gruppen von Individuen eine Art oder mehrere bilden. Ab einer gewissen Anzahl von Unterschieden in der DNA-Sequenz spricht man dann von verschiedenen Arten.

Diese Artdefinition ist völlig unabhängig vom Aussehen der Individuen oder ihrer realen Fortpflanzungsfähigkeit, und ist daher sehr weitreichend anwendbar. Dadurch gewinnt der phylogenetische Artbegriff zunehmend an Bedeutung.

Traditionell wurden Arten nach ihrem Aussehen, also nach ihrer Morphologie, beschrieben. Seit DNA Analysen möglich sind und molekulare Ähnlichkeiten herangezogen werden können, mussten viele bestehende Arten einer neuen Einteilung, die auf der Abstammung basiert, weichen. Diese ist allerdings nicht immer eindeutig (→Abb. 3).

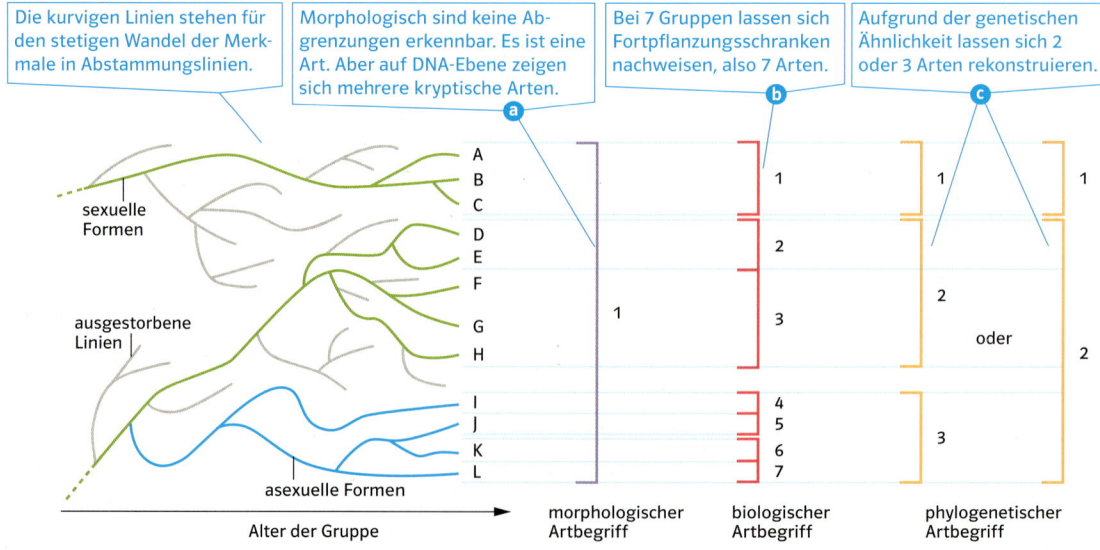

Abb. 3: Verschiedene Artbegriffe. In diesem theoretischen Beispiel ist ein Stammbaum von 12 Populationen (A bis L) gezeigt, die sich morphologisch nicht unterscheiden (a). Andere Artbegriffe lassen eine Aufspaltung in mehrere Arten zu (b und c).

Populationen können sich auseinander entwickeln

Durch das Entstehen von Reproduktionsbarrieren können Populationen getrennt werden

Arten können also auf verschiedene Weise definiert werden. Aber wie können neue Arten entstehen?

Die gemeinsame Fortpflanzung ist ein Kriterium, um eine Art zu definieren. Entsprechend kann das Auftreten von Fortpflanzungs- oder Reproduktionsbarrieren zur Trennung einer Population in zwei Arten führen. Eine vollständige **Reproduktionsbarriere** besteht, wenn es zwischen zwei Gruppen von Individuen keine Verpaarung gibt, und selbst wenn diese stattfänden, die Spermien und Eizellen inkompatibel sind. Dies lässt sich mithilfe des folgenden Beispiels illustrieren.

In Europa kommen zwei Unkenarten vor (→Abb. 4), die Gelbbauchunke im Westen und die Rotbauchunke im Osten. Beide sind aus einer gemeinsamen Vorläuferart entstanden; man bezeichnet sie daher als **Schwesterarten**[1].

In ihren ökologischen Ansprüchen (zB Ernährung, Lebensraum) unterscheiden sie sich kaum. Dort wo die Verbreitungsgebiete aneinandergrenzen, zB in Österreich, Rumänien und Polen, kreuzen sie sich gelegentlich. Es kommt so zur Bildung von sogenannten **Hybriden.** Hybride nennt man Nachkommen, die aus einer Kreuzung von zwei Arten oder Unterarten entstehen. Im Beispiel der Unken sind die Hybride fruchtbar, weisen aber eine erhöhte Sterblichkeit auf.

Dass Hybride auftreten können wirkt auf den ersten Blick verwirrend. Eine biologische Art wird schließlich dadurch definiert, dass ihre Individuen untereinander kreuzbar sind, aber nicht mit Individuen anderer Arten (→S. 100).

Für Evolutionsbiologinnen und -biologen hingegen ist diese Unschärfe an der Grenze zwischen zwei nah verwandten Arten spannend: Der Prozess der Artbildung ist hier noch nicht ganz abgeschlossen. Erst an dessen Ende steht das, was wir als zwei getrennte Arten kennen: Die Individuen der beiden Arten können keinen gemeinsamen Nachwuchs zeugen, da zwischen ihnen eine vollständige Reproduktionsbarriere entstanden ist, die auch eine Hybridbildung verhindert.

Bei Gelb- und Rotbauchunke greifen Reproduktionsbarrieren offensichtlich nur zum Teil. Auch Löwe und Tiger bilden ein solches Paar. Sie können in Gefangenschaft gemeinsame Nachkommen hervorbringen, die aber nur eine geringe Lebensdauer haben. Die Hybride von Pferd und Esel hingegen sind zwar robust, aber unfruchtbar. Bei Pflanzen kommt Hybridisierung relativ häufig vor. Manchmal stellen die entstandenen Hybride sogar fortpflanzungsfähige neue Arten dar (→S. 115).

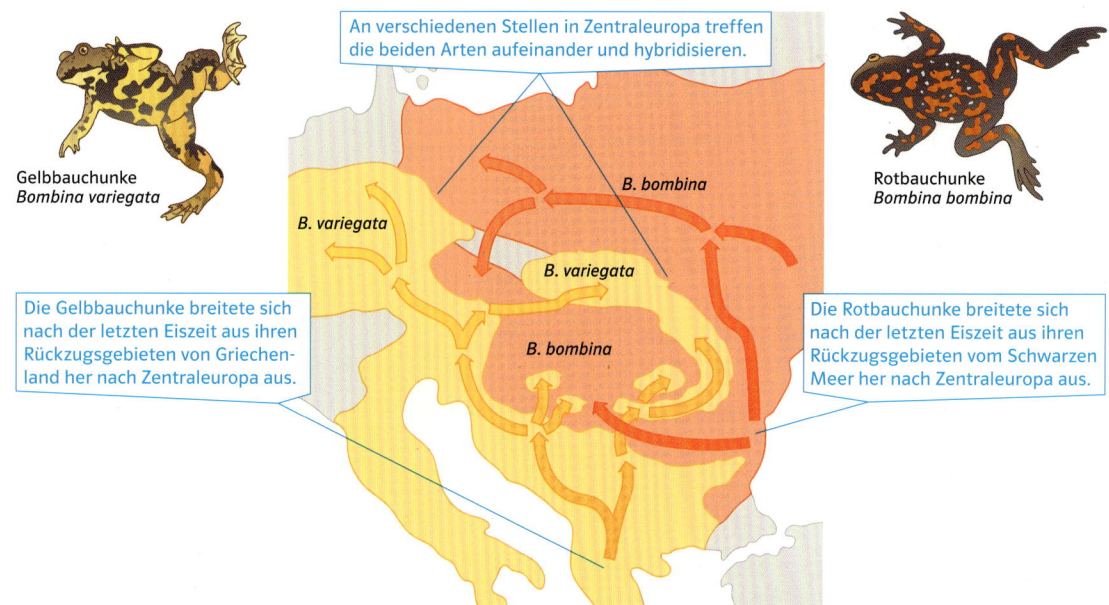

Gelbbauchunke
Bombina variegata

An verschiedenen Stellen in Zentraleuropa treffen die beiden Arten aufeinander und hybridisieren.

B. bombina

B. variegata

B. variegata

B. bombina

Rotbauchunke
Bombina bombina

Die Gelbbauchunke breitete sich nach der letzten Eiszeit aus ihren Rückzugsgebieten von Griechenland her nach Zentraleuropa aus.

Die Rotbauchunke breitete sich nach der letzten Eiszeit aus ihren Rückzugsgebieten vom Schwarzen Meer her nach Zentraleuropa aus.

Abb. 4: Gelb- und Rotbauchunken sind aus einer gemeinsamen Stammart entstanden. An ihren gemeinsamen Verbreitungsgrenzen kommt es hin und wieder zu Hybridisierung, was darauf hinweist, dass die Artbildung hier noch nicht abgeschlossen ist. Dennoch werden sie aufgrund ihres unterschiedlichen Aussehens gewöhnlich als verschiedene Arten bezeichnet.

Glossar

[1] **Schwesterarten:** Generell bezeichnet man zwei Gruppen, nicht nur Arten, die aus einer gemeinsamen Vorläufergruppe entstanden sind, als Schwestergruppen, also zB Schwestergattungen oder Schwesterfamilien

Aufgabe

W 1 Beschreibe die Hybride von Pferd und Esel. Ermittle die Chromosomenzahlen von Pferd und Esel und erkläre weshalb die Hybride nicht fortpflanzungsfähig sind.

Geografische Isolation kann zur Artbildung führen

Werden Populationen durch räumliche Elemente getrennt, können sie sich in Folge zu getrennten Arten entwickeln

Wie kommt es nun dazu, dass aus zwei Gruppen wirklich Arten werden? Der offensichtlichste Weg dahin wäre jener, der mit einer räumlichen Isolation beginnt. Das hieße, dass sich Individuen der beiden Populationen nicht mehr träfen, weil sie zB durch einen Fluss oder ein Gebirge getrennt wären. Man spricht dann von **räumlicher oder geografischer Isolation** (→Abb. 5, oben).

Sind die beiden Populationen erst geographisch isoliert, kann der Prozess der genetischen Auseinanderentwicklung ungehindert einsetzen. Im Lauf der Zeit erfolgt in beiden Teilpopulationen eine Anhäufung von Mutationen sowie die Anpassung an die geringfügig unterschiedlichen Lebensräume durch Selektion, sowie zufällige Veränderungen im Genpool durch Gendrift. Nach langer Zeit könnte das zu Populationen führen, die durch eine vollständige Reproduktionsbarriere getrennt wären. Man nennt diesen Prozess **allopatrische**[1] Artbildung.

Ein Beispiel für allopatrische Artbildung stellen Schimpansen und Bonobos dar. Noch vor 2 Millionen Jahren lebte in Zentralafrika die gemeinsame Stammart des Gewöhnlichen Schimpansen (*Pan troglodytes*) und des Bonobo (*Pan paniscus*) als einheitliche Population. Heute sind sie leicht als zwei getrennte Arten zu unterscheiden. Bei Betrachtung ihrer heutigen Verbreitung (→Abb. 6) fällt auf: Die beiden Schwesterarten sind durch eine schwer überwindbare Barriere, in diesem Fall durch einen breiten Fluss, getrennt.

Es liegt nahe, dass diese geografische Isolation der Grund dafür war, weshalb sich zwei neue Arten entwickelt haben. Womöglich hat damals ein dauerhafter Anstieg der Wassermenge im Fluss die Populationen getrennt und so den Prozess in Gang gesetzt. Evolutionsbiologinnen und -biologen sind sich einig, dass die meisten neuen Arten durch räumliche Auftrennung der Ursprungspopulation zustande gekommen sind.

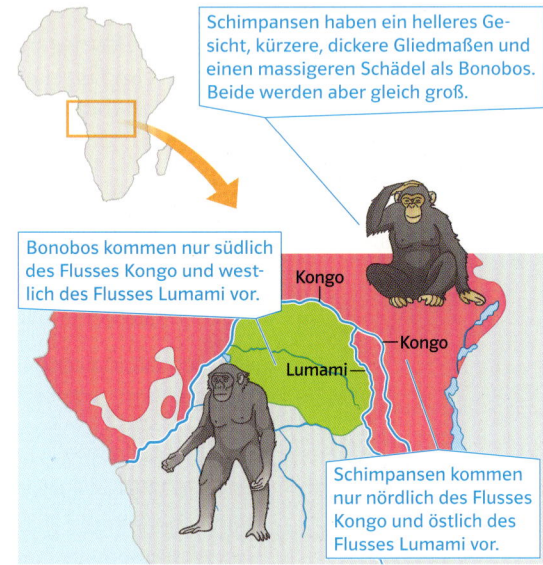

Schimpansen haben ein helleres Gesicht, kürzere, dickere Gliedmaßen und einen massigeren Schädel als Bonobos. Beide werden aber gleich groß.

Bonobos kommen nur südlich des Flusses Kongo und westlich des Flusses Lumami vor.

Schimpansen kommen nur nördlich des Flusses Kongo und östlich des Flusses Lumami vor.

Abb. 6: Bonobo und Schimpanse. Gewöhnlicher Schimpanse und Bonobo sind geografisch voneinander isolierte Arten, die durch allopatrische Artbildung aus einer gemeinsamen Population entstanden sind.

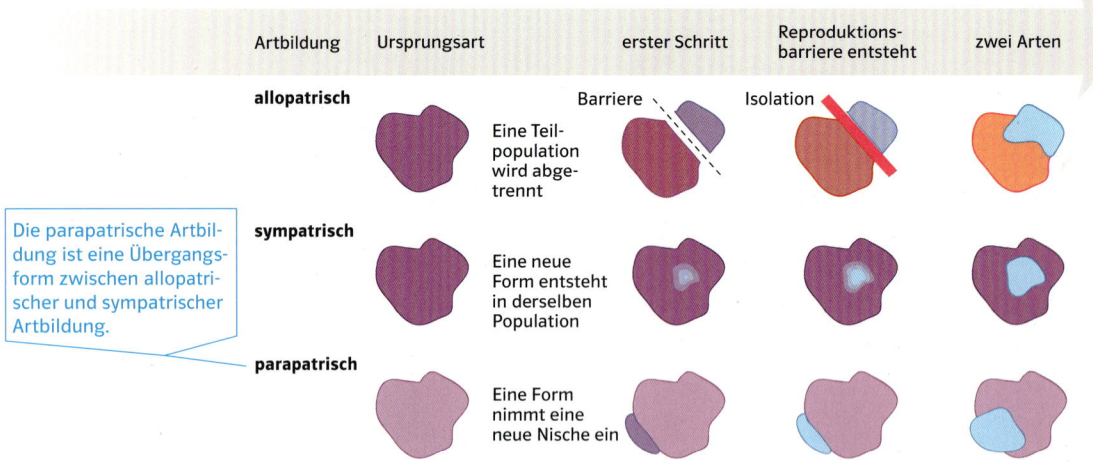

Die parapatrische Artbildung ist eine Übergangsform zwischen allopatrischer und sympatrischer Artbildung.

Abb. 5: Allopatrische, sympatrische[2] und parapatrische Artbildung. Vom ersten Schritt bis zur abgeschlossenen Artbildung können je nach Generationslänge mehrere Zehntausend bis Millionen Jahre vergehen.

Glossar

[1] **Allopatrisch**, vom Griechischen *allo* für fremd oder verschieden und vom Lateinischen *patria* für Heimat.
[2] **Sympatrisch**, vom Griechischen *syn* für zusammen und *patris* für Vaterland.

Aufgabe

W **1** Während der Eiszeit waren im Wald lebende Vogelarten gezwungen, vor dem Eis in die verbleibenden Waldgebiete auszuweichen. Ihre Verbreitungsgebiete wurden dabei vom Eis unterteilt. Nach dem Ende der Eiszeit trafen sie wieder aufeinander. Heute beobachten wir eine ganze Reihe morphologisch sehr ähnlicher Arten, zB die Singvögel Fitis und Zilpzalp oder Sommer- und Wintergoldhähnchen. Erkläre die Entstehung dieser ähnlichen Artenpaare.

Neue Arten können sich auch im Gebiet der Elternart bilden

Spalten sich Arten innerhalb eines Lebensraums auf, spricht man von sympatrischer Artbildung

Variabilität, Verwandtschaft, Geschichte und Evolution

Können auch innerhalb einer Population in demselben Gebiet, d.h. ohne geografische Trennung, getrennte Arten entstehen? Diesen Prozess bezeichnet man als **sympatrische Artbildung** (→Abb. 5). Lange haben Evolutionsbiologinnen und -biologen das für unwahrscheinlich gehalten, aber mittlerweile gilt es als geklärt, dass disruptive Selektion (→S. 70) tatsächlich zur Artbildung ohne geographische Trennung führen kann.

Ein Beispiel dafür sind die **Galapagosfinken** (→Abb. 7). Alle Arten stammen von wenigen Individuen einer Singvogelart ab, die vor ca. 2,3 Millionen Jahren vom südamerikanischen Festland aus die Galapagos-Inseln kolonisierten. Zu dieser Zeit gab es auf den fast unbesiedelten Inseln keine samenfressenden Vögel. Durch die fehlende Konkurrenz hat auf den leeren Inseln eine **adaptive Radiation**[1] eingesetzt: Es entstanden sehr vielfältige Kopf- und Schnabelformen. Durch eine bevorzugte Verpaarungen innerhalb des gleichen Typus haben sich bis heute 13 Arten herausgebildet, die heute nebeneinander existieren.

Sympatrische Artbildung stellt also eine Kombination aus disruptiver Selektion und **sexueller Selektion** dar: Hierbei finden bestimmte Weibchen eine neue Variante von Männchen mit einem bestimmten Sexualsignal attraktiver, während andere Weibchen Männchen mit einem anderem Sexualsignal bevorzugen. Die Nachkommen beider Gruppen erben die jeweilige Vorliebe und das dazu passende Sexualsignal. Bei der Partnerwahl bevorzugt jede Gruppe weiterhin Ihresgleichen.

Sympatrische und allopatrische Artbildung sind zwei gut erforschte Wege, wie neue Arten entstehen können. Oft sind sie schwer zu trennen. Im Beispiel der Finken war vermutlich zuerst eine Anpassung an verschiedene Nahrungsformen entstanden, erst dann trennten sich die Finken allmählich auch räumlich. Ein solcher Artbildungsprozess, bei dem Genfluss zwischen den Teilpopulationen besteht, und sich erst allmählich eine geographische Trennung ergibt, nennt man **parapatrische Artbildung** (→Abb. 5).

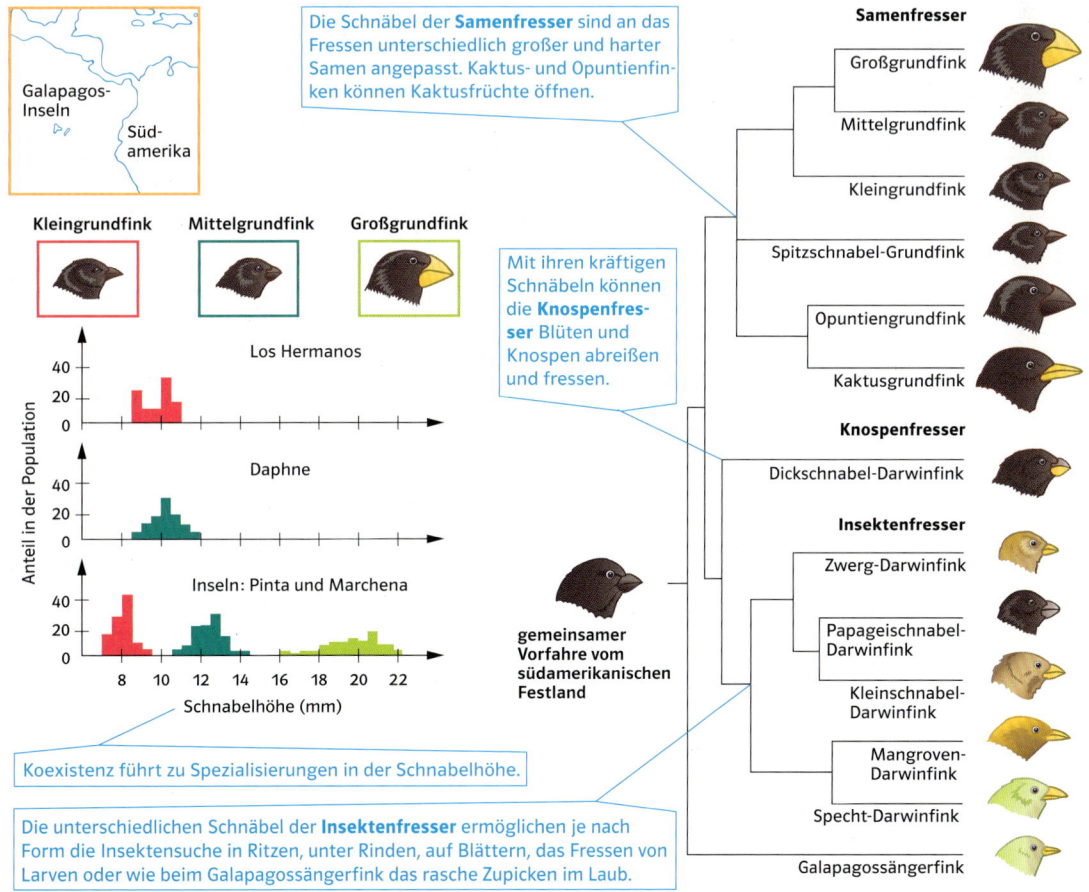

Galapagos-Inseln
Südamerika

Die Schnäbel der **Samenfresser** sind an das Fressen unterschiedlich großer und harter Samen angepasst. Kaktus- und Opuntienfinken können Kaktusfrüchte öffnen.

Kleingrundfink   Mittelgrundfink   Großgrundfink

Anteil in der Population

Los Hermanos
40
20
0

Daphne
40
20
0

Inseln: Pinta und Marchena
40
20
0

8   10   12   14   16   18   20   22
Schnabelhöhe (mm)

Mit ihren kräftigen Schnäbeln können die **Knospenfresser** Blüten und Knospen abreißen und fressen.

gemeinsamer Vorfahre vom südamerikanischen Festland

Koexistenz führt zu Spezialisierungen in der Schnabelhöhe.

Die unterschiedlichen Schnäbel der **Insektenfresser** ermöglichen je nach Form die Insektensuche in Ritzen, unter Rinden, auf Blättern, das Fressen von Larven oder wie beim Galapagossängerfink das rasche Zupicken im Laub.

Samenfresser
- Großgrundfink
- Mittelgrundfink
- Kleingrundfink
- Spitzschnabel-Grundfink
- Opuntiengrundfink
- Kaktusgrundfink

Knospenfresser
- Dickschnabel-Darwinfink

Insektenfresser
- Zwerg-Darwinfink
- Papageischnabel-Darwinfink
- Kleinschnabel-Darwinfink
- Mangroven-Darwinfink
- Specht-Darwinfink
- Galapagossängerfink

Abb. 7: Sympatrische Artbildung: Aus einer eingewanderten Stammart sind 13 Arten entstanden, die sich auf verschiedene Futterquellen spezialisiert haben. (Je nach Systematik werden manchmal auch 14 verschiedene Arten unterschieden.)

Glossar
[1] **Adaptive Radiation**, vom Lateinischen *adaptare* für anpassen und *radiatus* für ausstrahlend: Prozess der Veränderung und Auffächerung einer ursprünglichen Art in eine Vielzahl neuer Formen.

Basiskonzept
Variabilität, Verwandtschaft, Geschichte und Evolution: Durch den Mechanismus der sympatrischen Artbildung können sich relativ rasch zwei Teilpopulationen herausbilden. Hybridisierungen finden zwar statt, die daraus entstehenden männlichen Zwischenformen werden aber von keinem der beiden Weibchentypen bevorzugt. Man schätzt, dass durch sympatrische Artbildung aus einer Vorläuferart bereits in 100 000 bis 200 000 Jahren neue Arten entstehen können.

5.2 Der Verlauf der Artbildung

Arten können schrittweise oder sprunghaft entstehen

Schrittweise kleine Anpassungen können ebenso zur Bildung neuer Arten führen wie punktuelle, die eine Reproduktionsbarriere ausbilden

Die Darwin'sche Vorstellung von Artbildung wird manchmal als **Gradualismus** bezeichnet: Anpassungen entstehen graduell, schrittweise, als Anhäufung kleiner Änderungen, bis der Punkt erreicht ist, ab dem man von einer neuen Art spricht.

Es gibt aber auch Formen der Änderung, die einen großen Schritt in Richtung Artbildung machen – oder sogar mit einem einzigen Ereignis eine Reproduktionsbarriere entstehen lassen. Evolution durch solche zeitlich begrenzten Schritte nennt man **Punktualismus**. Darwin kannte diese Prozesse nicht, weil dazu Kenntnisse der Genetik nötig sind, die zu seiner Zeit nicht verfügbar waren.

Ein Beispiel dafür ist die oben schon angesprochene **Hybridisierung**: Hybride oder Bastarde entstehen durch Kreuzung nahe verwandter Arten und besitzen eine komplett funktionsfähige Genomhälfte beider Eltern. Das kann oft Vorteile bringen, weil sozusagen das Beste aus zwei Evolutionslinien vorliegt. Oft sind die Hybride dann aber nicht fortpflanzungsfähig, weil deren Nachkommen dann unbalancierte Kombinationen von Eigenschaften aufweisen. In seltenen Fällen können sich zufällig fortpflanzungsfähige Hybriden ergeben, die sich deutlich von den Eltern unterscheiden. Diese punktuelle Evolution ist bei vielen Orchideen, Schmetterlingen oder Korallen nachgewiesen.

Artbildung kann explosiv erfolgen und wiederholt zu Ähnlichem führen

In neuen Lebensräumen können sehr schnell viele neue Arten entstehen, oft auch konvergent

Artbildende Prozesse können auch auf „**explosive**" Art und Weise stattfinden kann, wie zB die adaptive Radiation bei Buntbarschen in den ostafrikanischen Seen (→Abb. 8). Diese Seen sind geologisch jung, dh weniger als 25 Millionen Jahre alt, und nur selten bestanden Verbindung zwischen den Seen, über die wenige Arten einwandern konnte. Daraus sind pro See Hunderte verschiedener Arten entstanden – teils durch sexuelle Selektion neuer Farbmuster (Sympatrie), teils durch Besiedlung von Lebensräumen unterschiedlicher Tiefe und damit einhergehender räumlicher Trennung (Allopatrie). Im Victoriasee sind zB aus einer eingewanderten Buntbarschart etwa 500 neue Arten entstanden, viele davon in weniger als 12 000 Jahren.

Dabei sind in den Seen unabhängig voneinander Arten entstanden, die sich in Körperform, Färbung und Verhalten täuschend ähneln, obwohl die Gründerart je eine andere war (→Abb. 8). Diese Fälle zeigen, wie sich unterschiedliche Arten durch natürliche Selektion unter den gleichen Bedingungen an einem anderen Ort ähnlich spezialisieren. Diese voneinander unabhängige Evolution ähnlicher (analoger) Merkmale hast du schon als **Konvergenz** kennengelernt (→S. 113, sowie am Puls Biologie Band 6, S. 108).

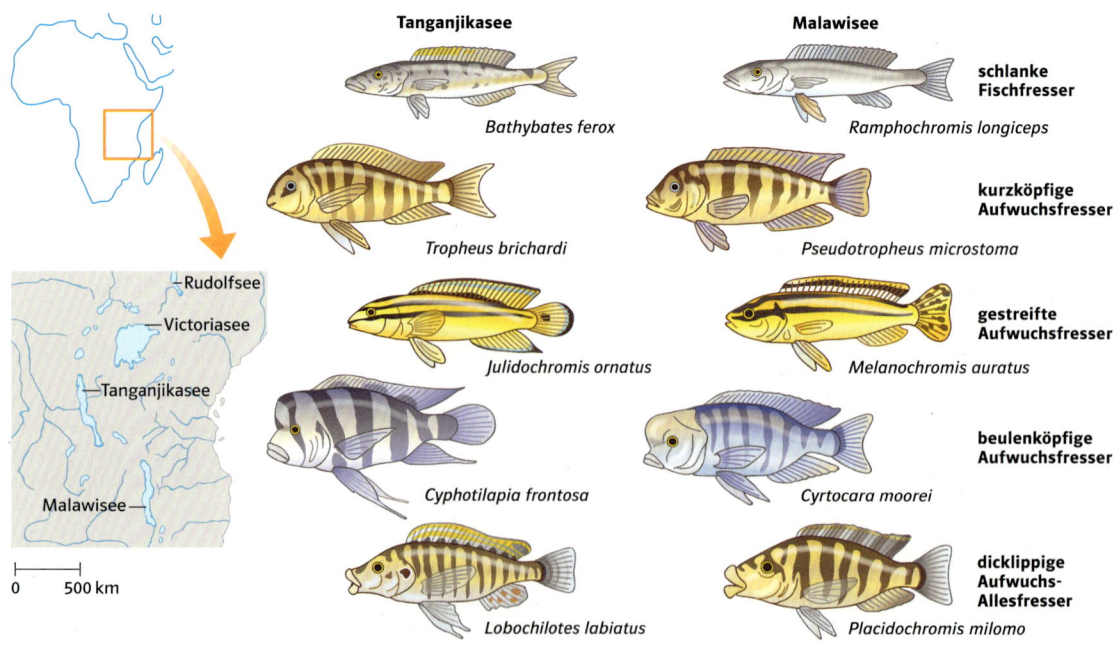

Abb. 8: Buntbarsche zeigen eine ausgesprochene Vielfalt in Farbe, Form und Lebensweise. In den meisten Seen entstanden unabhängig voneinander ähnliche, konvergente Formen.

Biotische Faktoren und Koevolution

Da sich die biotischen Faktoren in einem Ökosystem ständig ändern, wirkt Selektionsdruck auf alle Organismen, die davon betroffen sind

Kompartimentierung

Lebewesen teilen sich ihren Lebensraum mit anderen Arten und stehen mit vielen davon in Wechselwirkung. Sie sind für einander Nahrungsquellen, Krankheitserreger, Symbionten, Parasiten, Fressfeinde, oder Konkurrenten. Durch diese Vielzahl von Einflüssen sind Lebewesen stark voneinander abhängig.

Solche Wechselwirkungen zwischen Lebewesen bezeichnet man als **biotische Faktoren**. Sie bewirken starke Selektion, d.h. sie sind relevant für das Überleben einer Art und damit für die Evolution. Einflüsse, die nicht von anderen Lebewesen ausgeübt werden, bezeichnet man als **abiotische Faktoren** (zB physikalische Rahmenbedingungen wie Luftdruck oder O_2-Gehalt). Auch diese Faktoren sind wichtig für die Evolution, aber sie sind oft über lange Zeiträume weitgehend konstant. Im Gegensatz dazu ändern sich biotische Faktoren ständig – jede Art muss sich laufend an ihre Umgebung anpassen. Evolutionäre Veränderungen einer Art führen daher oft zu einer kompensierenden oder komplementären evolutionären Veränderung einer anderen Art.

Abb. 9 zeigt ein Beispiel einer evolutionären Wechselwirkung zwischen einer Pflanzenart und einer diese Pflanze fressenden Käferart. Durch den Fraßdruck der Käferpopulation haben Pflanzen mit einem giftigen Inhaltsstoff einen Selektionsvorteil – sie werden seltener gefressen und können sich öfter fortpflanzen. Jene Gene, die für das Gift verantwortlich sind, werden in den nächsten Generationen häufiger. Andererseits werden Käferindividuen, die gegen das Gift resistant sind, besser überleben können. Die Resistenz-Gene könnten sich also in der Käferpopulation etablieren. Schließlich könnte bei der Pflanze durch zufällige Mutation ein neuer giftiger In-

haltsstoff auftreten. In der Folge könnten wiederum neue Resistenzen bei den Pflanzenfressern evolvieren.

Das Beispiel von Käfer und Pflanze wirkt wie ein evolutionärer Wettlauf: Neue Anpassungen einer Art ziehen Anpassungen bei der anderen Art nach sich und umgekehrt. Stehen Arten auf diese Weise miteinander in enger evolutionärer Wechselwirkung, so spricht man von Koevolution. Solche evolutionären Wettläufe sind häufig. Gepard und Antilope koevolvieren genauso, wie dies Mensch und Malariaparasit tun. Auch Insekten und Blütenpflanzen, die sich in einer engen Beziehung zum gegenseitigen Nutzen befinden, koevolvieren (→Abb. 10).

Um überleben zu können, müssen sich Arten also immerwährend an andere Arten anpassen. Koevolution hört erst auf, wenn eine der beteiligten Arten ausstirbt oder wenn eine Art einen Ort besiedelt, wo es die andere Art nicht gibt.

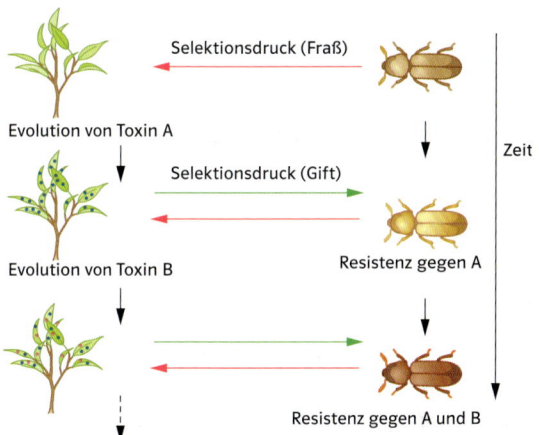

Abb. 9: Wechselseitiger Selektionsdruck. Das Entstehen eines Merkmals bei einer Art führt zu Selektionsdruck auf die andere Art und vice versa.

Will die Hummel an den Nektar am Blütengrund des Wiesensalbeis gelangen, muss sie mit dem Kopf auf diese Platte drücken. Dadurch kippt das Staubblatt ...

... nach unten und belädt den Rücken der Hummel mit Pollen. So gelangt dieser auf die Narbe der nächsten besuchten Blüte.

Wegen der 30 cm langen Blütenröhre der tropischen Orchideenart *Angraecum sesquipedale* sagte Charles Darwin voraus, dass es ...

... eine Nachtfalterart mit einem entsprechend langen Saugrüssel geben müsse. Die Art *Xanthopan morganii* wurde 40 Jahre später entdeckt.

Abb.10: Koevolution kann zur Spezialisierung von Blüten auf eine einzige Bestäuberart führen. Da diese Nahrungsquelle den meisten Konkurrenten verschlossen ist, wird sie von der Bestäuberart intensiv genutzt.

Aufgaben

S 1 Ende von Koevolution: Stirbt ein Partner einer durch Koevolution entstandenen Beziehung aus, hat das meist negative Auswirkungen auf das Ökosystem. Dies gilt für Räuber-Beute-Beziehungen wie für Symbiosen. Versuche, Beispiele dafür zu finden.

S 2 Im Roman „Alice im Wunderland" sagt die Rote Königin zu Alice: „Hierzulande musst du so schnell rennen wie du kannst, um am selben Fleck zu bleiben". Argumentiere, warum Evolutionsbiologinnen und -biologen diese Methapher benutzen, um Koevolution zu beschreiben.

Basiskonzept

Kompartimentierung: Arten bilden abgegrenzte Gemeinschaften mit bestimmten Ansprüchen. Überschneiden sich die Ansprüche mehrerer Arten, kommt es zu einem koevolutionären Wettbewerb oder zu Konkurrenzausschluss (Verdrängung).

5.3 Konsequenzen der Evolution

Unsere Evolutionsgeschichte schränkt die weitere Entwicklung ein

Konstruktive Zwänge verhindern, dass Organismen völlig frei evolvieren und zu optimalen Superorganismen werden

Variabilität, Verwandtschaft, Geschichte und Evolution

Das Zusammenspiel von Mutation und Selektion erklärt die vielfältigen Angepasstheiten von Organismen. Läuft das früher oder später darauf hinaus, dass alle Lebewesen „Optimallösungen" darstellen? Spätestens dann könnte ja auch die genetische Variabilität sinken und schließlich nur ein einziger „optimaler" Genotyp übrig bleiben.

In natürlichen Populationen beobachtet man dies aber niemals. Dort finden wir immer genetische Vielfalt, andauernde evolutionäre Veränderung sowie mehrere Lösungen nebeneinander. Eine Ursache dafür ist, dass Veränderungen in den biotischen und abiotischen Einflüssen einen ständigen evolutionär Wandel notwendig machen – eine Optimallösung bleibt also nicht für immer optimal.

Ein weiterer, wichtiger Grund stellen stammesgeschichtliche Einschränkungen dar, die häufig auch als **konstruktive Zwänge** bezeichnet werden. Beispielsweise sind Vögel mit Schnabel, Füßen und Flügeln sehr geschickt, aber hätten sie zusätzlich noch Arme, dann wären sie unschlagbar.

Doch die Vorfahren der Vögel waren vierbeinige Dinosaurier, und deshalb ist ihr Körperbauplan auf ein zusätzliches Extremitätenpaar nicht ausgelegt.

Auch der Mensch ist seinen konstruktiven Zwängen ausgeliefert. Die Wirbelsäule der Wirbeltiere war ursprünglich eine durchgebogene „Hängebrücke" zwischen Schulter- und Beckengürtel, an der die Organe des Bauchraums aufgehängt waren. Der moderne Mensch richtete die Wirbelsäule auf, um aufrecht zu gehen. Das führte dazu, dass die Wirbelsäule eine doppelte S-förmige Krümmung annahm, um das Körpergewicht zu tragen. Das macht sie jedoch anfällig. Unsere Evolution ist also unter anderem eine Ursache, warum wir Menschen so häufig mit Rückenschmerzen zu kämpfen haben.

Eine Maschine kann man von Grund auf neu konstruieren. Evolutionäre Veränderungen sind dagegen ein „Umbau bei laufendem Betrieb".

Natürliche Selektion führt zu Kompromisslösungen: Trade-offs

Positive Anpassungen haben auch negativen Auswirkungen, daher sind alle Anpassungen Kompromisse

Neben den konstruktiven Zwängen haben Kompromisse zwischen Merkmalen oder negative Kopplungen Einfluss auf die Evolution und schränken die Optimierung ein. Diese Kompromisse werden auch **Trade-offs** genannt. Ein Trade-off liegt vor, wenn ein Aspekt nur verbessert werden kann, indem ein anderer verschlechtert wird.

Dafür gibt es viele Beispiele: Für Tiere wäre es aus evolutionsbiologischer Sicht optimal, möglichst viele möglichst weit entwickelte Nachkommen zu produzieren. Beides zugleich geht aber nicht. Ein Tier, das viele Nachkommen hervorbringt, muss in Kauf nehmen, dass diese weniger entwickelt geboren werden. Ein Tier, das weiter entwickelte Nachkommen produziert, muss zwangsläufig deren Anzahl verringern.

Ähnlich verhält es sich bei Pflanzen: Eine Pflanze, die große Samen produziert, kann nicht gleichzeitig auch viele Samen erzeugen.

Dies erklärt die **Vielfalt der Lebewesen**. Schnelle und langsame, Spezialisten und Generalisten, alle können nebeneinander gleich erfolgreich sein, weil jeder nicht nur Stärken, sondern auch Schwächen besitzt. Als positiver Nebeneffekt bleibt so die genetische Variabilität in der Population erhalten.

Organismen zeigen also viele optimierte Merkmale, Trade-offs und konstruktive Zwänge verhindern aber, dass sämtliche Merkmale optimiert werden und die Evolution zu fehlerlosen Superorganismen führt. Erfolgreich sind Lebewesen, die insgesamt eine möglichst hohe Angepasstheit zeigen.

Aufgabe

W 1 Maulbrüter: Die meisten Fischarten sind Freilaicher, d. h. sie geben Ei- und Spermienzellen ins freie Wasser ab. Die im Atlantik und Mittelmeer vorkommenden Meerbarbenkönige (→Abb. 11) brüten jedoch die befruchteten Eier und Jungtiere im Maul. Recherchiere zum Brutverhalten dieser Fische und beschreibe das Maulbrüten als Teil eines Trade-offs.

Abb. 11: Meerbarbenkönig

Basiskonzept

Variabilität, Verwandtschaft, Geschichte und Evolution: Der „Bauplan" eines Lebewesens ist das Ergebnis eines langen Evolutionsprozesses. Je grundlegender ein Merkmal ist, umso unwahrscheinlicher ist die Änderung. So sind zB Änderungen bei Fellfärbungen oder Krallenformen relativ einfach möglich, die Änderung der Anzahl der Extremitäten hingegen ist nicht möglich (→S. 72).

Evolution zeigt sich an der Zusammensetzung von Populationen

Mit Hilfe der Hardy-Weinberg-Regel kann rechnerisch überprüft werden, ob sich Allelhäufigkeiten ändern, d.h. ob Evolution stattfindet

Warum hat es bis ins 19. Jahrhundert gedauert, bis Evolution „entdeckt" wurde? Das liegt wohl daran, dass der Vorgang nicht gerade offensichtlich ist. Evolution verläuft in der Regel viel zu langsam, um sie mit eigenen Augen beobachten zu können. Daher klingt es überraschend, dass im Jahr 1908 Godfrey Hardy[1] und Wilhelm Weinberg[2] zeigten, dass man mit einer einfachen mathematischen Formel berechnen kann, ob sich in einer Population die Häufigkeit eines Merkmals ändert, ob also bezüglich dieses Merkmals Evolution stattfindet oder nicht.

Die Formel gibt die Phänotyp-Häufigkeiten für alle möglichen Kombinationen der vorhandenen Allele an, unter der Annahme, dass keine Evolution stattfindet. In einer solchen „idealen Population" gäbe es weder Selektion noch Mutation, noch Zu- oder Abwanderung (Migration). Alle Individuen hätten die gleichen Fortpflanzungschancen. Die **Hardy-Weinberg-Regel** sagt aus, dass in einer solchen idealen Population die Allelhäufigkeiten über die Generationen hinweg unverändert bleiben.

Nehmen wir an, eine Ausgangspopulation der Wunderblume bestünde nur aus roten und weißen Blumen (dh rosa käme nicht vor), und es hätten 10% den Phänotyp rot (Genotyp *RR*) und 90% wären weiß (Genotyp *WW*). Die Allelhäufigkeiten sind dann p = 0,1 für das Allel *R* und q = 0,9 für das Allel *W*. Wie du in Abbildung 12 siehst, blieben in der Folgegeneration diese Allelhäufigkei-

ten gleich. Das ist logisch, denn wenn in einer Population alle Individuen die gleichen Fortpflanzungschancen haben, dann sollte sich auch an den Allelhäufigkeiten nichts ändern, also keine Evolution stattfinden.

Abbildung 12 zeigt noch einen weiteren Aspekt der Hardy-Weinberg-Regel: Das Verhältnis der möglichen Genotypen *RR : RW : WW* entspricht in einer **nicht evolvierenden Population** ab der F_1-Generation in allen weiteren Generationen dem Verhältnis $p^2 : 2pq : q^2$. Bei einem Verhältnis der Allelhäufigkeit von 10% *R* (p = 0,1) zu 90% *W* (q = 0,9) – wie in Abbildung 12 – muss das Verhältnis der Genotypen *RR : RW : WW* in allen Generationen somit ebenso 1% : 18% : 81% betragen, für den Fall, dass keine Evolution stattfindet.

Ob das in einer Population wirklich zutrifft, kannst du experimentell prüfen. Dazu muss nur die Anzahl der verschiedenen Genotypen gezählt werden. Daraus berechnest du die Anteile p und q für die beiden Allele *R* und *W*. Mit den Werten von p und q berechne dann die nach der Hardy-Weinberg-Regel zu erwartenden Häufigkeiten der Genotypen *RR* (p^2), *RW* (2pq) und *WW* (q^2). Stimmen die beobachteten Zahlenwerte mit den berechneten überein, ist gezeigt, dass die Population hinsichtlich dieses Merkmals nicht evolviert. Man sagt dann, dass sich die Population im Hardy-Weinberg-Gleichgewicht befindet. Abweichungen hingegen weisen auf Selektionsprozesse hin.

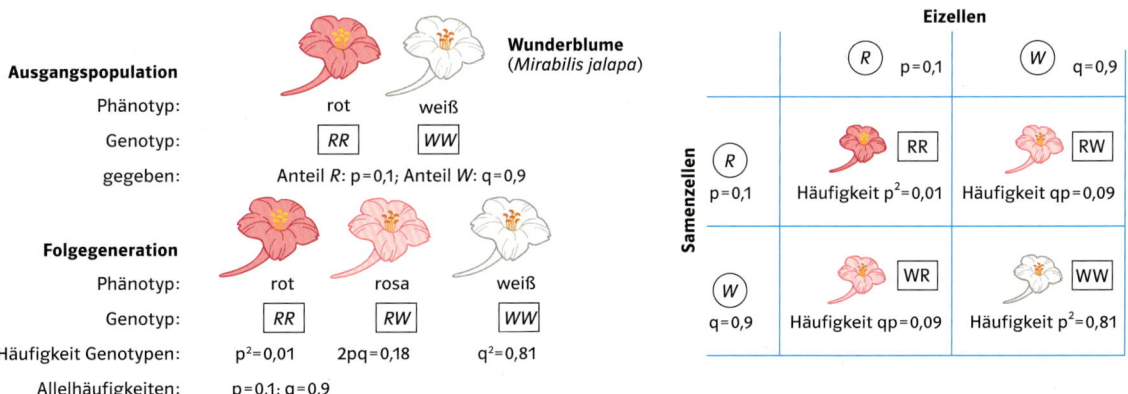

Abb.12: Hardy-Weinberg-Regel. Bei gleichen Fortpflanzungschancen für alle Individuen bleibt die Allelhäufigkeit über die Generationen konstant.

Glossar
[1] Godfrey Hardy (1877–1947), britischer Mathematiker
[2] Wilhelm Weinberg (1862–1937), deutscher Arzt

Aufgabe

S 1 Anwendung der Hardy-Weinberg-Regel: In einer Wunderblumen-Population findest du folgende Ergebnisse. Berechne die Gesamtanzahl der Allele *R* und *W* und die Allelhäufigkeiten *p* und *q*. Berechne daraus die erwarteten Häufigkeiten laut der Hardy-Weinberg-Gleichung. Stimmen die berechneten und beobachteten Zahlen überein? Welchen Schluss kannst du daraus ziehen?

a) Phänotyp (Genotyp)	b) ausgezählte Pflanzen	c) Anzahl Allele
rot (*RR*)	20	40
rosa (RW oder *WR*)	120	240
weiß (*WW*)	60	120
Summe	200	400

Die Evolution von Prachtmerkmalen ist eine Folge sexueller Selektion

Sexuelle Selektion kann dazu führen, dass Attraktivität als Merkmal gefördert wird

Manche Merkmale wirken regelrecht unnatürlich. Der schillernde Blaue Pfau (*Pavo cristatus*, →Abb. 13) ist so ein Beispiel: Das Federkleid der Männchen lockt Weibchen an, scheint aber sonst hinderlich – wie kann so ein Merkmal durch natürliche Selektion in freier Wildbahn entstehen?

Tatsächlich können Pfauenmännchen erheblich schlechter fliegen als die unauffällig befiederten Weibchen. **Prachtmerkmale** dienen den Männchen dazu, ihre Attraktivität und damit ihre Auswahl- oder Verpaarungschancen bei den Weibchen zu erhöhen. Diese Form der Selektion spielt sich also zwischen den Geschlechtern ab und wird daher als **sexuelle Selektion** bezeichnet. Dabei stehen Merkmale im Mittelpunkt, die ein Individuum gegenüber dessen Konkurrenten für das andere Geschlecht attraktiver machen: Gesang, Federkleid, gesundes Aussehen oder Ressourcenangebote wie ein Nistplatz. Diese Selektion kann nun, wie im Beispiel des Pfaus, zwischen den Geschlechtern stattfinden, und wird dann als **intersexuelle Selektion** bezeichnet. Sie kann aber auch innerhalb eines Geschlechts stattfinden, dann spricht man von **intrasexueller Selektion**. Ein Beispiel dafür wären Konkurrenzkämpfe bei Hirschen, die untereinander um Weibchen konkurrieren.

Doch warum sollte ein Weibchen ein „Prachtmännchen" bevorzugen? Die Selektion sollte doch nicht die Prächtigeren auslesen, sondern die besser Angepassten, also zum Beispiel diejenigen, die in einem besseren körperlichen Zustand sind. Tatsächlich besteht hier ein Zusammenhang. Die Weibchen bevorzugen prächtige Männchen, weil nur kräftige und gesunde Männchen es sich leisten können, so viel Energie in „unnötigen" Schmuck zu investieren. Man nennt dies das **Handicap-Prinzip**: Ein Organismus, der trotz Handicap überleben kann, muss besonders lebenstüchtig sein. Das gilt nicht nur für Pfauenfedern, sondern auch für die volle, dunkle Mähne afrikanischer Löwen oder für große Geweihe oder Gehörne vieler Huftiere.

Das Handycap-Prinzip besagt, dass Individuen, die besonders auffällige Prachtmerkmale tragen, dadurch ihre Lebenstüchtigkeit zeigen

Damit sexuelle Selektion funktioniert, müssen die Weibchen die Fähigkeit haben, anhand bestimmter Merkmale echte Qualitätsunterschiede zwischen Männchen zu erkennen.

Dann stehen die Männchen unter dem Selektionsdruck, genau diese Merkmale stärker auszuprägen. Über viele Generationen kann dies zu exorbitanten Prachtmerkmalen führen. Meist wird eine solche Eskalation aber durch die damit verbundenen körperlichen Nachteile verhindert.

Sexuelle Selektion erklärt gut, warum Männchen auf „Stärke" und „Attraktivität" selektiert sind, und warum sie Weibchen umwerben, während letztere ihren Wunschpartner häufig eher auswählen. Durch intra- und intersexuelle Selektion ist im Verlauf der Evolution eine immense Vielfalt an Merkmalen entstanden.

Als Spezialfall der natürlichen Selektion ist die sexuelle Selektion eine treibende Kraft in der Artbildung.

Abb.13: Blauer Pfau: Die Schwanzfedern des Pfauenmännchens scheinen dem Prinzip des „survival of the fittest" zu widersprechen.

Reproduktion

Aufgaben

W 1 Sexuelle vs. natürliche Selektion: Erläutere am Beispiel des Hirschgeweihs, warum natürliche Selektion und sexuelle Selektion gegenläufig wirken können.

E 2 Schwertträger: Experimente mit Schwertträgern, einer Fischart (→Abb. 14), haben gezeigt, dass Weibchen Männchen umso mehr bevorzugen, je länger ihr „Schwert", eine Verlängerung der Schwanzflosse, ist. Sogar kleinere Männchen mit langem, auch aufgeklebtem Schwert werden bevorzugt. Erkläre diesen Befund aus evolutionsbiologischer Sicht. Beschreibe ein Folgeexperiment mit Schwertträgern, das durchgeführt werden müsste, um das Konzept der sexuellen Selektion an diesem Beispiel zu belegen.

Abb.14: Schwertträger

Basiskonzept

Reproduktion: Sowohl inter- als auch intrasexuelle Selektion beziehen sich vor allem auf sekundäre Geschlechtsmerkmale.

Ist es besser, lange zu leben?

Lange Lebensdauer bedeutet späte Fortpflanzung, und umgekehrt – und kann ein Vorteil oder ein Nachteil sein

Individuen zeigen einen starken Selbsterhaltungstrieb, um möglichst lange zu leben. Und doch variiert die Lebensdauer bei Vielzellern von wenigen Tagen, wie zB bei Rädertierchen, bis zu Jahrtausenden bei manchen Baumarten. Hier besteht ein Unterschied zwischen dem Bedürfnis eines Individuums und dem, was optimal ist für eine Art. Ist die Lebensdauer ein durch Selektion angepasstes Merkmal?

Experimente an Bakterien, Taufliegen, Fadenwürmern und Mäusen zeigen: Wenn sich nur ältere Tiere vermehren, setzt die Alterung später ein und die Lebensdauer erhöht sich. Dafür wird aber auch die Geschlechtsreife später erreicht

und die Fruchtbarkeit nimmt ab. Im alternativen Experiment passiert das Gegenteil (→Abb. 15).

Der **Zusammenhang zwischen Lebensdauer und Fortpflanzung** lässt sich so deuten: Wenn ein Individuum bereits im jungen Alter die Mehrzahl seiner Nachkommen aufziehen kann, verliert sein späterer Lebensabschnitt an Bedeutung für die Fitness. Bestehen zudem große Risiken für eine Art (zB Fressfeinde), ist es ein Vorteil, sich frühzeitig fortzupflanzen. Fertilität und Lebensdauer stellen ein Trade-off (→S. 106) dar. Es gibt also keine generell optimale Lebensdauer, diese hängt von vielen Faktoren ab und wird durch die Selektion angepasst.

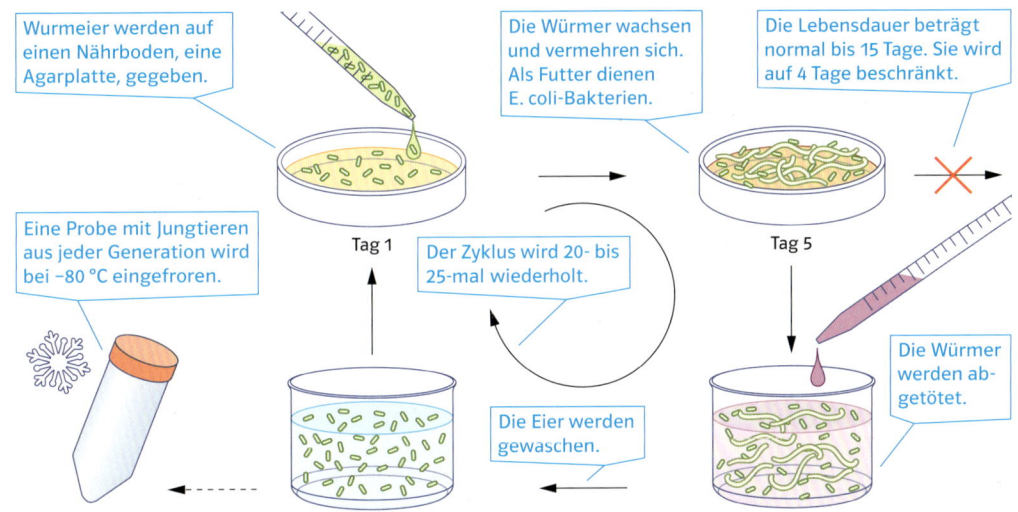

Wurmeier werden auf einen Nährboden, eine Agarplatte, gegeben.

Die Würmer wachsen und vermehren sich. Als Futter dienen E. coli-Bakterien.

Die Lebensdauer beträgt normal bis 15 Tage. Sie wird auf 4 Tage beschränkt.

Eine Probe mit Jungtieren aus jeder Generation wird bei −80 °C eingefroren.

Tag 1

Der Zyklus wird 20- bis 25-mal wiederholt.

Tag 5

Die Würmer werden abgetötet.

Die Eier werden gewaschen.

Abb. 15: Selektion auf Lebensdauer. Bei Selektionsexperimenten mit dem Fadenwurm *Caenorhabditis elegans* unterliegt die Population einer künstlichen Selektion, nur junge Tiere können sich fortpflanzen. Nach 20 bis 25 Generationen werden die eingefrorenen Tiere aufgetaut und vermehrt. Dabei zeigt sich, dass die Tiere der späteren Generationen weniger alt werden, aber früher geschlechtsreif.

Evolution und Komplexität

Evolution führt nicht automatisch zu immer höherer Komplexität, dazu ist es schwierig Komplexität zu messen oder zu definieren

Gerne sehen wir den Menschen als ein sehr komplexes, fortgeschrittenes Lebewesen. Hohe Komplexität ist aber nicht unbedingt eine Konsequenz der Evolution.

Auch wenn der Mensch evolutionär betrachtet enorm erfolgreich ist und sich über die gesamte Erde ausbreiten konnte, sind die allermeisten Lebewesen nach wie vor sehr einfach gebaut. Die **Vielfalt der Mikroorganismen**, von denen die meisten kaum komplexer sind als Cyanobakterien, hat stärker zugenommen als jene der Vielzeller.

Ein weiteres Indiz ist die **Anzahl der Gene**: Manche Einzeller wie *Paramecium* besitzen mehr Gene als wir Menschen – hier stellt sich die Frage, wie wir Komplexität definieren bzw. messen. Auch die **Morphologie** oder die **Anzahl unterschiedlicher Zelltypen**, die ein Organismus besitzt, werden dazu benutzt, um Komplexität zu messen. Es gilt auch zu bedenken, dass die Evolution nicht Komplexität fördert, sondern

Effizienz. Folglich ist es nicht verwunderlich, dass viele Strukturen im Lauf der Evolution wieder reduziert werden: In der Evolution von Bakterien gingen wiederholt Gene verloren, die diese nicht brauchten.

Auch wenn wir uns aufgrund unserer Intelligenz als fortschrittlich sehen, übertreffen uns viele Lebewesen in **anderen Eigenschaften**: Viele Tiere laufen, fliegen, schwimmen, riechen, hören und sehen besser als wir. Hat Intelligenz nun einen besonderen Anpassungswert, oder ist dies nur eine von vielen Möglichkeit, in einer ständig variierenden Umwelt zu überleben?

Außerdem ist der Mensch stammesgeschichtlich sehr jung. Viele „einfache" Mikroorganismen haben, im Gegensatz zum Menschen, bereits Aussterbeereignisse in der Erdgeschichte überlebt. Ob die enorme geistige Fähigkeit nun eine gelungene Krönung oder ein misslungenes Experiment der Evolution ist, wird davon abhängen, wie der Mensch damit umgeht.

Das Dilemma mit Nahrung und Furcht vor Feinden

Kann man experimentell überprüfen, welche Verhaltensstrategie optimal ist?

Trade-offs sind gut erforscht, zum Beispiel an Populationen von Pflanzenfressern. Ein Standort mit gut bekömmlichen Nahrungspflanzen ohne Fressfeinde wäre für sie optimal. Ein solcher Standort existiert aber nicht, oder wäre schnell abgeweidet. An vielen Standorten mit geringer Gefahr durch Fressfeinde sind gute Futterpflanzen rar. Umgekehrt gibt es viele Standorte mit reichhaltigem Futter, doch großer Gefahr durch Fressfeinde. Bevorzugen Pflanzenfresser dann eher die Variante „sicher, aber wenig ergiebig" oder die Variante „gefährlich, aber sehr ergiebig"?

Mit Hilfe von Experimenten kann man überprüfen, wie Tiere einen Ausweg aus diesem Dilemma finden. Zwergkaninchen ernähren sich in kalifornischen Wüstenarealen vorwiegend vom Wüsten-Beifuß. An offenen und gut einsehbaren Standorten sind die Zwergkaninchen beim Fressen von Kojoten und Uhus bedroht. An gut abgeschirmten Standorten mit Bebuschung ist diese Bedrohung viel geringer. Allerdings weisen die Nahrungspflanzen hier eine höhere Konzentration an Cineol auf. Cineol ist ein unbekömmlicher Inhaltsstoff, der den Zwergkaninchen zusetzt. Gutes Futter ist daher an sicheren Plätzen kaum zu finden.

Bevorzugen die Tiere einen Standort ohne Feinddruck, aber mit minderwertiger Pflanzennahrung oder einen Standort mit Feinddruck und guter Pflanzennahrung?

Zwei alternative Hypothesen wurden experimentell überprüft:

1. Im Laufe der Evolution haben die Individuen in einer Population eine optimale Verhaltensstrategie entwickelt.

2. Im Laufe der Evolution haben sich mehrere gleichwertige Kompromisslösungen entwickelt.

Methode

In Laborversuchen wurden neun Individuen aus einer Wildpopulation von Zwergkaninchen zwei Futteroptionen angeboten:

1. Wüsten-Beifuß mit geringem Cineolgehalt aus einer offenen Landschaft. Dieses Futter wurde ohne Versteckmöglichkeit dargeboten.

2. Wüsten-Beifuß aus einer Landschaft mit guten Versteckmöglichkeiten, aber mit einem höheren Cineolgehalt. Dieses Futter wurde mit Versteckmöglichkeit dargeboten.

Ergebnis & Schlussfolgerung

Die neun Individuen nutzten die beiden Futteroptionen sehr unterschiedlich (→Abb. 16). Es hat sich in der Population also nicht eine optimale Verhaltensstrategie entwickelt, die von allen Kaninchen gleichermaßen angewandt wird, sondern vielmehr mehrere Kompromisslösungen. Die Ergebnisse stützen daher nicht Hypothese 1, sondern Hypothese 2.

Wie eine Vielzahl solcher Experimente gezeigt hat, führt die Evolution nicht immer zum Bestehen einer Optimalstrategie. Eine solche würde zB bestehen, wenn alle Zwergkaninchen zu 2/3 ihres Futters an versteckten Futterplätzen und 1/3 an ausgesetzten Futterplätzen aufnehmen würden. Stattdessen existiert häufig eine Palette gleichwertiger Verhaltensweisen.

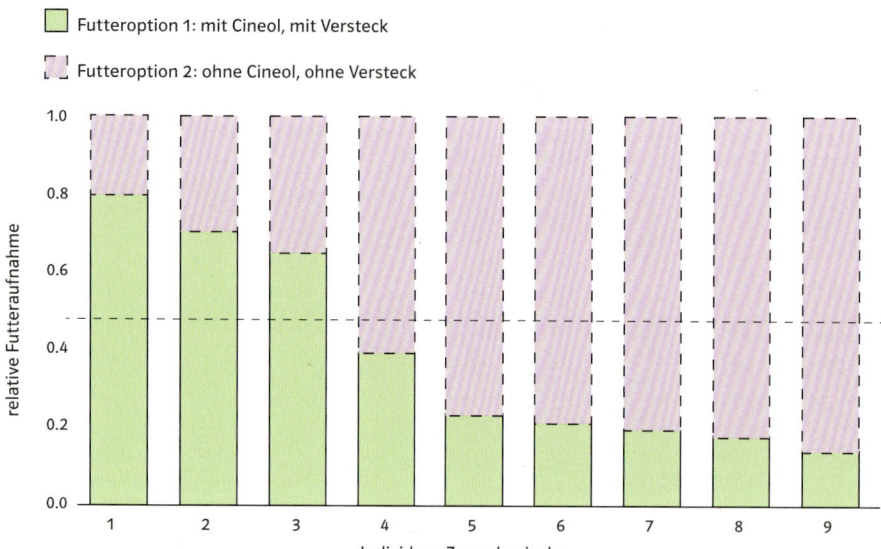

☐ Futteroption 1: mit Cineol, mit Versteck

☐ Futteroption 2: ohne Cineol, ohne Versteck

Abb. 16: Versuchsergebnisse. Die unterschiedlichen Individuen nutzten die angebotenen Futtermöglichkeiten sehr unterschiedlich.

Literatur:

Utz, J. L.; Shipley, L. A.; Rachlow, J. L.; et al.: Understanding tradeoffs between food and predation risks in a specialist mammalian herbivore. In: Wildlife Biology. 2016, Nr. 22, S. 167–174

Aufgabe

E 1 Auch in unserem Alltag hindern Trade-offs uns daran, „alles zu haben". Erkläre am Beispiel des Taschengelds, was ein Trade-off ist. Zeige, dass dadurch zB eine individuelle Vielfalt an Elektronik, Kleidung und Sportaktivitäten erzeugt wird.

Basiskonzept

● **Variabilität, Verwandtschaft, Geschichte und Evolution:** Vielleicht denkst du, dass der Versuch seltsam wirkt – warum wählt man gerade einen unbekömmlichen Stoff für gut verfügbare Pflanzen? Diese Situation ist auch der Natur nachempfunden und ist eine Folge einer koevolutionären Anpassung (→S. 105): Pflanzen, die leicht zu fressen sind, müssen sich schützen – und die Evolution hat in diesen Fällen die Entwicklung „chemischer Waffen" gefördert.

Koevolution von Pflanzen und Bestäubern

Artbildung bei den Ragwurzen

Damit Pflanzen sich sexuell fortpflanzen können, ist oft ein weiterer Beteiligter nötig: Der Pollen einer Pflanze muss irgendwie auf die Narbe einer anderen Pflanze derselben Art übertragen werden. Viele Pflanzenarten bedienen sich dabei der Hilfe von Tieren, meist von Insekten, die sie mithilfe unterschiedlicher Tricks anlocken. Pflanzen bieten zB süßen Nektar an, und während die Tiere sich diesen holen, nehmen sie den Pollen auf, und verbreiten ihn so weiter.

Dabei haben sich durch **Koevolution** häufig sehr spezielle **Pflanze-Tier-Paare** gebildet. Bei manchen Arten ist die Spezialisierung so weit fortgeschritten, dass nur eine einzige Art als Bestäuber geeignet ist (→S. 105, Abb. 10).

Evolutionsbiologinnen und -biologen an der Universität Zürich forschen an zwei sehr eng verwandten Ragwurzarten, die von zwei unterschiedlichen Bienenarten bestäubt werden: Der **Spinnenragwurz** *(Ophrys sphegodes)* und der **Adriatischen Ragwurz** *(Ophrys exaltata)*. Die Ragwurzen gehören zu den Orchideen, und locken ihre Bestäuber durch ihr insektenähnliches Aussehen und durch Sexuallockstoffe, die sie produzieren, an. Die Bienenmännchen halten die Blüten der Orchideen aufgrund des Dufts und Aussehens für Bienenweibchen, und versuchen, sich mit ihnen zu paaren – dabei übertragen sie den Pollen.

Unterschiedliche **Bestäuberinsekten** führen dazu, dass die Artgrenze zwischen den beiden eng verwandten Ragwurz-Arten aufrecht erhalten bleibt, und dass es zu keiner Vermischung der Genpools kommt.

Die Forscherinnen und Forscher konnten zeigen, dass nur geringe molekulare Unterschiede in den Sexuallockstoffen der beiden Ragwurz-Arten für das Anlocken der unterschiedlichen Bienenarten verantwortlich sind. Die Duftstoffe unterscheiden sich in ihrer chemischen Struktur geringfügig in der Position ihrer Doppelbindungen. Verursacht werden diese Unterschiede durch ein bestimmtes Gen mit dem Namen SAD2, das dafür codiert, dass Doppelbindungen eingefügt werden.

Dieses Gen funktioniert also als „**Barriere-Gen**", das dank der unterschiedlichen Sexuallockstoffe, die so produziert werden, zur Anlockung von zwei verschiedenen Bienenarten führt. So wird eine **Reproduktionsbarriere** zwischen den beiden Ragwurz-Arten erzeugt und aufrecht erhalten.

Dieses Beispiel zeigt, dass bereits eine Mutation, die ein Gen, oder wenige Gene, betrifft, und eine kleine biochemische Änderung verursacht, ausreichen kann, um den Genfluss zu unterbrechen, Reproduktionsbarrieren zu schaffen, und so zum Entstehen von neuen Arten zu führen.

Abb. 17: Spinnenragwurz und Adriatische Ragwurz. Diese beiden eng verwandten Arten gehören zu den Orchideen.

Aufgaben

E 1 Diskutiere, um welche Form der Artbildung (allopatrisch vs. sympatrisch) es sich im Beispiel der Ragwurzen handelt. Lies dazu noch einmal die Definitionen der allopatrischen und sympatrischen Artbildungen auf den Seiten 102–103 nach.

W 2 Die Hummel-Ragwurz, eine heimische Orchideenart (→Abb.18), ahmt mit einem Blütenblatt den Geschlechtspartner von Hummeln nach. Außerdem sendet sie einen Stoff aus, der dem Sexuallockstoff der Hummeln entspricht. Erkläre, wie diese Merkmale durch Koevolution entstanden sind. Finde den wissenschaftlichen Namen dieser Pflanze heraus.

Abb.18: Hummel-Ragwurz

W 3 Die erwähnte Studie über die beiden Ragwurzen wurde 2011 im Wissenschaftsjournal *PNAS* unter dem Titel „Stearoyl-acyl carrier protein desaturases are associated with floral isolation in sexually deceptive orchids" veröffentlicht. Finde die Studie im Internet und recherchiere die Namen der beiden beteiligten Bestäuberinsektenarten.

Basiskonzept

Variabilität, Verwandtschaft, Geschichte und Evolution: Eine geographische Barriere ist nicht unbedingt notwendig, damit neue Arten entstehen können. Auch eine kleine Mutation, die Einfluss auf den Genfluss in einer Population hat, und eine Reproduktionsbarriere innerhalb der Population erzeugt, kann zu einer Artbildung führen.

Kompetenz-Check: Die Entstehung der Artenvielfalt

Was hast du in diesem Kapitel gelernt?

Lösungen
🌐 72m5wf

✓ Du weißt, welche Möglichkeiten die Biologie nutzt, um den Artbegriff zu definieren, und kennst Vor- und Nachteile der verschiedenen Begriffe.

✓ Du hast gelernt, was sexuelle Selektion ist und warum sich in der Evolution Prachtmerkmale bilden können.

✓ Du kannst die Vorgänge erklären, die zur Artbildung führen, und kannst diese anhand von Beispielen erläutern.

✓ Du kennst Isolationsmechanismen und weißt, wie Reproduktionsbarrieren entstehen.

✓ Du kannst die Rolle konstruktiver Zwänge und Trade-offs erklären und kannst Argumente nennen, warum evolutionäre Vorteile auch Nachteile mit sich bringen.

✓ Du hast gelernt, dass der Nachweis von Evolution in Bezug auf ein Merkmal über die Hardy-Weinberg-Regel belegbar ist. Du weißt auch, dass praktisch immer Evolution stattfindet.

✓ Du verstehst, dass langes Leben oder Komplexität evolutionär betrachtet nicht notwendigerweise „gut" sein müssen, sondern dass Evolution die optimale Anpassung an die jeweilige Umwelt fördert.

Du kannst dir Fachwissen aneignen und kommunizieren

W 1 Erkläre die folgenden Begriffe: Binäre Nomenklatur, Schwesterarten, Reproduktionsbarriere, Adaptive Radiation, Gradualismus, Punktualismus, Koevolution.

W 2 Jeder der drei Artbegriffe nutzt andere Kriterien zur Beurteilung, welche Individuen zu einer Art gehören. Erstelle eine Übersicht zu diesen verschiedenen Kriterien.

W 3 Nenne die Unterschiede zwischen allopatrischer und sympatrischer Artbildung.

Du kannst Erkenntnisse gewinnen

E 1 Männchen der Stichlinge weisen zur Balzzeit eine auffällige rote Färbung im Kehl- und Bauchbereich auf (Abb. 19). Weibchen bevorzugen bei der Fortpflanzung intensiver gefärbte Männchen.

a. Erkläre, warum die rote Balzfärbung aus Sicht der Evolutionstheorie als Kompromiss oder Trade-off betrachtet werden muss.

b. Stichlinge sind anfällig gegenüber Infektionen mit Bandwürmern. An 20 Männchen, die jeweils mit demselben Weibchen verpaart wurden, hat man die in Abbildung 19 dargestellten Daten gewonnen. Werte diese Daten vor dem Hintergrund der intersexuellen Selektion aus.

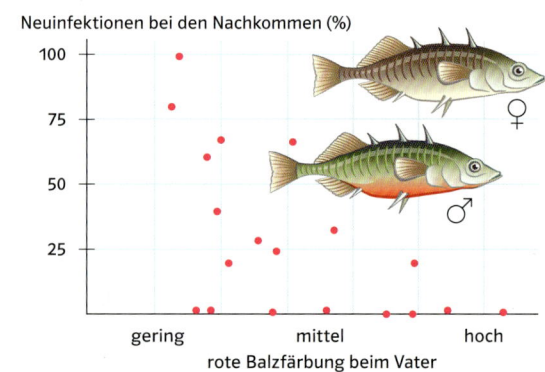

Abb. 19: Bandwurminfektionen bei Stichlingen in Abhängigkeit von der Balzfärbung

E 2 Die Säugetierarten Australiens, wie zB das Känguru und der Beutelmull, haben eine einzigartige Frühentwicklung: Sie gebären wenige Millimeter kleine Jungtiere, die dann in einem Brutbeutel gesäugt werden. Anders als bei Beuteltieren verläuft die Frühentwicklung bei den Säugetierarten anderer Kontinente. Sie ernähren den Nachwuchs sehr lange in der Gebärmutter über die Plazenta und gebären dann weit entwickelte Jungtiere. Ein Brutbeutel fehlt.

Der australische Beutelmull sieht dem europäischen Maulwurf sehr ähnlich (→Abb. 20). Beurteile, ob diese Ähnlichkeit auf Verwandtschaft oder auf Konvergenz beruht, und begründe deinen Standpunkt.

Beutelmull

Maulwurf

Abb. 20: Beutelmull und Maulwurf.

E 3 In einer Population von 100 Hasen haben 19 Hasen eine dominant vererbte Krankheit, die durch ein einzelnes Gen mit 2 möglichen Allelen vererbt wird. Das krankmachende Allel ist *G*, das gesunde Allel ist *g*. Von den kranken Hasen haben 15 den Genotyp *Gg*, 4 haben den Genotyp *GG*. Da die Krankheit erst nach der Geschlechtsreife ausbricht, beeinträchtigt sie die Fortpflanzungschancen nicht.

Berechne die Allelhäufigkeiten von *G* und *g* in der Population. Argumentiere, ob der Anteil kranker Tiere in den Folgegenerationen zunehmen wird. Berechne die erwarteten Häufigkeiten für die Phänotypen gemäß Hardy-Weinberg-Regel und erläutere, ob in dieser Population Evolution stattfindet.

Du kannst Standpunkte begründen und reflektiert handeln

S 1 Nimm Stellung dazu, wie „frei" Evolution ist, wenn Arten unabhängig voneinander (an anderen Orten) zu den gleichen ökologischen Lösungen und analogen Körperformen kommen, wie im Beispiel der Buntbarsche in den ostafrikanischen Seen (→S. 104).

S 2 **a.** Charles Darwin war von der Artenvielfalt der Galapagosfinken beeindruckt. Nenne die Bedingungen, welche die Bildung einer solchen Vielfalt aus einer Stammart begünstigen. Vielen Inseln und Inselgruppen kommt für den Erhalt der globalen Biodiversität eine besondere Bedeutung zu. Erkläre diesen Sachverhalt.

b. Gleichzeitig sind Inseln häufig beliebte Urlaubsziele. Leite aus deinem Wissen über Artbildung und Wechselwirkungen zwischen Arten Empfehlungen ab, wie ein Inseltourismus aus naturschutzfachlicher Sicht gut gestaltet werden könnte.

S 3 DNA-Analysen können aufklären, welche Individuen zur selben Art gehören. Sie spielen daher bei der Erforschung der Artenvielfalt eine wichtige Rolle. Erörtere Vor- und Nachteile dieser Methode gegenüber der klassischen Artbestimmung anhand äußerlich sichtbarer Merkmale.

6. Bio- und Gentechnik

Du lernst in diesem Kapitel ...

Bonusmaterial
🌐 a8v2e6

W Wissen organisieren

... Du lernst verschiedene Züchtungsmethoden bei Nutzpflanzen und -tieren kennen.

... Du lernst bio- und gentechnische Verfahren kennen und Bio- und Gentechnik voneinander zu unterscheiden.

... Du erfährst, wie Gentransfer zwischen Organismen möglich ist und wie Gene verändert werden können.

E Erkenntnisse gewinnen

... Du erfährst, wie molekularbiologische Methoden funktionieren, zB der genetische Fingerabdruck, das Sequenzieren oder die Genkartierung.

... Du wirst erkennen, wovon die Treffsicherheit des genetischen Fingerabdrucks abhängt.

S Schlüsse ziehen

... Du lernst am Beispiel des Gentransfers, Modellkritik zu üben.

... Du lernst Argumente für und wider die grüne Gentechnik kennen und entwickelst daraus einen eigenen Standpunkt.

... Ausgehend von Recherchen wirst du eine Haltung zu Gentherapie und Sterbehilfe entwickeln können.

» Tierversuche in der Forschung?

Am 13. Mai 1992 erteilte das Europäische Patentamt einer Forschungsgruppe der Universität Harvard ein ganz besonderes Patent: eine gentechnisch veränderte Maus mit einem menschlichen Brustkrebsgen. Dieses Patent ging als „Krebsmaus" in die Wissenschaftsgeschichte ein – und ist bis heute höchst umstritten.

Kritikerinnen und Kritiker argumentieren, dass mit solchen Ansätzen die Zahl der Tierversuche stark gestiegen sei und man generell kein Recht hätte, Lebewesen zu patentieren.

Viele Wissenschaftsgruppen sind anderer Ansicht: Die gezielte Veränderung von Genen oder gar der Einbau artfremder Gene in gut zu untersuchende Versuchstiere erlaube es, Krankheiten und ihre Entstehung wesentlich besser zu verstehen – und dann entsprechende Therapien zu entwickeln.

Darf man Gene einer Art in Lebewesen einer anderen Art einsetzen? Die Gentechnik hat viele Erfolge vorzuweisen, wie du in diesem Kapitel lesen wirst. Doch gibt es dabei auch kritikwürdige Entwicklungen. Mit solchen Fragen setzt sich die Bioethik auseinander. Am Ende dieses Kapitels wirst du dazu aufgerufen sein, über ethisch strittige Fragen nachzudenken und eine Haltung dazu zu entwickeln.

6.1 Züchtung von Pflanzen und Tieren

Förderung gewollter und Unterdrückung ungewollter Eigenschaften

Züchtung als Voraussetzung einer stabilen Versorgung mit Nahrung

Nahrung ist oft knapp. Dies ist der entscheidende Grund, warum die Menschheit, seit sie weitgehend sesshaft geworden ist, Pflanzen und Tiere zu züchten versucht, die **mehr Ertrag** bringen als ihre natürlichen Vorläufer. Mit „Ertrag" sind Korngröße und -menge, Eiweißgehalt (zB bei Bohnen), Milchproduktion, Fleisch etc. gemeint.

Klassische Züchtung beruht darauf, dass man **gewollte Eigenschaften einer Pflanzensorte oder Tierrasse verstärkt** und/oder mit anderen gewünschten Eigenschaften **kombiniert**.

Umgekehrt werden **ungewollte Eigenschaften** (zB bitterer Geschmack beim wilden Raps) durch Züchtung **eliminiert**.

Züchtung kann aber nur funktionieren, wenn es **genetische Variation** gibt, aus der man auswählen kann.

Zudem ist zu beachten, dass **viele Merkmale polygen** sind: So wird der Fett- und Proteingehalt der Milch von den Produkten mehrerer Gene beeinflusst.

Klassische Züchtungsformen bei Pflanzen

Auslese-, Kreuzungs- und Hybridzüchtung sind klassische Zuchtverfahren

Bei der **Auslesezüchtung** wird darauf geachtet, dass nur die Pflanzen Samen produzieren, die das gewünschte Merkmal tragen. Andere werden an der Samenbildung gehindert. Das geschieht über viele Generationen. **Selbstbestäubende** Pflanzen (zB Weizen und Erbse) und Pflanzen wie die Erdbeere, die sich **vegetativ (klonal)** vermehren, sind hierbei einfacher zu handhaben.

Bei Pflanzen, die auf **Fremdbestäubung** angewiesen sind (zB Roggen) ist dies schwieriger: Hier müssen entweder ausreichend Individuen mit der gewünschten Ausprägung eines Merkmals in unmittelbarer Nähe wachsen oder die Narben werden **künstlich bestäubt** mit Pollen von Pflanzen, die das gewollte Merkmal aufweisen. Ein Beispiel für Auslesezüchtung zeigt Abb. 1.

Die Kombination von erwünschten Eigenschaften verschiedener Individuen erreicht man durch **Kreuzungszüchtung**. So kreuzte man eine ertragreiche, jedoch frostempfindliche Weizensorte aus England mit einer wenig ertragreichen, aber frostertragenden Weizensorte aus Schweden zum „Panzer-Weizen". Er bringt einerseits reiche Frucht und ist andererseits winterhart.

Bei der **Hybridzüchtung** werden genetisch unterschiedliche Pflanzen gekreuzt, die aber jeweils weitgehend homozygot sind. Homozygotie wird erreicht, indem wiederholt Individuen der gleichen Abstammungslinie miteinander gekreuzt werden. Damit erreicht man eine Selektion auf bestimmte Eigenschaften. Allerdings bewirkt diese **Inzucht** oft eine **herabgesetzte Fruchtbarkeit**.

Die Nachkommen, die aus der Hybridzüchtung hervorgehen, sind heterozygot, was oft eine verstärkte Ausprägung der gewünschten Merkmale nach sich zieht und als **Heterosiseffekt** bezeichnet wird. So könnten Heterosis-Pflanzen eine erhöhte Resistenz gegenüber Hitze zeigen, wenn die entsprechenden Stoffwechselproteine, die von jedem Allel gebildet werden, unterschiedliche Temperaturoptima aufweisen. Allerdings schwächt sich dieser Effekt bei jeder Generation ab, da es immer wieder auch reinerbige Nachkommen geben wird (→S. 38 ff.). Zudem treten dadurch zum Teil ungünstigere Eigenschaften der Eltern wieder zutage (**Inzuchtdepression**). Deswegen werden fast ausschließlich die Samen der direkten Kreuzungsnachkommen gesät.

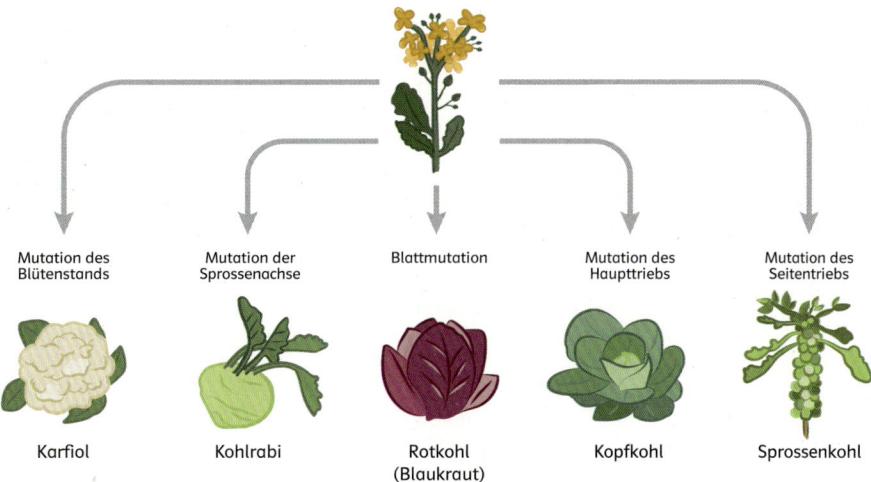

Wildkohl

Mutation des Blütenstands — Karfiol

Mutation der Sprossenachse — Kohlrabi

Blattmutation — Rotkohl (Blaukraut)

Mutation des Haupttriebs — Kopfkohl

Mutation des Seitentriebs — Sprossenkohl

Abb.1: Auslesezüchtung brachte aus dem Wildkohl durch spezifische Selektion einzelner Merkmale eine Vielzahl neuer Kohlformen hervor.

Zuchtziele beim Rind

Aus dem wilden Auerrind züchtete der Mensch das Hausrind; es konnte Arbeit verrichten und ist ein wichtiger Milch- und Fleischlieferant

Variabilität, Verwandtschaft, Geschichte und Evolution

Wie bei den Pflanzen gibt es in der Tierzucht **Auslese-, Kreuzungs- und Hybridzüchtung**. Letztere wird in der Tierzucht oft als „Gebrauchszüchtung" bezeichnet.

Bei der **Domestizierung**[1] des **Auerrinds** vor ca. 10 000 Jahren ging es vermutlich zunächst darum, Tiere zu schaffen, die man für Arbeiten wie das Pflügen einsetzen konnte. Schließlich war das Auerrind mit den großen, spitzen Hörnern gefährlich. Genetische Untersuchungen eines internationalen Forschungsteams lassen darauf schließen, dass die heutigen Hausrindrassen von 80 Auerrindkühen im Nahen Osten abstammen – und dass es ungefähr 2 000 Jahre dauerte, bis aus dem wilden Auerrind das weitgehend zahme Hausrind geworden war.

Nach erfolgreicher Domestizierung dürften sich die Zuchtziele geändert haben: Es wuchs nun das Interesse an **Fleisch- und Milchproduktion.** Das brachte anatomische Veränderungen mit sich: Der Rumpf wurde länger und massiger, die Beine kürzer, das Euter voluminöser. Bei einigen Rassen sind die Hörner verkleinert.

Die mit Abstand wichtigste Rasse mit ca. 1,5 Millionen Tieren (76 % aller Rinder) ist in Österreich das **Fleckvieh** (→Abb. 3). Laut Rinderzucht Austria kann es „als milch- oder fleischbetonte Doppelnutzungsrasse, als ausgezeichneter Kreuzungspartner in der Mutterkuhhaltung und Fleischproduktion sowie als **Gebrauchskreuzung** für die Milchproduktion eingesetzt werden".

Das Fleckvieh ist **sehr anpassungsfähig, fruchtbar und langlebig**. Derzeit liegt das Augenmerk bei der weiteren Züchtung zu 38 % auf der Milch-, zu 18 % auf der Fleischproduktion und zu 44 % auf der Fitness. Erwünscht sind Kühe mit einer Milchabgabe von mindestens 7000 Kilogramm pro Jahr und einem Gehalt von 4,2 % Fett und 3,7 % Eiweiß.

Diese Zahlen verdeutlichen, wie stark Nutztiere zu einer Art Lebensmittelfabrik geworden sind. Das wird noch klarer, wenn du die Grafik in Abbildung 2 betrachtest. Die Milchleistung österreichischer Kühe wurde in den vergangenen Jahrzehnten enorm gesteigert. Das liegt allerdings auch am Kraftfutter und der intensiven Haltung (siehe Band 5). Kühe in extensiver Haltung liefern oft wesentlich weniger Milch. Die **Steigerung der Milchproduktion** betrug seit 1950 im Schnitt 67 kg pro Kuh und Jahr.

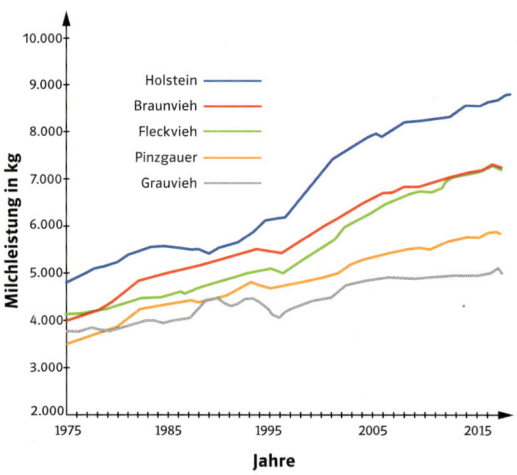

Abb. 2: Entwicklung der Milchleistung pro Kuh und Jahr bei verschiedenen Rassen (Quelle: Zentrale Arbeitsgemeinschaft Österreichischer Rinderzüchter).

Abb. 3: Oben: Fleckvieh, unten: Braunvieh.

Glossar

[1] **Domestizierung (oder Domestikation):** (lat. domesticus = häuslich); Zuchtprozess, bei dem aus wilden Tieren und Wildpflanzen Nutztiere bzw. Nutzpflanzen erzeugt werden; dafür ist eine genetische Isolierung von den wilden Formen sowie ein Ausleseprozess für bestimmte Merkmale (zB „Friedfertigkeit") nötig

Aufgaben

W 1 Liste mögliche Zuchtziele für eine von dir gewählte Nutzpflanzen- oder Nutztierart auf. Begründe deine Wahl. Recherchiere, ob diese Ziele tatsächlich in der praktischen Züchtung von Interesse waren oder sind.

S 2 Die Förderung eines Merkmals in der Zucht kann dazu führen, dass ein anderes Merkmal darunter leidet (zB erhöhte Samenproduktion, dafür aber höherer Wuchs). Erstelle eine Hypothese, was eine erhöhte Milchleistung für eine Kuh bedeuten könnte und überprüfe dies durch Recherchen.

Basiskonzept

Variabilität, Verwandtschaft, Geschichte und Evolution: Züchtung ist eine vom Menschen gesteuerte gerichtete Evolution. Bestimmte Merkmale werden positiv (gewollt) oder negativ (ungewollt) selektiert. Dadurch wird die Variabilität verringert (Aussterben alter Sorten) oder erhöht (Erzeugen neuer Sorten aus einer Stammlinie). Letztlich werden bei der Züchtung Lebewesen mit neuen Eigenschaften hervorgebracht.

Zuchtziele bei Hunden

Der Dackel wurde für die Jagd auf Füchse und Dachse selektiert

Das erste Haustier des Menschen war vermutlich der Hund. Durch Domestizierung des Wolfes wurde daraus vor etwa 40 000 Jahren ein Tier, das dem Menschen als Wach- und Jagdhund diente. Friedfertigkeit und Gehorsam gegenüber dem Halter dürften wesentliche Selektionsmerkmale gewesen sein.

Dackel, Schäferhund, Bernhardiner, Husky – heute gibt es mehr Hunderassen als Länder. Die Fédération Cynologique Internationale, die wichtigste internationale Vereinigung zu Hunden, listete 2018 **361 Hunderassen** auf.

Die meisten Haushunde gäbe es ohne Züchtung nicht. Sie sind das Produkt einer teilweise jahrhundertealten Selektion durch den Menschen. Beispiel **Dackel**: Dessen Vorfahren waren vermutlich Hunde der Rasse der Bracken. Sie besaßen bereits recht kurze Läufe (Beine), Hängeohren, einen hervorragenden Spürsinn und eine stark ausgeprägte Wildschärfe[1]. Wahrscheinlich im Mittelalter gelang es, daraus eine Rasse mit leichterem Körperbau und noch kürzeren Beinen zu erzeugen, so dass die Tiere in die Baue von Füchsen und Dachsen eindringen konnten. Aus dem Jagdhund von einst ist heute ein beliebter Haushund geworden.

Doch manche Züchtungen bedeuten für ein Tier viel Leid. So hört man bei etwa zwei Dritteln aller Möpse und Französischen Bulldoggen deutliche Atemgeräusche. Die deutsche Bundestierärztekammer stuft das als Qualzucht ein: Von Geburt an leiden viele dieser Tiere an chronischer Atemnot. Denn sie wurden gezüchtet, um dem Kindchen-Schema zu entsprechen: vergleichsweise großer Kopf mit starker Stirnwölbung, große Augen, kleine Extremitäten etc. (→Abb. 4). Die Zucht hin zur Stupsnase hat negative Begleitfolgen: Das Rachengewebe, das ursprünglich auf eine lange Schnauze verteilt war, hat nun sehr wenig Platz. Dadurch werden die Atemwege von Hautlappen blockiert.

Bei allen Züchtungen muss sich der Mensch fragen, wie viel Tierleid für die Selektion auf bestimmte Merkmale in Kauf genommen werden darf. Schließlich haben viele Menschen große Freude an ihren Haustieren – die sollte nicht durch falsche Züchtung getrübt werden.

Abb. 4: Mops. Die Form des Schädels ist das Resultat von Züchtungen auf das Kindchenschema.

Züchtung gibt es auch in der Öko-Landwirtschaft

Tierwohl vor Ertrag, aber Abhängigkeit von Großzüchtern

Die Frage des Tierwohls beschäftigt auch Züchterinnen und Züchter im ökologischen Landbau. Dabei wird die natürliche Begattung („Natursprung") der künstlichen Besamung vorgezogen und biotechnologische Vermehrungspraktiken wie Klonen abgelehnt. Das vorrangige Zuchtziel ist nicht die kurzfristige Erzeugung maximaler Erträge (zB Milchleistung), sondern eine **standortangepasste und langlebige Nutzung der Tiere**.

Im Vergleich zu konventioneller Tierzucht und Tierhaltung steht eine ökologische Tierzucht wegen höherer Standards vor besonderen Herausforderungen. Beispielsweise wird auf höchstwertiges Kraftfutter und reine Stallhaltung verzichtet.

Die Zucht in der ökologischen Tierhaltung wird zudem durch die oft **geringe Anzahl der Tiere** auf einem Hof erschwert.

Der Weg zu ökologischer Tierzucht in großem Maßstab ist zB bei Hühnern noch weit. Denn die zur Verfügung stehenden Hochleistungsrassen werden von wenigen globalen Unternehmen angeboten. Deshalb nutzen viele Bio-Betriebe die gleichen Tiere aus Hybridzucht wie ihre industriellen Konkurrenten: Legelinien für die Eierproduktion und Mastlinien für die Fleischproduktion. Zwar werden die Tiere besser gehalten. Aber auch in der Zucht sollten entsprechende Standards gelten.

Glossar

[1] **Wildschärfe:** Ausdruck der Jägersprache; bezeichnet die Eignung eines Hundes, ein gejagtes Tier schnell und sicher zur Strecke zu bringen, wenigstens aber für den Jäger oder die Jägerin zu stellen.

Aufgabe

S 1 Recherchiere nach Beispielen für Qualzucht (zB bei Katzen, Wellensittichen, Hunden). Schreibe einen kurzen Text dazu für Kinder, die ein Haustier erwerben wollen. Beschreibe dabei, welche Merkmale bei dem von dir gewählten Beispiel auf Qualzucht hinweisen, nenne Alternativen und begründe, warum du vom Kauf einer bestimmten Rasse abrätst.

6.2 Biotechnologie und Gentechnik

Biotechnologie und Gentechnik: Gemeinsamkeiten und Unterschiede

Biotechnologie ist ein Sammelbegriff für alle Verfahren, bei denen Organismen oder deren Stoffwechselprodukte genutzt werden

Gentechnik bezieht sich auf gezielte Veränderungen im Erbgut – dabei werden oft Gene von einer Art auf eine andere Art übertragen

„Biotechnologie" und „Gentechnik" werden zuweilen synonym verwendet. Dennoch unterscheiden sich die beiden Begriffe in ihrer Bedeutung. Bei der **Biotechnologie** werden pro- oder eukaryotische Zellen genutzt, **um bestimmte Stoffe herzustellen**. Ebenfalls zur Biotechnologie gehört der **Einsatz dieser Stoffe in weiteren Prozessen**.

Klassische biotechnologische Verfahren hast du bereits in Band 5 kennengelernt: die Herstellung von Joghurt und Käse mit Milchsäurebakterien, die Produktion von Alkohol durch Hefezellen, die Gewinnung von Zitronensäure oder Antibiotika aus Schimmelpilzen. In der Umwelttechnik wird u. a. an natürlichen Bakterien geforscht, die Erdöl abbauen.

Allerdings werden in der Biotechnologie zunehmend gentechnisch veränderte (gv) Lebewesen eingesetzt. Hierbei werden natürlich vorkommende Organismen dahingehend verändert, dass sie Produkte synthetisieren, die in der Industrie eingesetzt werden können, zB Enzyme für Waschmittel. Auch an der gentechnischen Optimierung der oben erwähnten Erdöl-abbauenden Bakterien wird geforscht, um sie vielleicht eines Tages bei Tankerunglücken einsetzen zu können.

Während in der Biotechnologie demnach Lebewesen oder deren Produkte technologisch genutzt werden, beruht die **Gentechnik** auf einer **Veränderung des Erbguts**, oft sogar über Artgrenzen hinweg. Die dabei erzeugten Lebewesen würde es auf natürlichem Wege vermutlich nie geben. Man nennt sie **gentechnisch veränderte Organismen (GVOs)**. Gentechnik wird jedoch auch in der Medizin eingesetzt, um Krankheiten zu heilen, die auf Mutationen im Erbgut beruhen. Meist wird die **Gentechnik als Teilgebiet der Biotechnologie** angesehen.

Rote, grüne und weiße Gentechnik

Im Allgemeinen unterscheidet man zwischen drei Bereichen der Gentechnik:

- *Grüne Gentechnik:* Ihr Ziel ist es, neue Pflanzen herzustellen, die mehr Ertrag bringen, neue Produkte synthetisieren oder besser an bestimmte Umweltfaktoren angepasst sind. Beispiele sind der „Golden Rice" (→Band 5, Kap. 6) oder Tomatenpflanzen, die auf salzreichen Böden überleben.

- *Rote Gentechnik:* Damit sind Verfahren gemeint, mit deren Hilfe Arzneimittel hergestellt oder Krankheiten geheilt werden können. Beispielsweise stellen heutzutage gv-Bakterien, in die das menschliche Gen für Insulin eingebracht wurde, diesen für Diabetikerinnen und Diabetiker so wichtigen Stoff in großen Mengen her (→S. 129).

- *Weiße Gentechnik:* Hierbei werden zB gentechnisch veränderte Mikroorganismen oder Zellkulturen für die industrielle Herstellung von diversen Produkten wie Zitronensäure, Vitamine, Aminosäuren oder Biogas erzeugt. Die Ausbeute ist dabei oft höher als bei den natürlichen Ursprungsorganismen.

Vor allem die grüne Gentechnik ist **umstritten**. Denn einerseits werden Organismen hergestellt, die es ohne diese Technik nicht gäbe. Zudem befürchten viele Umweltorganisationen und manche Forscherteams, dass das Ausbringen von GVOs in die Natur negative Folgen haben könnte. Andererseits eröffnet uns die Gentechnik neue Möglichkeiten im Kampf gegen Krankheiten, vielleicht auch gegen Nahrungsknappheit. Das wird uns im Kapitel zur **Bioethik** beschäftigen.

Ohne die vorherige **Analyse von Genen** wäre deren gezielte Veränderung unmöglich. Im weiteren Sinne umfasst Gentechnik daher Methoden zur Analyse von DNA und RNA – und ist somit Grundlage von moderner Kriminaltechnik, Evolutionsbiologie und Medizin.

graue Gentechnik: Herstellung von Pflanzen, die Schadstoffe wie Schwermetalle, aufnehmen oder anzeigen können.

Biotechnologie in der Gerichtsmedizin – der genetische Fingerabdruck

Mikrosatelliten sind sehr kurze DNA-Sequenzen

Vergleicht man die Länge mehrerer Mikrosatelliten, erhält man ein Muster, das für jedes Individuum spezifisch ist – den genetischen Fingerabdruck

Variabilität, Verwandtschaft, Geschichte und Evolution

Der Spurensicherung der Kriminalpolizei genügt 1 ng DNA für eine gerichtsmedizinische Analyse. Für die Aufklärung eines Einbruchs reicht somit ein einziger Blutstropfen, den ein Täter oder eine Täterin am Tatort hinterlassen hat.

Kriminaltechniker und -technikerinnen isolieren und reinigen die DNA. Doch diejenigen Abschnitte unseres Erbmaterials, die für Gene codieren, sind bei allen Menschen weitgehend ident – wir gehören ja zu derselben Art. Es gibt allerdings viele Bereiche in unserer DNA, die nicht in Proteine übersetzt werden. Diese **nicht-codierenden DNA-Abschnitte** variieren oft genauso stark zwischen einzelnen Individuen wie deren Fingerabdrücke. Besonders oft werden in der Gerichtsmedizin (Forensik) **Mikrosatelliten** analysiert – auch Short Tandem Repeats (STRs) genannt. Das sind Wiederholungen von zwei bis sechs Basenpaaren, zB TACTAC… Hier kommt es auf die Anzahl der Wiederholungen und damit die Länge dieser spezifischen DNA-Abschnitte an.

DNA-Abschnitte mit einer unterschiedlichen Anzahl an solchen Wiederholungen werden „Allele" genannt. Ein Beispiel: Der Mikrosatellit D7 S820 auf Chromosom 7 besteht aus fünf bis 16 Wiederholungen von GATA. Daher gibt es zwölf Allele für D7S820. Wenn du nun auf einem Chromosom 7 14 GATA-Wiederholungen, auf dem anderen Chromosom 7 aber nur elf GATA-Wiederholungen bei D7S820 trägst, hast du von deinen Eltern unterschiedliche „Allele" vererbt bekommen. Da es zwölf verschiedene „Allele" für diesen Mikrosatelliten gibt, existieren insgesamt 78 mögliche Paarungen.

Von diesen sind zwölf „homozygot" (gleich in der Anzahl bei Mutter und Vater) und 66 „heterozygot" (Vater und Mutter vererben D7S820 mit unterschiedlicher Anzahl an Wiederholungen).

Vergleicht man mehrere Mikrosatelliten, ist die Wahrscheinlichkeit extrem gering, eine exakte Übereinstimmung bei zwei Menschen zu finden. Diese **DNA-Typisierung** oder **genetischer Fingerabdruck** genannte Methode ist daher sehr genau in der Identifizierung einer Person – vorausgesetzt, die Probe ist nicht mit anderer DNA kontaminiert.

Die europäische Polizeibehörde nutzt zehn Mikrosatelliten zur Verbrechensaufklärung und zur Identifizierung von Toten. Auch bei **Vaterschaftstests** wird diese Methode angewendet.

Möglich ist das nur dank der **Polymerase-Kettenreaktion (PCR) und der Gelelektrophorese** (→ S. 32). Sie erlauben, kleinste DNA-Mengen zu vervielfältigen und sichtbar zu machen (→ Abb. 5): Mit Hilfe spezifischer Primer werden die jeweiligen Mikrosatelliten vervielfältigt und in Agarosegelen aufgetrennt.

Allerdings kann es sein, dass sich zwei „Allele" bei einem Mikrosatelliten lediglich in einem Basenpaar Länge unterscheiden. Hier ist die herkömmliche Gelelektrophorese zu ungenau, weshalb in solchen Fällen die PCR-Produkte **sequenziert** werden. Dieses Verfahren lernst du auf der folgenden Seite kennen.

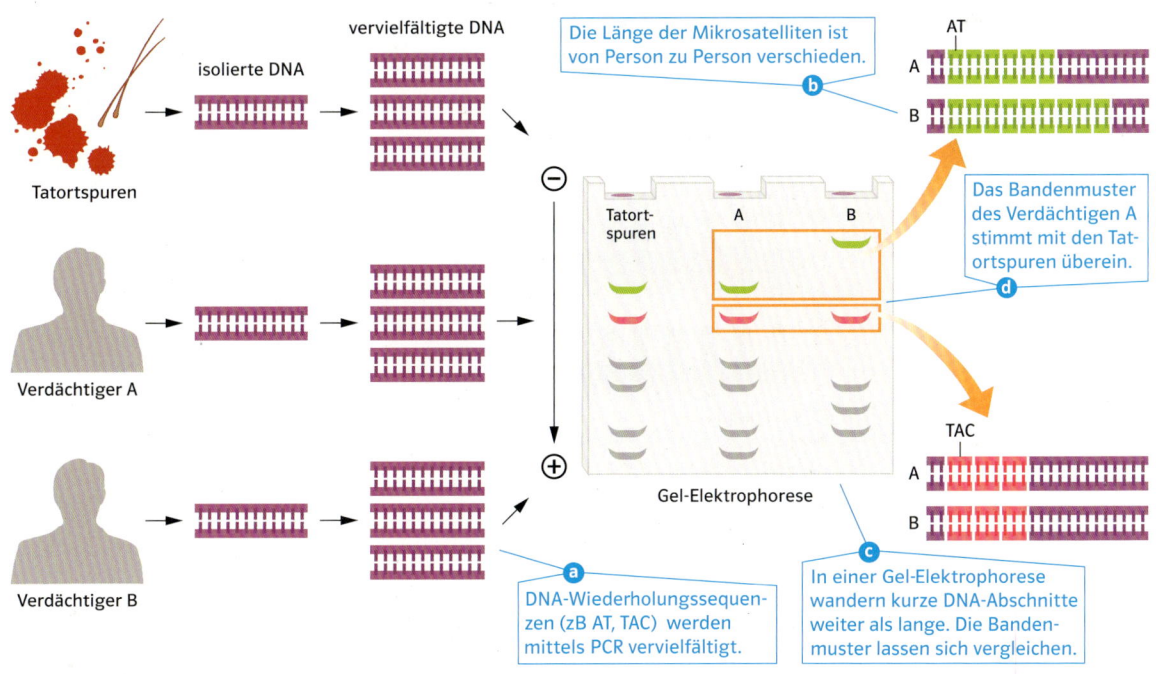

Abb. 5: Für einen genetischen Fingerabdruck werden DNA-Isolierung, PCR und Gel-Elektrophorese kombiniert.

vervielfältigte DNA

isolierte DNA

Tatortspuren

Verdächtiger A

Verdächtiger B

Die Länge der Mikrosatelliten ist von Person zu Person verschieden. **b**

AT

A

B

Das Bandenmuster des Verdächtigen A stimmt mit den Tatortspuren überein. **d**

Tatortspuren   A   B

Gel-Elektrophorese

DNA-Wiederholungssequenzen (zB AT, TAC) werden mittels PCR vervielfältigt. **a**

In einer Gel-Elektrophorese wandern kurze DNA-Abschnitte weiter als lange. Die Bandenmuster lassen sich vergleichen. **c**

TAC

A

B

Aufgabe

W/E 1 Finde die Formel, mit deren Hilfe die Anzahl möglicher Paarungen bei einem Mikrosatelliten berechnet werden kann. Nutze dazu die Angaben im Text zu D7S820.

Basiskonzept

Variabilität, Verwandtschaft, Geschichte und Evolution: Die hohe Variabilität nicht-codierender DNA ermöglicht die DNA-Typisierung von Individuen einer Art.

Sequenzierung der Basenabfolge

Der Einbau von Abbruchnukleotiden mit Fluoreszenzfarbstoffen bei der PCR ermöglicht eine genaue Analyse der Basenabfolge eines DNA-Abschnitts

Heutzutage kann man durch **Sequenzierung** schnell und genau die Abfolge von Basen in der DNA feststellen. Dabei wird der zu analysierende DNA-Abschnitt vervielfältigt, wobei per Zufallsprinzip **Abbruchnukleotide** eingebaut werden. Nach ihnen kann der neu synthetisierte Strang nicht verlängert werden. Denn einem Abbruchnukleotid fehlt die OH-Gruppe, an der die DNA-Polymerase das nächste Nukleotid anhängen würde. Zudem ist es – je nach Base – mit einem bestimmten **Fluoreszenzfarbstoff** markiert.

Durch die extrem große Anzahl an PCR-Produkten und die relativ hohe Anzahl an Abbruchnukleotiden entstehen bei jeder PCR unterschiedlich lange Produkte (→Abb. 6). Diese

werden in einer dünnen, mit Gel gefüllten Kapillare der Länge nach aufgetrennt: Das nachfolgende PCR-Produkt ist immer genau eine Base länger als das vorherige. Das jeweilige Fluoreszenz-Molekül wird von einem Laser angeregt und gibt danach Licht einer bestimmten Wellenlänge ab. Das wiederum wird gemessen und so von einem Computer die genaue Basenabfolge bestimmt (→Abb. 6).

Moderne Sequenziermethoden ermöglichen es, in kurzer Zeit ganze Genome zu sequenzieren. Dabei entstehen riesige Datenmengen. Ein Berufsfeld, das daher zunehmend an Bedeutung gewinnt, ist die **Bioinformatik**.

❶ Der Ansatz enthält einzelsträngige Proben-DNA, DNA-Polymerase, einen DNA-Primer für den als Matrize dienenden DNA-Strang und ein Gemisch aus Nukleotiden (A, T, G, C). Es werden Strangabbruch-Nukleotide (A*, T*, C*, G*) zugesetzt, denen die OH-Gruppe fehlt, an der die DNA-Polymerase das nächste Nukleotid anhängt.

normale Nukleotide (A, T, G, C)

Strangabbruch-Nukleotide (A*, T*, C*, G*)

❷ A*, T*, C*, G* werden mit unterschiedlichen Fluoreszenzfarbstoffen markiert und die synthetisierten DNA-Stränge in einer gelgefüllten Kapillare elektrophoretisch nach ihrer Größe aufgetrennt (Kapillar-Elektrophorese). Die Auswertung erfolgt mithilfe eines Fluoreszenzdetektors.

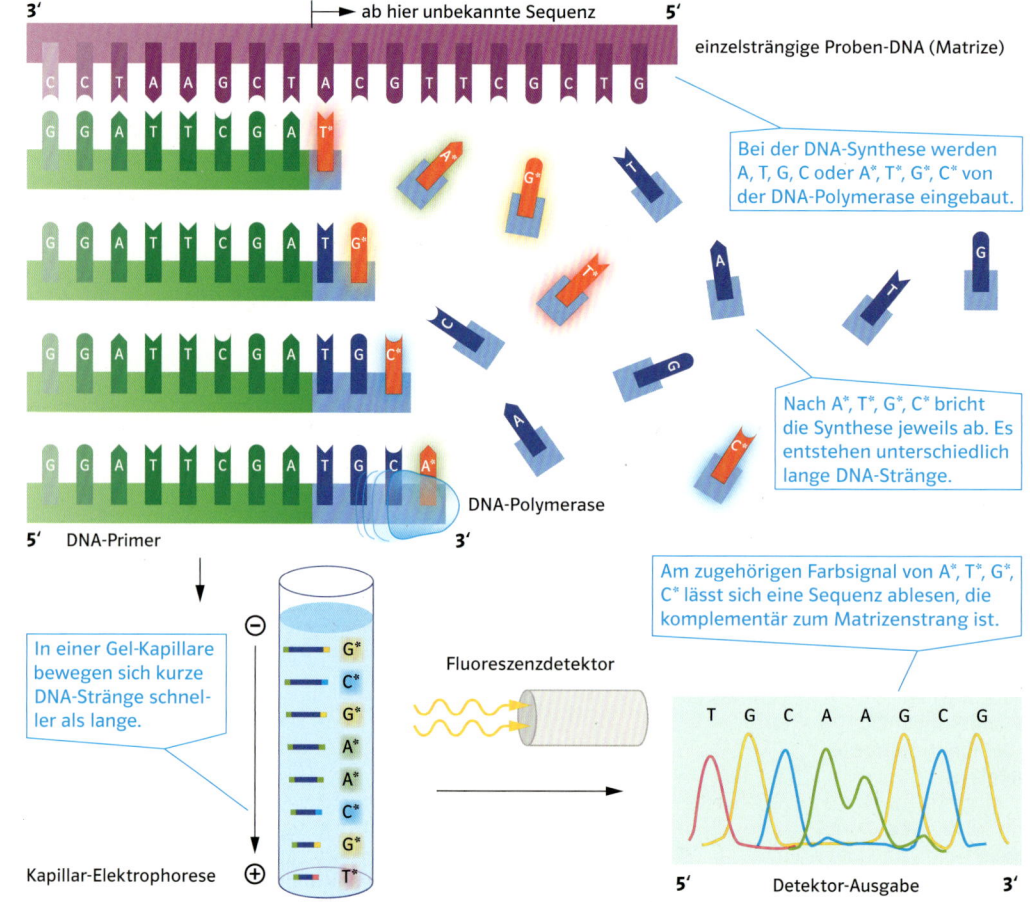

Bei der DNA-Synthese werden A, T, G, C oder A*, T*, G*, C* von der DNA-Polymerase eingebaut.

Nach A*, T*, G*, C* bricht die Synthese jeweils ab. Es entstehen unterschiedlich lange DNA-Stränge.

In einer Gel-Kapillare bewegen sich kurze DNA-Stränge schneller als lange.

Am zugehörigen Farbsignal von A*, T*, G*, C* lässt sich eine Sequenz ablesen, die komplementär zum Matrizenstrang ist.

Fluoreszenzdetektor

Kapillar-Elektrophorese

Detektor-Ausgabe

Abb. 6: Mit der Strangabbruchmethode lässt sich die Basensequenz eines beliebigen DNA-Abschnitts entschlüsseln.

Sequenzvergleiche erlauben Rückschlüsse auf die Verwandtschaft von Arten

Die Analyse von DNA-Sequenzen ist eine Grundlage für evolutionäre Annahmen

Mit dieser Art der Sequenzierung kann man auch den **Verwandtschaftsgrad von Arten** sehr genau bestimmen, indem man die Basenabfolge einzelner Gene oder sogar ganzer Genome vergleicht: je näher verwandt, desto ähnlicher die Basensequenz.

Dabei benötigt man die Hilfe von Computerprogrammen. Sie vergleichen die Ähnlichkeit der DNA-Abschnitte und berechnen daraus **Phylogramme**[1]. Das sind Diagramme, die zeigen, wie nahe verwandt einzelne Arten sind: Je weiter die Strecke (Summe aller waagrechten Linien in Abb. 7) von einer Art zu einer anderen ist, desto unterschiedlicher ist die untersuchte DNA und desto entfernter verwandt sind die beiden Arten (→Abb. 7). Phylogramme sind damit eine Grundlage für evolutionäre Annahmen (→S. 74, 100).

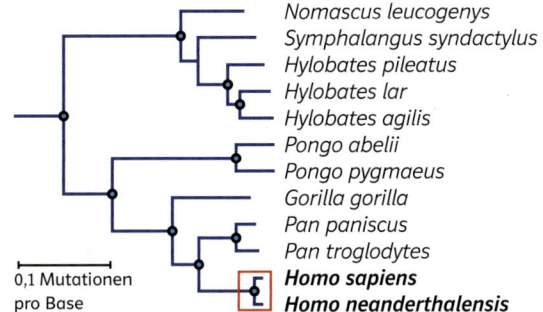

Abb. 7: Teil eines Phylogramms von Menschenaffen aufgrund des Vergleichs mitochondrialer Genome. Die aufsummierte Länge der waagerechten Linien zwischen zwei Arten (roter Kasten) zeigt an, wie viele Mutationen sie voneinander unterscheiden. Links unten: „Maßstab" (0,1 Mutationen pro Base). Die Genome sind ca. 16 000 Basen lang. Mensch und Neandertaler unterscheiden sich in ihrer mitochondrialen DNA bei ca. 430 Basen = ungefähr 3 %.

Lage und Funktion von Genen lassen sich in Genkarten einzeichnen

Gene von gekoppelten Merkmalen liegen auf dem gleichen Chromosom und werden umso seltener voneinander getrennt, je näher sie beieinanderliegen

Ganz ohne Kenntnis von Basensequenzen gelang es schon dem amerikanischen Genetiker Thomas **Morgan**, die Gene der Taufliege zu kartieren, also ihre jeweilige Lage zueinander zu bestimmen (→S. 42–44).

Morgan beobachtete, welche Merkmale gemeinsam auftreten und wie häufig diese Kopplung durch Crossingover bei der Meiose gebrochen wird. Gene von gekoppelten Merkmalen liegen auf dem gleichen Chromosom und werden umso seltener voneinander getrennt, je näher sie beieinanderliegen. Das ist nicht nur von wissenschaftlichem Interesse, sondern zB auch bedeutsam für das Verständnis von Krankheiten.

Tritt zB eine Krankheit häufig zusammen mit einer bestimmten Basensequenz-Variante auf, liegt die Mutation für diese Krankheit wahrscheinlich in der Nähe dieser Basensequenz.

Charakteristische Basensequenzen mit bekannter Position im Genom bezeichnet man als **Marker**. Dazu gehören die bereits erwähnten **Mikrosatelliten**.

Zusätzlich werden DNA-Abschnitte mit Punktmutationen, bei denen nur eine einzige Base ausgetauscht ist, als Marker genutzt. Solche SNPs (engl. **single nucleotid polymorphisms**, gesprochen „snips") lassen sich durch vergleichende Sequenzanalysen aufspüren. Man entdeckt sie zum Teil aber bereits, wenn man DNA mit **Restriktionsenzymen** behandelt (→S. 125). Das sind molekulare Scheren, die die DNA immer an einer bestimmten Basensequenz schneiden. Eine Punktmutation kann einen Schnitt verhindern oder ermöglichen. So entstehen DNA-Fragmente unterschiedlicher Länge, die sich mittels Gel-Elektrophorese trennen lassen. Dieser **Restriktionsfragmentlängen-Polymorphismus (RFLP)** liefert daher ebenso Hinweise auf Kopplung mit einem Merkmal.

Glossar

[1] **Phylogramm:** Darstellung der Stammesgeschichte, bei der die untersuchten Taxa (Arten, Populationen, Ordnungen, etc.) so angeordnet sind, dass erstens die Aufspaltung aus den jeweiligen gemeinsamen Vorfahren, zweitens die Anzahl der Unterschiede bei den analysierten Merkmalen gezeigt wird.

Aufgabe

W 1 Recherchiere die lateinischen Artnamen vom Nördlichen Weißwangen-Schopf-Gibbon, Schwarzhand-Gibbon, Westlichen Gorilla, Zwergschimpansen und Menschen. Sortiere die Affenarten mithilfe von Abb. 7 nach ihrem Verwandtschaftsgrad zum Menschen.

Basiskonzept

Variabilität, Verwandtschaft, Geschichte und Evolution: Die Ähnlichkeit der Basenabfolge einzelner Gene oder des gesamten Genoms zeigt an, wie nahe oder entfernt verwandt die untersuchten taxonomischen Gruppen (zB Arten) sind. Unterschiede kommen durch Mutationen zustande.

Genkartierung am Beispiel Brustkrebs

Das „Brustkrebs-Gen" *BRCA1* kodiert für ein DNA-Reparaturprotein: Bei einigen Mutationen dieses Gens steigt die Wahrscheinlichkeit für Brustkrebs

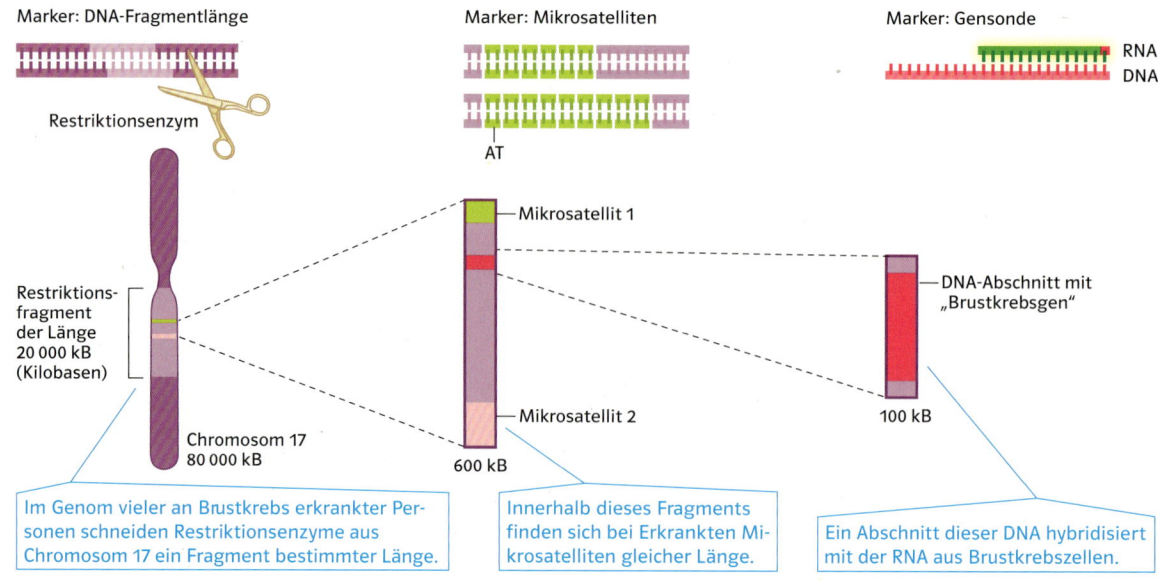

Marker: DNA-Fragmentlänge

Restriktionsenzym

Restriktionsfragment der Länge 20 000 kB (Kilobasen)

Chromosom 17 80 000 kB

Marker: Mikrosatelliten

AT

Mikrosatellit 1

Mikrosatellit 2

600 kB

Marker: Gensonde

RNA
DNA

DNA-Abschnitt mit „Brustkrebsgen"

100 kB

Im Genom vieler an Brustkrebs erkrankter Personen schneiden Restriktionsenzyme aus Chromosom 17 ein Fragment bestimmter Länge.

Innerhalb dieses Fragments finden sich bei Erkrankten Mikrosatelliten gleicher Länge.

Ein Abschnitt dieser DNA hybridisiert mit der RNA aus Brustkrebszellen.

Abb. 8: Ein Gen (hier das „Brustkrebs-Gen") lässt sich durch schrittweise Eingrenzung des Chromosomenbereichs kartieren.

Brustkrebs ist die häufigste Krebsform bei Frauen. Die Wahrscheinlichkeit, daran zu erkranken, ist höher, wenn in der Familie bereits Brustkrebs aufgetreten ist. Das spricht dafür, dass diese Krankheit zumindest **teilweise erblich bedingt** ist. Daher begann bereits in den 1970er Jahren die Suche nach einem Gen, dessen Mutation die Entstehung von Brustkrebs begünstigt. Dafür wurden DNA-Proben von Frauen gesammelt, bei denen in mindestens drei Generationen Brustkrebs aufgetreten war (das war wichtig, um die Wahrscheinlichkeit zufälliger Erkrankungen zu reduzieren). Anschließend suchten Genetikerinnen und Genetiker nach einer **Kopplung der Brustkrebserkrankung mit DNA-Markern.**

Bei erkrankten Frauen wurde auffallend oft das gleiche **RFLP-Fragment** auf dem langen Arm von Chromosom 17 gefunden. Das ließ darauf schließen, dass dort auch das gesuchte „Brustkrebsgen" liegt. In dem betreffenden 20 000 Kilobasen großen Restriktionsfragment liegen aber noch Hunderte weiterer Gene.

Für die feinere Kartierung eines DNA-Abschnitts eignen sich **Mikrosatelliten.** Auch ihre Kopplung mit einer Brustkrebserkrankung wurde verfolgt. So ließ sich der Bereich auf 600 Kilobasen eingrenzen, die nur noch 60 verschiedene Kandidaten-Gene enthielten (→Abb. 8).

Nun wurden von diesem Bereich **überlappende PCR-Fragmente** hergestellt, die dann sequenziert wurden. Jetzt kannte man die Sequenzen. Aber welches Gen war verantwortlich?

Um das herauszufinden, wurden **mRNAs** aus dem Brustgewebe gesunder Frauen isoliert und aus jeder mRNA **cDNA**[1] mit Hilfe des Enzyms **Reverse Transkriptase** (→S. 123) hergestellt (→Abb. 9). Diese cDNA enthielt ein Radioisotop als **Marker**. So wurde eine Sammlung aller Gene erstellt, die in gesundem Brustgewebe exprimiert werden. Nun wurden mRNAs aus Brustkrebszellen gewonnen und zu diesen cDNAs gegeben. Band eine Brustkrebs-mRNA an eine solche cDNA, entstand ein **DNA-RNA-Hybrid**, der aufgrund der radioaktiven Strahlung mit speziellen Filmen sichtbar gemacht wurde. Die entsprechende cDNA wurde sequenziert. Jetzt wusste man, welches Gen in Brustkrebszellen in dem untersuchten Abschnitt exprimiert wird. So wurde 1994 das **„Brustkrebs-Gen"** *BRCA1* identifiziert.

Das *BRCA1* Protein ist an der Reparatur von DNA-Strangbrüchen beteiligt. Bei fast allen Mutationen von *BRCA1* wird kein funktionierendes Protein gebildet. Der Reparaturmechanismus fällt aus und DNA-Schäden häufen sich an. Viele Frauen erkranken jedoch nicht, selbst wenn sie ein mutiertes „Brustkrebs-Gen" tragen – sie haben lediglich ein erhöhtes Erkrankungsrisiko. Weitere Gene (v. a. *BRCA2*) sowie Umwelteinflüsse scheinen eine wichtige Rolle zu spielen.

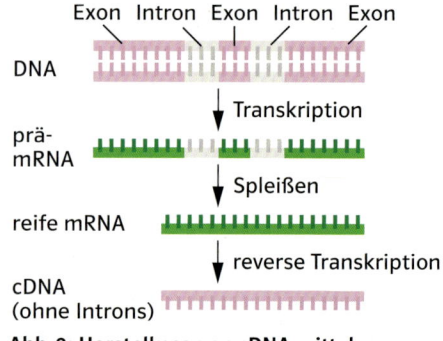

Exon Intron Exon Intron Exon

DNA

Transkription

prä-mRNA

Spleißen

reife mRNA

reverse Transkription

cDNA (ohne Introns)

Abb. 9: Herstellung von cDNA mittels reverser Transkription.

Glossar
[1] **cDNA:** complementary (komplementäre) DNA; einzelsträngiges DNA-Molekül, dessen Basensequenz komplementär zu der eines RNA-Moleküls ist.

DNA-Chips zeigen, welche Gene gerade aktiv sind

Fluoreszenzmarkierte cDNA bindet an Genschnipsel: DNA-Chips zeigen die Aktivität einzelner Gene an

Beim eben dargestellten Fall ging es u.a. darum, ein bestimmtes Gen zu identifizieren, indem man seine **Expression** untersucht. Seit der Erforschung des „Brustkrebsgens" *BRCA1* hat die Technik hierin große Fortschritte gemacht.

Mittlerweile lässt sich das Auffinden von aktiven Genen durch den Einsatz **von DNA-Chips (Genchips = Microarrays)** automatisieren. Ein DNA-Chip besteht aus einem Glasplättchen mit einigen Dutzend bis mehreren Millionen kleiner Felder (→Abb. 10, 11). Der Hersteller hat in jedem Feld viele tausend Kopien von einzelsträngigen DNA-Sequenzen verschiedener Gene fixiert – eine Sequenz aus einem Gen pro Feld. Die Länge der Sequenzen beträgt je nach Chip ca. 20 bis einige tausend Basen. Je länger die Sequenz ist, desto größer ist die Wahrscheinlichkeit, dass sie nur in einem ganz bestimmten Gen zu finden ist.

Im Labor gibt man darauf die mit **Fluoreszenzmolekülen markierte cDNA** des Testgewebes. Werden unterschiedliche Proben (zB gesundes und krankes Gewebe) verglichen, fügt man bei der **Reversen Transkription**[1] für jede Probe ein anderes fluoreszierendes Molekül hinzu.

Die cDNA bindet an die passende DNA-Sequenz in dem betreffenden Feld. Nicht hybridisierte Reste werden anschließend abgespült. Das **Muster der Lichtsignale** auf dem Chip lässt sich durch Computer auswerten und zeigt die aktiven Gene der Testzellen (→Abb. 11).

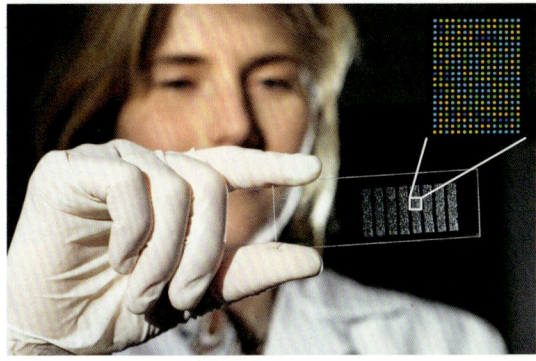

Abb.10: DNA-Chip. Die unterschiedlichen Farben geben an, ob und wie sich bestimmte Gene in ihrer Aktivität bei zwei Proben unterscheiden.

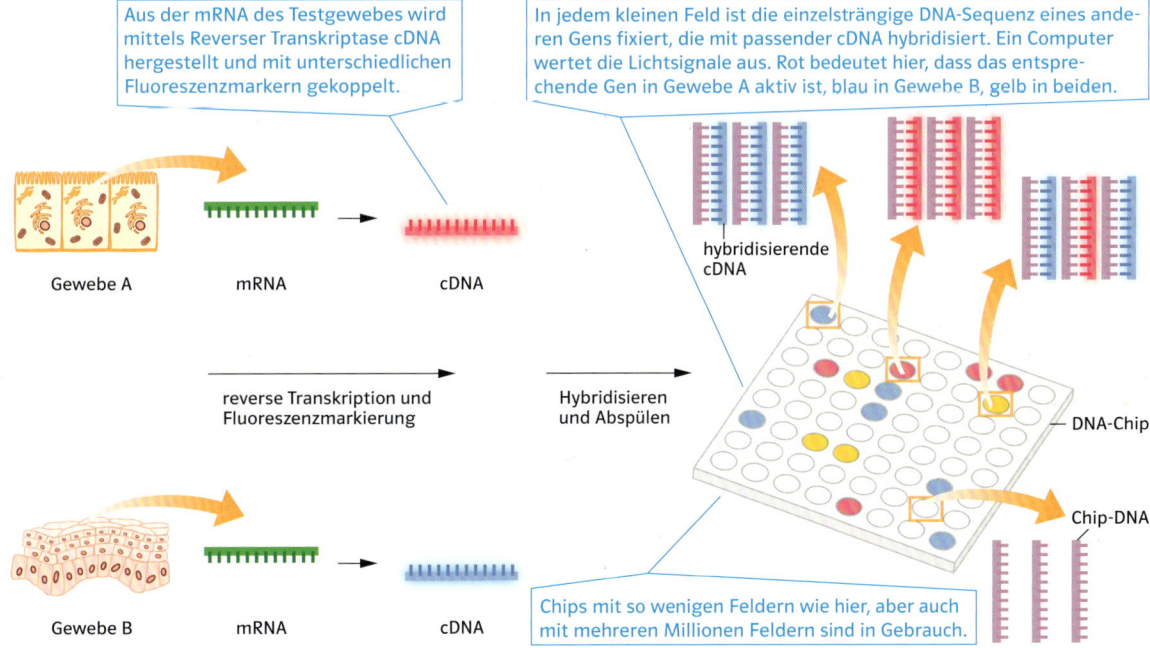

Aus der mRNA des Testgewebes wird mittels Reverser Transkriptase cDNA hergestellt und mit unterschiedlichen Fluoreszenzmarkern gekoppelt.

In jedem kleinen Feld ist die einzelsträngige DNA-Sequenz eines anderen Gens fixiert, die mit passender cDNA hybridisiert. Ein Computer wertet die Lichtsignale aus. Rot bedeutet hier, dass das entsprechende Gen in Gewebe A aktiv ist, blau in Gewebe B, gelb in beiden.

Gewebe A — mRNA — cDNA

hybridisierende cDNA

reverse Transkription und Fluoreszenzmarkierung

Hybridisieren und Abspülen

DNA-Chip

Chip-DNA

Gewebe B — mRNA — cDNA

Chips mit so wenigen Feldern wie hier, aber auch mit mehreren Millionen Feldern sind in Gebrauch.

Abb.11: DNA-CHip. Jeder Farbpunkt auf einem DNA-Chip mit bekannten DNA-Sequenzen zeigt die Hybridisierung mit cDNA.

Glossar

[1] **Reverse Transkription:** In jeder Zelle wird normalerweise nur DNA in RNA umgeschrieben (transkribiert). Im Labor macht man sich aber ein Enzym zunutze, das erstmals bei Retroviren entdeckt wurde: die reverse Transkriptase. Sie macht aus RNA DNA – was bei RNA-Viren eine Voraussetzung ist für den Einbau ihres Erbmaterials in das Wirtsgenom. Reverse Transkriptase wird verwendet, um aus mRNA cDNA (DNA ohne Introns) herzustellen (siehe S. 122).

Aufgabe

W 1 Wo – außer bei Viren – kommt Reverse Transkriptase noch vor? Recherchiere.

Gentechnik: neue Organismen durch Übertragung von Fremdgenen

Horizontalen (lateralen) Gentransfer gibt es auch in der Natur – er ist aber höchst selten

Der genetische Code ist universell. Deswegen können Gene einer Art mittels Transkription und Translation von jeder anderen Art zunächst in RNA und dann in Proteine umgeschrieben werden. Das macht man sich in der Gentechnik zunutze. Dabei werden nicht nur, wie am Anfang dieses Kapitels erwähnt, Artgrenzen überschritten. Es ist ja durchaus vorstellbar, dass ein Raps-Gen im Gemüsekohl oder im Schwarzen Senf funktioniert – gehören doch alle drei Arten zur Familie der Kreuzblütengewächse (Kohlgewächse).

Man kann jedoch generell Gene von Pro- und Eukaryoten in das Genom von anderen Eukaryoten oder Bakterien einsetzen. Das entstehende Lebewesen ist in jedem Fall ein gentechnisch veränderter Organismus (GVO) – ohne technische Hilfsmittel käme er in der Natur nicht vor.

In seltenen Fällen stimmt diese Aussage nicht: Es gibt einige wenige Fälle, da Prokaryoten tatsächlich auch in der Natur genetisches Material an Eukaryoten weitergeben. Dieser natürliche **horizontale Gentransfer**[1] wurde u.a. bei einem Bodenbakterium entdeckt, das dann in der Gentechnik Verwendung fand: ***Agrobacterium tumefaciens*** (→Abb. 12). Horizontaler Gentransfer fand zB bei der Süßkartoffel statt, die tatsächlich DNA-Fragmente von *A. tumefaciens* enthält. Horizontaler Gentransfer wurde auch bei einigen Blattlausarten gefunden: Sie haben offenbar von Pilzen die Gene für die Synthese von Carotinoiden übernommen. Evolutionär gesehen ist der natürliche horizontale Gentransfer jedoch ein extrem seltenes Ereignis.

Information und Kommunikation

Steuerung und Regelung

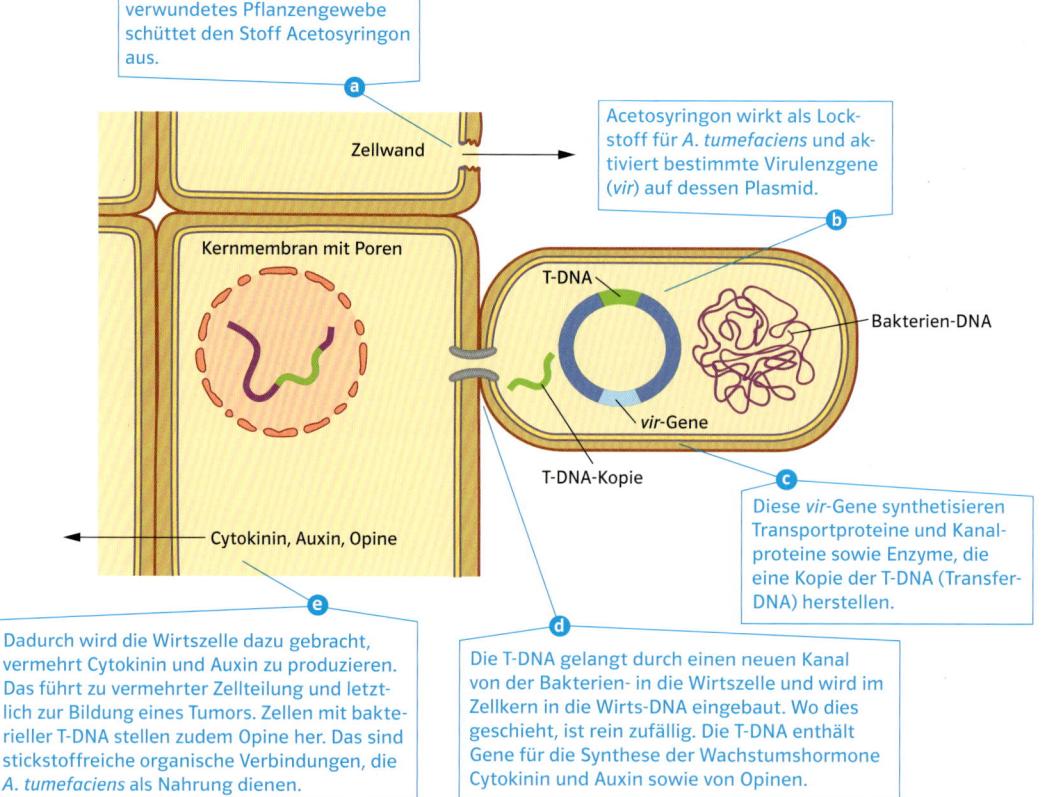

verwundetes Pflanzengewebe schüttet den Stoff Acetosyringon aus.
a

Acetosyringon wirkt als Lockstoff für *A. tumefaciens* und aktiviert bestimmte Virulenzgene (*vir*) auf dessen Plasmid.
b

Zellwand

Kernmembran mit Poren

T-DNA

Bakterien-DNA

vir-Gene

T-DNA-Kopie

Diese *vir*-Gene synthetisieren Transportproteine und Kanalproteine sowie Enzyme, die eine Kopie der T-DNA (Transfer-DNA) herstellen.
c

Cytokinin, Auxin, Opine

e
Dadurch wird die Wirtszelle dazu gebracht, vermehrt Cytokinin und Auxin zu produzieren. Das führt zu vermehrter Zellteilung und letztlich zur Bildung eines Tumors. Zellen mit bakterieller T-DNA stellen zudem Opine her. Das sind stickstoffreiche organische Verbindungen, die *A. tumefaciens* als Nahrung dienen.

d
Die T-DNA gelangt durch einen neuen Kanal von der Bakterien- in die Wirtszelle und wird im Zellkern in die Wirts-DNA eingebaut. Wo dies geschieht, ist rein zufällig. Die T-DNA enthält Gene für die Synthese der Wachstumshormone Cytokinin und Auxin sowie von Opinen.

Abb. 12: Natürlicher Gentransfer von *Agrobacterium tumefaciens* in Pflanzenzellen. Dabei wird eine Kopie der T-DNA des Plasmids in das Wirtsgenom eingebaut.

Glossar

[1] **horizontaler Gentransfer (auch lateraler Gentransfer):** Weitergabe genetischen Materials von einem Lebewesen zu einem anderen, die nicht durch Vererbung an Nachkommen erfolgt

Aufgabe

W 1 Schau dir Abb. 12 noch einmal genau an. Diese Grafik stellt modellhaft den Vorgang einer DNA-Übertragung zwischen zwei Organismen dar. Zeige mithilfe deines Wissens von Zellen auf, wo dieses Modell der Realität entspricht und welche Mängel es aufweist (Modellkritik). Erkläre, weshalb die Grafik trotzdem als Modell dienen kann.

Basiskonzepte

Information- und Kommunikation: Acetosyringon (und andere Stoffe, die von verletztem Pflanzengewebe abgegeben werden), dienen als Signalstoffe für *A. tumefaciens*: Das Bakterium wird durch sie angelockt.

Steuerung und Regelung: Der Einbau von bakterieller T-DNA in das Wirtsgenom verändert den Stoffwechsel der Wirtszelle; sie wird praktisch fremdgesteuert.

Restriktionsenzyme als Werkzeuge der Gentechnik

Restriktionsenzyme sind molekulare Scheren und schneiden die DNA an ganz spezifischen Sequenzen

In der grünen Gentechnik nutzt man die Fähigkeit von *A. tumefaciens* zum Gentransfer, um gezielt das Genom einer Pflanze zu ändern. Dabei dient das Plasmid als **„Genfähre" (Vektor)**. Diese ringförmigen DNA-Moleküle kommen in Bakterien und einigen Hefen vor. Setzt man *A. tumefaciens* für die gentechnische Veränderung von Pflanzen ein, müssen zuvor die eingesetzten Plasmide entschärft werden, denn es sollen keine Tumore in den Zielpflanzen entstehen. Daher enthalten diese Plasmide keine Gene mehr für die Synthese von Wachstumshormonen oder Opinen (→Abb. 13).

Bevor ein Gen transferiert werden kann, muss man es zunächst aus dem Genom des Spenders ausschneiden. Das geschieht mit **Restriktionsenzymen**. Restriktionsenzyme funktionieren wie molekulare Scheren. Sie kommen in Bakterien und Archaeen vor. Dort dienen sie der Abwehr von Phagen (→S. 31). Diese Enzyme erkennen und schneiden bestimmte Basenabfolgen in der DNA. Je nach Enzym entstehen dabei glatte oder versetzte Schnitte (→Abb. 14). Benannt werden Restriktionsenzyme nach dem Mikroorganismus, in dem sie entdeckt wurden, zB *SacI* in *Streptomyces achromogenes*. Die römischen Zahlen weisen auf die Reihenfolge der Entdeckung des Enzyms in einem Bakterium hin.

Das **isolierte Gen wird in ein Plasmid eingesetzt**, das zuvor aus Bakterien gewonnen und mit demselben Restriktionsenzym aufgeschnitten wurde.

Das Enzym **Ligase** fügt die Schnittstellen von Plasmid und Fremdgen zusammen (→Abb. 14). Das neue (**rekombinante**) Plasmid wird erneut in *A. tumefaciens* Zellen eingebracht. Das nennt man **Transformation**. Anschließend infiziert das Bakterium die Zielpflanze, wodurch deren Genom verändert wird, was wiederum eine Transformation darstellt.

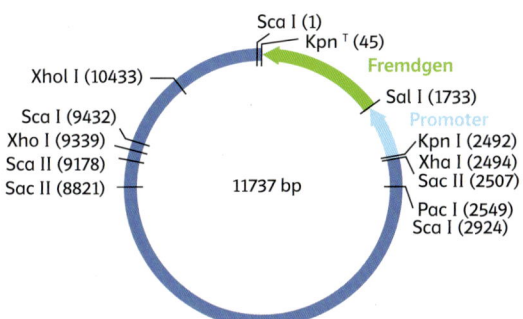

Abb. 13: „Karte" eines Plasmids. Eingezeichnet sind das Fremdgen und ein Promoter zu dessen Aktivierung. Die dreibuchstabigen Abkürzungen bezeichnen die Schnittstellen bestimmter Restriktionsenzyme, die Zahlen in den Klammern deren genaue Position (Entfernung vom Startpunkt des Plasmids in Basenpaaren (bp)). Das gesamte Plasmid ist 11737 bp groß.

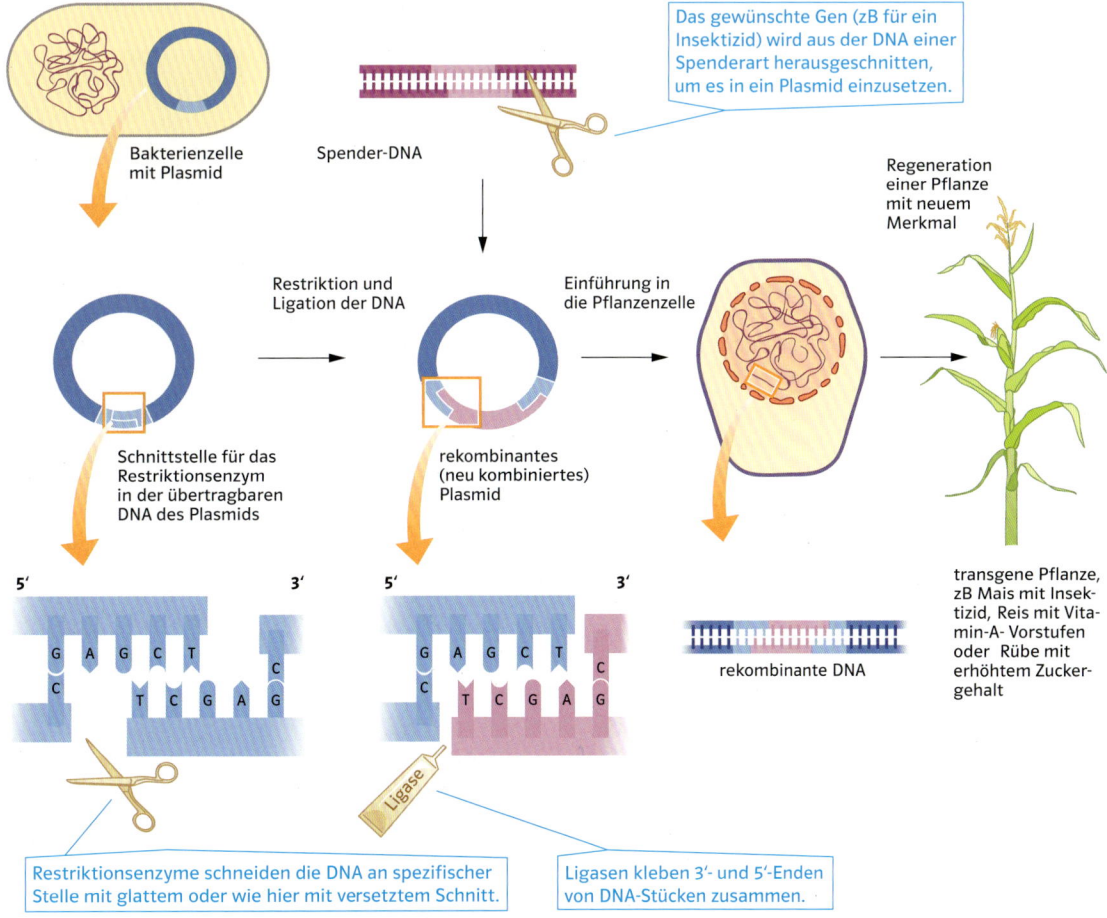

Abb. 14: Ein Gen wird mithilfe eines Vektors (hier: ein Plasmid) auf eine Nutzpflanze übertragen. Diese wird so zum GVO. Unten ist gezeigt, welche Basensequenz das Restriktionsenzym *SacI* schneidet.

Marker- und Reportergene

Markergene erleichtern den Nachweis, dass ein Gentransfer erfolgreich war

Normalerweise verkoppelt man das Gen, das man in einen Zielorganismus übertragen will, mit einem weiteren Gen, einem Marker. Denn erst durch dieses **Markergen** kann man kontrollieren, ob der Gentransfer funktioniert hat. Beispiele dafür sind Gene, deren Produkte eine **Resistenz** gegen ein Antibiotikum oder ein Herbizid bewirken. GVOs können dann auf Nährmedien überleben, die diese Antibiotika oder Herbizide[1] enthalten. Es wird jedoch diskutiert, ob solche Resistenzmarker in der Natur auf andere Organismen, zB Bodenbakterien, übertragen werden könnten. Das hätte ungewollte Resistenzen zur Folge, evtl. sogar bei humanpathogenen Bakterien.

Reportergene zeigen an, ob ein Gen exprimiert wird

Dann gibt es noch **Reportergene**: Hier wird an ein Gen die Gensequenz für ein Reporterprotein angekoppelt. Wird das Gen exprimiert, geschieht dies auch mit dem Reportergen. So weiß man, wann und wo ein bestimmtes Gen aktiv wird.

Zusätzlich kann man das Reportergen derart mit dem interessierenden Gen verknüpfen, dass das Reporterprotein direkt an dessen Genprodukt angehängt wird.

Ein Beispiel für ein solches Reportergen ist das **Grün-Fluoreszierende Protein (GFP)**, das ursprünglich aus einer Qualle isoliert wurde. Unter UV-Anregung kann man GFP-markierte Proteine sogar in lebenden Zellen verfolgen und beobachten, wohin sie transportiert werden. Das spielt eine wichtige Rolle in der Grundlagenforschung, um zelluläre Prozesse besser zu verstehen.

Ist der Gentransfer erfolgreich, hat man ein gentechnisch verändertes Lebewesen erzeugt. Es ist eine **transgene Art** entstanden mit **rekombinanter DNA**: mit neu zusammengesetzten eigenen und fremden Genen.

Gentechnik – die neue „Züchtungsmethode"?

In der grünen Gentechnik setzt man v.a. auf Steigerung der Erträge und erhöhte Widerstandsfähigkeit gegen bestimmte Umweltfaktoren

Gentechnisch veränderte Organismen (GVOs) haben die Züchtung in den letzten Jahren stark verändert. Denn anders als mit konventionellen Methoden (→S. 115) lassen sich dabei Gene nicht verwandter Arten selbst zwischen Eu- und Prokaryoten neu kombinieren. Die Genprodukte, die in diesen Organismen gebildet werden, haben vielfältige Wirkungen: trockenheitsresistenter oder Provitamin A-haltiger Reis; Mais, der von Insekten verschmäht wird, weil er ein Insektengift produziert; Tomaten, die auf salzhaltigen Böden gedeihen können – in der Landwirtschaft wünscht man sich vor allem Merkmale, die die Erträge steigern und die Widerstandsfähigkeit erhöhen (→Abb. 15).

Vor der Freisetzung transgener Arten sind aufwendige Genehmigungsverfahren zu absolvieren. Dennoch sehen viele Verbraucherinnen und Verbraucher diese neuen Entwicklungen skeptisch: Was geschieht, wenn Herbizidresistenzen auf Wildpflanzen übergehen oder wenn sich gv-Pflanzen unkontrolliert in der Natur verbreiten? Wie wirken sich Lebensmittel, die aus transgenen Nutzarten hergestellt wurden, auf unsere Gesundheit aus? Hier ist die Diskussion noch lange nicht abgeschlossen, zumal nicht alle möglichen Auswirkungen bekannt sein dürften. Jedenfalls darf eine gv-Sorte nicht verkauft werden, wenn solche unerwünschten Auswirkungen entdeckt werden.

Abb.15: gv-Mais. Je nach eingebautem Fremdgen ist die neue Pflanze weniger anfällig für Schädlinge, toleranter gegenüber Herbiziden und Trockenheit, länger lagerfähig oder enthält einen höheren Anteil an Amylose (Stärkebestandteil).

Glossar

[1] **Herbizid:** Unkrautvernichtungsmittel; da Wildkräuter schnell wachsen und mit den Erntepflanzen auf einem Feld um Nährstoffe und Wurzelraum konkurrieren, werden sie oft mit Herbiziden abgetötet. Das würde aber auch die Erntepflanzen treffen – wenn sie nicht eine entsprechende Resistenz gegen diese Chemikalien besitzen.

Aufgabe

W 1 Wenn man Plasmide mit geeigneten Restriktionsenzymen schneidet, kann man die entstehenden DNA-Bruchstücke durch Gelelektrophorese sichtbar machen. Wie viele Bruchstücke würden entstehen und wie groß (Anzahl der Basenpaare) wären sie, wenn das in Abb. 13 dargestellte Plasmid mit dem Restriktionsenzym *ScaI* geschnitten würde?

Der Anbau gentechnisch veränderter Pflanzen hat stark zugenommen

Der Anbau von gv-Pflanzen nimmt zu; allerdings vor allem außerhalb Europas

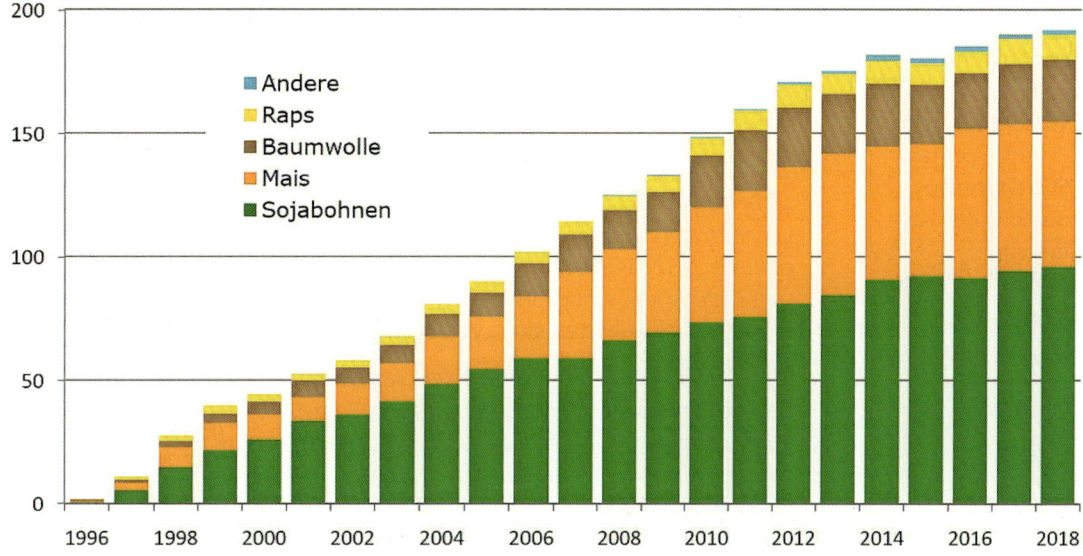

Abb. 16: Anbaufläche von gv-Pflanzen weltweit zwischen 1996 und 2018 in Millionen Hektar.

Variabilität, Verwandtschaft, Geschichte und Evolution

In Österreich lehnten in einer Umfrage im Jahr 2017 mehr als 90% der Befragten GVOs ab. Weltweit nimmt die Anbaufläche jedoch zu, insbesondere für Sojabohnen und Mais (→Abb. 16). Im Jahr 2017 entfielen 77% des Soja- und 32% des Maisanbaus auf gv-Sorten.

Dabei geht es um verschiedenste Eigenschaften, die die Anpassung an lokale Gegebenheiten verbessern sollen (→Abb. 17).

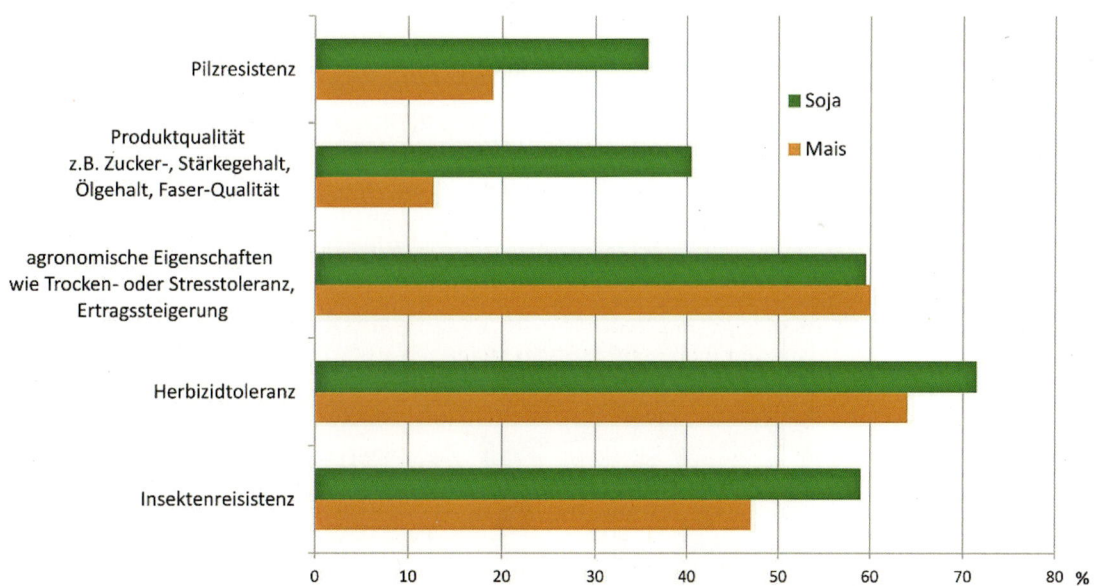

Abb. 17: Anträge für die Freisetzung von gv-Soja und -Mais nach Eigenschaften (weltweit). Angaben in Prozent der Anträge der jeweiligen Kulturart (viele Anträge behandelten gv-Pflanzen mit mehr als einem veränderten Merkmal). Stand: 31.3.2016

Aufgabe

S 1 Auf den Internetseiten von *Global2000 Österreich* und *transgen* findest du Fakten, aber auch sehr konträre Standpunkte zum Thema gv-Pflanzen. Fasse die Standpunkte der beiden Organisationen zusammen und begründe, welcher Haltung du eher zustimmen würdest.

Basiskonzept

Variabilität, Verwandtschaft, Geschichte und Evolution: Durch Gentechnik werden oft Lebewesen erzeugt, die es in der Natur vermutlich nie geben würde. Dafür werden Gene von einer Art auf eine andere Art übertragen. Dabei entstehen Organismen mit neuen Eigenschaften.

Das Gentechnikgesetz regelt den Umgang mit GVOs in Landwirtschaft und Medizin

Fünf Prinzipien bestimmen den Umgang mit GVOs:
- Vorsorgeprinzip
- Zukunftsprinzip
- Stufenprinzip
- demokratisches Prinzip
- ethisches Prinzip

Das österreichische Gentechnik-Gesetz regelt, wie mit gentechnisch veränderten Organismen (GVOs) bzw. deren Erzeugung sowie mit Gentherapien beim Menschen umzugehen ist. Dabei gelten laut § 3 die folgenden Grundsätze:

- „Arbeiten mit GVO, Freisetzungen und In-Verkehr-Bringen von GVO sind nur zulässig, wenn dadurch nach dem Stand von Wissenschaft und Technik keine nachteiligen Folgen für die Sicherheit zu erwarten sind (**Vorsorgeprinzip**).

- Der Forschung auf dem Gebiet der Gentechnik und der Umsetzung ihrer Ergebnisse sind unter Beachtung der Sicherheit keine unangemessenen Beschränkungen aufzuerlegen (**Zukunftsprinzip**).

- Die Freisetzung von GVO darf nur stufenweise erfolgen, indem die Einschließung der GVO stufenweise gelockert und deren Freisetzung nur ausgeweitet werden darf, wenn die Bewertung der vorhergegangenen Stufe ergibt, dass die nachfolgende Stufe mit dem Vorsorgeprinzip vereinbar erscheint (**Stufenprinzip**).

- Die Öffentlichkeit ist nach Maßgabe dieses Bundesgesetzes in die Vollziehung einzubinden, um deren Information und Mitwirkung sicherzustellen (**demokratisches Prinzip**).

- Bei genetischen Analysen und Gentherapien am Menschen ist auf die Wahrung der Menschenwürde Bedacht zu nehmen; der Verantwortung des Menschen für Tier, Pflanze und Ökosystem ist Rechnung zu tragen (**ethisches Prinzip**)."

Allerdings ist es **verboten, in die menschliche Keimbahn einzugreifen**, also Eizellen oder Spermien und ihre Vorläuferzellen zu verändern (§ 64).

Entsprechend „darf eine somatische Gentherapie am Menschen nur nach dem Stand von Wissenschaft und Technik

- zum Zwecke der Therapie oder der Verhütung schwerwiegender Erkrankungen des Menschen oder

- zur Etablierung hierfür geeigneter Verfahren im Rahmen einer klinischen Prüfung (§ 76) und nur dann durchgeführt werden, wenn nach dem Stand von Wissenschaft und Technik ausgeschlossen werden kann, dass dadurch eine Veränderung des Erbmaterials der Keimbahn erfolgt.
Ist nach dem Stand von Wissenschaft und Technik das Risiko einer Veränderung des Erbmaterials der Keimbahn nicht völlig auszuschließen, so darf die somatische Gentherapie nur angewendet werden, wenn dieses Risiko von dem von der Anwendung der somatischen Gentherapie zu erwartenden Vorteil für die Gesundheit dieses Menschen überwogen wird, und nur bei Menschen, die mit Sicherheit keine Nachkommen haben können; Zellen der Keimbahn eines auf diese Weise behandelten Menschen dürfen nicht zur Herstellung von Embryonen außerhalb des Körpers einer Frau verwendet werden."

Das Ausbringen oder Verkaufen von GVOs muss behördlich genehmigt werden (§ 54) und in ein Gentechnikregister eingetragen werden (§ 101 c).

Der Anbau gentechnisch veränderter Pflanzen und der Verkauf von Lebensmitteln, die Produkte gentechnisch veränderter Organismen enthalten, ist somit grundsätzlich möglich. In der Praxis wird zumindest die Zulassung zum Anbau in Österreich sehr restriktiv gehandhabt. Lebensmittel, die aus Teilen gentechnisch veränderter Organismen bestehen, müssen als solche gekennzeichnet werden.

Abb. 18: Genetisch veränderter Mais in Michigan, USA. Während in den USA der Großteil der angebauten Maispflanzen genetisch modifiziert ist, wurden in Österreich bisher keine GVOs zu kommerziellen Zwecken angebaut. Es findet auch kein Anbau zu Forschungszwecken im Freiland statt.

Aufgabe

W 1 Suche im Internet im Rechtsinformationssystem des Bundes nach den oben zitierten Paragraphen. Fasse anschließend diese Richtlinien in eigenen Worten zusammen.

Rote Gentechnik: neue Medikamente und Therapien?

Das Gen für Insulin wird in Plasmide eingesetzt, die von Bakterien aufgenommen werden; so produzieren diese Bakterien menschliches Insulin

Gentechnik wird auch in der Medizin eingesetzt. Das bekannteste Beispiel ist **Insulin**. Früher wurde Insulin **vornehmlich aus der Bauchspeicheldrüse von Schweinen** gewonnen. Doch war es schwierig, auf diesem Wege die erforderlichen Mengen zu erhalten. Außerdem konnte es zu unerwünschten Nebenwirkungen kommen, v. a. Hypoglykämie (Unterzuckerung), lokalen Reaktionen an der Injektionsstelle, Sehstörungen zu Beginn der Therapie und anderen Überempfindlichkeitsreaktionen.

Heutzutage wird **Insulin überwiegend biotechnologisch** mithilfe gentechnisch veränderter Bakterien hergestellt.

Dabei wird das menschliche Insulingen zuerst isoliert und davon mittels **reverser Transkription** cDNA hergestellt (→Abb. 20). Dieser Schritt ist nötig, da bakterielle DNA keine Introns hat. Daher fehlen Bakterien die Enzyme zum Spleißen (→S. 24). Würde das Originalgen eingesetzt, könnten Bakterien nicht das gewünschte Protein herstellen.

Die cDNA baut man anschließend in ein Plasmid ein, das nun wiederum von Bakterien aufgenommen wird. In Fermentern kultiviert produzieren die Bakterien dann in großem Maßstab menschliches Insulin (→Abb. 19).

Abb. 19: Kombination von Bio- und Gentechnik: Einer der ersten Fermenter, in denen Insulin in großem Maßstab aus gentechnisch veränderten Bakterien gewonnen wurde.

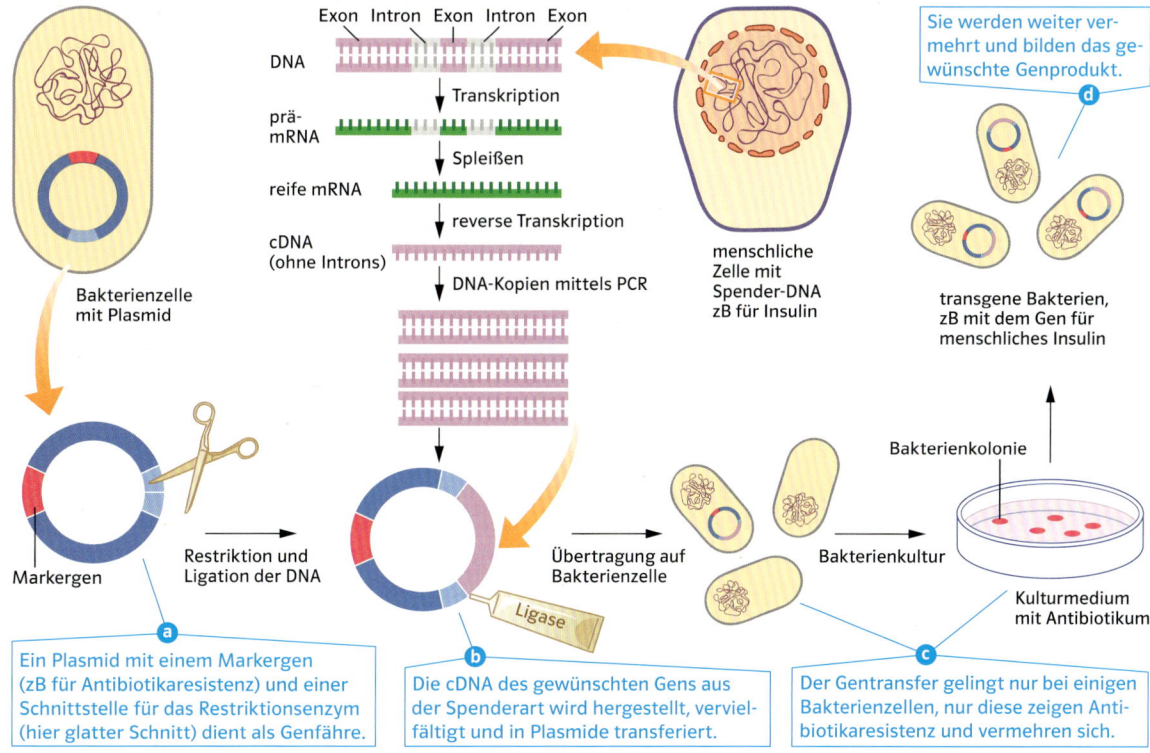

Abb. 20: Transgene Organismen in der Arzneimittelproduktion (hier: Insulin).

Stammzelltherapie und virale Genfähren – Chancen und . . .

Bei der Gentherapie wird ein funktionierendes Gen mittels viraler Vektoren in das Genom eines Menschen eingesetzt

Könnte man die Gentechnik nutzen, um genetisch bedingte Krankheiten zu heilen? Bereits um die Jahrtausendwende herum gab es Therapieansätze für Kinder, die an **X-chromosomaler schwerer kombinierter Immundefizienz (X-SCID)** litten. Sie müssen in einer sterilen Umgebung leben, da ihr Immunsystem nicht funktioniert, und haben eine kurze Lebenserwartung.

Den Kindern wurden **blutzellbildende Stammzellen** entnommen, die man von einem entschärften Virus infizieren ließ. „Entschärft" heißt, dass krankmachende Gene aus dem Erbgut des Virus entfernt wurden.

Die virale Gentherapie nutzt die Fähigkeit von Viren, ihr Erbgut in das Genom der befallenen Wirtszelle einzusetzen.

In diesem Fall ging es um das Gen *IL-2 RG*. Es stellt einen Rezeptorteil her, der für die Bildung von Abwehrzellen entscheidend ist. Erfolgreich transformierte Blutstammzellen gelangten danach per Infusion zurück in den Körper der jungen Patienten und konnten dort die Entwicklung eines normalen Immunsystems in Gang bringen (→Abb. 21).

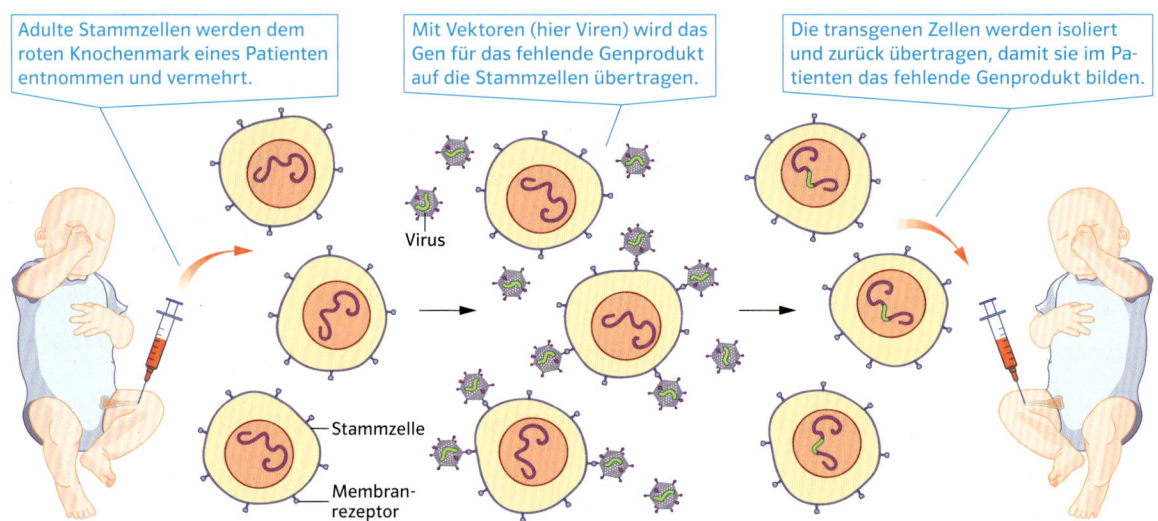

Adulte Stammzellen werden dem roten Knochenmark eines Patienten entnommen und vermehrt.

Mit Vektoren (hier Viren) wird das Gen für das fehlende Genprodukt auf die Stammzellen übertragen.

Die transgenen Zellen werden isoliert und zurück übertragen, damit sie im Patienten das fehlende Genprodukt bilden.

Virus

Stammzelle

Membranrezeptor

Abb. 21: Bei der somatischen Gentherapie werden teilungsfähige Körperzellen entnommen, transformiert und übertragen.

. . . Risiken

Der unkontrollierte Einbau eines Gens mittels Genfähre kann Krebs hervorrufen

Allerdings erkrankten einige der behandelten Kinder an **Leukämie**. Denn bei der viralen Gentherapie kann man nicht kontrollieren, wo ein Gen eingebaut wird. Möglicherweise bewirkte der Einbau von *IL-2 RG* in der Nähe eines Promoters von einem Krebs-fördernden Gen dessen Anschalten.

Neuere Genfähren scheinen dieses Risiko zu mindern. Alternativ werden virale Genfähren verwendet, die das gewünschte Gen nicht in das Wirtsgenom einbauen, sondern es als **Episom** (eigenständiges genetisches Element) im Zellkern hinterlassen. Diese Therapie muss jedoch alle paar Jahre erneuert werden, weil ein Episom als Fremdkörper von der Zelle nicht vermehrt wird.

Dennoch besteht auch hier ein weiteres Risiko: War die Patientin/der Patient bereits zuvor mit einem vergleichbaren Virus in Kontakt genommen, kann es aufgrund der hohen Viruszahl bei der Therapie zu einer potentiell tödlichen Immunreaktion kommen.

Daher wird in der Gentherapie seit einiger Zeit nach Alternativen gesucht, etwa dem Einsatz von **Plasmiden oder Oligonukleotiden** (zB bei zystischer Fibrose oder Diabetes). Im Jahr 2017 analysierte ein US-amerikanisches Forschungsteam dazu über 300 Studien (Hardee et al., 2017. Advances in non-viral DNA vectors for gene therapy. Genes; 8: 65). Diese Alternativen befinden sich noch in der Erprobung, scheinen aber deutlich sicherer und einfacher in ihrer Anwendung zu sein.

Aufgabe

W 1 Liste in Form einer Tabelle auf, was der *Agrobacterium*-vermittelte und der virale Gentransfer gemeinsam haben, und worin sie sich unterscheiden.

6.3 Bioethik

Nachdenken darüber, ob alles, was möglich ist, auch gemacht werden darf/sollte

Die Bioethik behandelt den moralisch akzeptablen Umgang mit Lebewesen

Die Ethik untersucht und bewertet menschliches Handeln aufgrund von Normen und Werten.

Unter **Bioethik** versteht man das **Nachdenken über und Bewerten von Handlungen gegenüber der belebten Umwelt**. Das können andere Menschen, aber auch Tiere, Pflanzen oder die Natur allgemein sein. Medizinische oder biotechnologische Verfahren fallen ebenso darunter. Die Bioethik versucht, die Folgen einer Handlung für andere Lebewesen abzuschätzen und dabei Nutzen und Kosten gegeneinander abzuwägen, um zu bewerten, ob eine Handlung gerechtfertigt ist.

Bioethik betrifft demnach nicht nur neue Techniken und die Abschätzung möglicher Folgen ihres Einsatzes. Sie behandelt jeglichen Umgang mit Lebewesen. Dazu gehört zB die Frage nach

– *Ressourcengerechtigkeit:* Wie viel Fläche/Energie/Nahrung darf ein Mensch verbrauchen, damit die Umweltkapazität nicht überstiegen und der ökologische Fußabdruck nicht zu groß wird?

– *dem Umgang mit nicht-menschlichem Leben:* Ist es gerechtfertigt, Tiere in Ställen zu halten, um aus ihnen Lebensmittel zu produzieren? Dürfen wir überhaupt Tiere töten?

– *der Absolutheit der Würde menschlichen Lebens:* Wie geht eine Gesellschaft mit ungeborenem Leben (Präimplantationsdiagnostik, Pränataldiagnostik, Embryonenschutz, Abtreibung), Behinderungen und Krankheiten sowie Alter um (Kosten medizinischer Behandlung, Umgang von Versicherungsgesellschaften mit genetischen und medizinischen Daten, Sterbehilfe, Lebensrecht)? Wie definieren wir „Menschsein"? Das ist zB beim Umgang mit Embryonen eine kritische Frage.

Die Bewertung einer Handlung kann sich im Lauf der Zeit ändern und in unterschiedlichen Ländern, Kulturen oder gesellschaftlichen Gruppen verschieden sein. Dennoch gibt es Grundwerte, die zumindest weite Teile der Menschheit als universell ansehen. Ein Beispiel dafür ist das Recht auf Leben, das in der Europäischen Grundrechtecharta verankert ist (→Abb. 22).

Würde des Menschen

Artikel 1

Die Würde des Menschen ist unantastbar. Sie ist zu achten und zu schützen.

Artikel 2

Recht auf Leben

(1) Jede Person hat das Recht auf Leben.
(2) Niemand darf zur Todesstrafe verurteilt oder hingerichtet werden.

Artikel 3

Recht auf Unversehrtheit

(1) Jede Person hat das Recht auf körperliche und geistige Unversehrtheit.
(2) Im Rahmen der Medizin und der Biologie muss insbesondere Folgendes beachtet werden:

– die freie Einwilligung der betroffenen Personen nach vorheriger Aufklärung entsprechend den gesetzlich festgelegten Modalitäten,

– das Verbot eugenischer Praktiken, insbesondere derjenigen, welche die Selektion von Personen zum Ziel haben,

– das Verbot, den menschlichen Körper und Teile davon als solche zur Erzielung von Gewinnen zu nutzen

Abb. 22: Auszug aus der Europäischen Grundrechtecharta.

Aufgabe

S 1 Wähle ein Thema aus Gentechnik, Umweltschutz, Medizin oder Wirtschaft, bei dem du dir vorstellen könntest (oder weißt), dass es sehr kontrovers diskutiert wird. Begründe deine Auswahl und gib jeweils ein Argument pro und contra an.

gv-Pflanzen, Herbizidresistenz und Saatgutabhängigkeit

Der Einsatz von gentechnisch veränderten Pflanzen ist umstritten. Einerseits haben diese neuen Sorten unbestreitbare Vorteile. So finden sich auf den Äckern vieler Länder mittlerweile Pflanzen, die auf salzigen Böden wachsen können, die gegen Insekten Gifte produzieren, deren Früchte mehr Öl oder Zucker enthalten (→S. 126, Abb. 15).

Andererseits könnte es zu einer **Auskreuzung** der Fremdgene kommen, besonders dann, wenn um die Äcker mit gv-Pflanzen ähnliche Arten wachsen. Möglicherweise werden auch Markergene wie Antibiotikaresistenzen auf **Wildpflanzen** übertragen.

Zudem sind viele gv-Pflanzen **steril**. Daher muss ein Landwirt oder eine Landwirtin das entsprechende Saatgut immer wieder neu von dem jeweiligen Saatgutkonzern erwerben. Das trifft allerdings auch oft bei konventioneller Hybridzüchtung zu (siehe S. 115).

Derzeit besonders umstrittenen sind **Glyphosat-resistente gv-Pflanzen**: Diese Pflanzen überleben eine Behandlung mit Herbiziden wie „Roundup", die den Wirkstoff Glyphosat enthalten. Dieses Totalherbizid tötet hingegen alle Pflanzen und damit auch Wildkräuter, die im Acker Feldfrüchten wie Mais oder Raps (→Abb. 23) Nährsalze und Platz wegnähmen.

Nun ist der Konzern, der diese resistenten Pflanzen verkauft, zugleich weltgrößter Hersteller für Glyphosat. Damit kann diese Firma zum einen eine in der Anwendung auf dem Acker praktische Kombinationslösung anbieten, zum anderen aber die Preise diktieren.

Abb. 23: Ausbringen von Herbiziden in einem Rapsfeld.

Andererseits werden Herbizide ebenso in der konventionellen Landwirtschaft und im öffentlichen Raum zur Bekämpfung von Wildkräutern eingesetzt.

Zur Zeit gibt es eine intensive Auseinandersetzung zwischen dem Hersteller, verschiedenen Forschungsteams, internationalen Organisationen und eventuell durch Glyphosat geschädigten Personen darum, ob dieses Herbizid Krebs hervorruft. Erste Schadensersatzansprüche in Millionenhöhe sind in den USA von Gerichten bereits bewilligt worden.

Gibt es ein „Recht auf Gene"?

Die US-amerikanische Biotechfirma Myriad Genetics war entscheidend an der Entdeckung des „Brustkrebs"-Gens *BRCA1* beteiligt. 2004 übergab die Firma ihre US-Patentrechte daran an die Universität von Utah. 2008 erhielt diese vom Europäischen Patentamt zusätzlich das Recht an *BRCA1* für Europa. Die Universität Utah konnte damit für jeden *BRCA1*-Test **Lizenzgebühren** fordern – was sie in den USA, nicht aber in Europa getan hat. Folglich kostete ein *BRCA1*-Test in Europa bis zu 1500 Euro, in den USA aber deutlich mehr.

Darf man auf ein Gen ein Patent anmelden? Die Entscheidung ist nicht einfach. Schließlich kostet die Entwicklung von Tests und Medikamenten sehr viel Geld. Im Fall von genetisch verursachten Krankheiten ist zudem die Identifikation der entsprechenden Mutationen oft sehr zeit- und kostenintensiv. Ohne Patentrechte und damit die Möglichkeit, mit darauf basierenden Tests oder Medikamenten Gewinne zu erzielen, würden viele davon vermutlich nicht entwickelt werden.

Dennoch stellt sich die grundsätzliche Frage, ob man ein natürlich vorkommendes Gen oder gar Lebewesen patentieren kann. Diese Überlegung hat sogar volkswirtschaftliche Bedeutung: Mehrere Schwellenländer wie Brasilien haben die Erfahrungen gemacht, dass westliche Pharmakonzerne in ihren Urwäldern nach Pflanzen oder Tieren mit neuen Wirkstoffen forschten, letztlich aber nicht bereit waren, Gewinne von daraus entwickelten Medikamenten mit den Ländern zu teilen, in denen sie diese Wirkstoffe entdeckt hatten.

In den USA hat der Oberste Gerichtshof mittlerweile entschieden, dass menschliche Gensequenzen nicht patentierbar sind. Daraufhin fiel dort der Preis für den *BRCA1*-Test deutlich. Das Europäische Patentamt erteilt nach wie vor Patente auf menschliche Gene, sofern deren „Aktivität in der Patentanmeldung beschrieben wurde und nicht naheliegend ist."

Gentests können „das Menschsein verändern"

Wie gehen wir mit Gentests und entsprechenden Therapieansätzen um?

Im Interview mit der Zeitung „Der Standard" zeigte der amerikanische Krebsforscher Siddhartha Mukherjee auf, wie schwierig es ist, mit dem Wissen um Mutationen in den eigenen Genen und entsprechenden Therapien umzugehen. Er erzählte: „Eine Patientin, Trägerin der BRCA1-Mutation, kam unlängst zu mir. Durch diese Mutation hat sie ein signifikant höheres Brustkrebsrisiko.

Ich kann ihr aber nicht sagen, ob sie, und wenn, in welchem Alter, sie erkranken wird. Sie wollte auch ihre Töchter genetisch testen lassen. Diese Mädchen sind neun und elf Jahre alt, haben also noch nicht einmal eine Brust. Was würde das genetische Wissen um diese Mutation für zwei heute gesunde Mädchen bedeuten? Das, was bei so einem Test herauskommt, sind nur **Wahrscheinlichkeiten**. Das Wissen darum hätte aber trotzdem enorme Auswirkungen."

Personalisierte Medizin?

Wie geht man mit dem Wissen um eigene Gene um, die möglicherweise zum Ausbruch einer Krankheit führen?

Nicht nur in der Krebsforschung träumen viele Wissenschafterinnen und Wissenschafter von einer **„personalisierten Medizin"**. Für jeden Menschen könnte es dann aufgrund seiner ganz spezifischen genetischen Ausstattung eigene Medikamente geben – oder eben Therapien mit Genfähren, Plasmiden usw.

Dabei stellen sich mehrere **Fragen**: Was mache ich mit dem Wissen, Gene zu besitzen, die potentiell oder tatsächlich zu einer Erkrankung führen – v. a. wenn ich ggfs. nichts daran ändern kann? Was ist mit Krankheiten, die von Mutationen in mehr als nur einem Gen verursacht werden?

Wie gehe ich mit der Tatsache um, dass das bloße Vorhandensein solcher Mutationen nicht bedeuten muss, dass eine Krankheit ausbricht – denn das wird evtl. auch von epigenetischen Faktoren, meinem eigenen Verhalten (Rauchen, Ernährung, …) und anderem beeinflusst? Was bedeutet ein solch kostenintensiver Ansatz für unser Gesundheitssystem? Diese Fragen sind nicht leicht zu beantworten, aber **gesellschaftliche Entwicklungen** könnten einen gewissen Druck in eine bestimmte Richtung ausüben. Im folgenden Abschnitt werden wir uns deshalb mit Fragen auseinandersetzen, auf die es nicht immer klare Antworten gibt.

Pränataldiagnostik und Abtreibung – welches Kind darf leben?

Darf man vermutlich behinderte Kinder abtreiben?

Bei einer diagnostizierten Behinderung oder schweren Erkrankung des Fötus entschließen sich viele Paare zu einer Abtreibung. Es gibt Schätzungen, nach denen neun von zehn Frauen in Deutschland ihr Kind abtreiben, wenn bei ihm Trisomie 21 diagnostiziert wurde. Auch wenn es derzeit keine verlässlichen Statistiken dazu gibt, eines ist sicher: Mit zunehmenden Diagnosemöglichkeiten nimmt der Anteil von Babys mit Down-Syndrom ab. Sind Menschen mit Trisomie 21 also weniger lebenswert als andere?

Der österreichische Behindertenrat schrieb im März 2019: Eine „Differenzierung von behinderten und nicht behinderten Ungeborenen zum Nachteil der behinderten Ungeborenen stellt eine klare **Diskriminierung** dar und widerspricht der Antidiskriminierungsklausel in der Bundesverfassung Art. 7, sowie der UN-Konvention über die Rechte von Menschen mit Behinderungen."

Wer sich für eine Abtreibung entscheidet, trifft diese Entscheidung nicht leichtfertig. Jeder Einzelfall ist besonders, weshalb man vorsichtig mit Verurteilung sein sollte, insbesondere, wenn das Kind schwer leiden würde.

Man könnte aber die Frage stellen, ob nicht eine angemessene Unterstützung betroffener Familien, eine in der Gesellschaft deutlich zum Ausdruck gebrachte **Akzeptanz für Menschen mit Behinderungen und schweren Krankheiten** sowie ggfs. die Freigabe zur Adoption so manche Abtreibung verhindern würde.

Wie brisant dieses Thema ist, zeigen Debatten um die so genannte nachgeburtliche Abtreibung („after-birth abortion"), die 2013 von zwei australischen Wissenschaftern vorgeschlagen wurde. Faktisch würde dabei ein Neugeborenes aufgrund einer schweren Erkrankung oder Behinderung getötet. Abtreibung klingt aber für viele angenehmer als Kindstötung.

Aufgaben

W 1 Recherchiere, welche Gentherapien derzeit in Europa zugelassen sind und welche Genmutationen bzw. daraus resultierende Krankheiten damit behandelt werden sollen.

S 2 Recherchiere im Internet zu „after-birth abortion". Wie lauten die Argumente der Befürworterinnen und Befürworter, wie die der Gegnerinnen und Gegner? Als Ausgangspunkt kannst du den frei verfügbaren Artikel „After-birth abortion: why should the baby live?" von Alberto Giubilini und Francesca Minerva im Journal of Medical Ethics (2013) nehmen. Lies auch die Kommentare der Leserinnen und Leser (unter dem Reiter „Responses"). Verfasse einen kurzen Text, in dem du deine Ansichten dazu darlegst.

Pränatal- und Präimplantationsdiagnostik – medizinischer Segen oder Selektion auf gewünschte Eigenschaften?

Bei der PND werden Körper oder Zellen des im Mutterleib befindlichen Kindes untersucht

Bei der PID analysiert man künstlich erzeugte Embryonen

1932 erschien Aldous Huxleys Roman „Schöne neue Welt". Darin beschreibt der Autor ein Staatssystem, in dem Menschen in Gesellschaftsschichten leben, für die sie aus künstlich erzeugten Embryonen gezüchtet wurden – mit all ihren Eigenschaften.

Ganz so weit sind unsere technischen Möglichkeiten nicht. Doch mithilfe von Diagnoseverfahren kann man heute schon feststellen, ob ein Embryo an einem bestimmten Gendefekt leidet, ob ein Kind im Mutterleib einen Herzfehler hat oder einen offenen Rücken, ob es sich um ein Mädchen oder einen Buben handelt.

Bei der **Pränataldiagnostik** (**PND**, prä-natal = „vor der Geburt") wird die Entwicklung von Organen und der Körperbau untersucht. Beispielsweise kann mit einem Ultraschallgerät die **Nackentransparenz** beim Fötus gemessen werden. Sie gibt Hinweise darauf, ob eine Trisomie vorliegen könnte, zB Trisomie 21. Allerdings bedeutet eine höhere Nackentransparenz nicht automatisch, dass ein Down-Syndrom vorliegt. Dafür ist diese nicht-invasive Methode zu ungenau.

Andere anatomisch-morphologische Auffälligkeiten wie Herzfehler oder Wirbelsäulenschäden lassen sich recht exakt feststellen. Dadurch kann eine Operation direkt nach der Geburt oder sogar schon im Mutterleib vorbereitet werden.

Chorionzottenbiopsie und Amniocentese sind invasive Methoden (→Abb. 24). Hier werden embryonale Zellen entnommen und auf genetische Störungen untersucht, was allerdings zu einer Fehlgeburt führen kann.

Pränataldiagnostik hat zwei Seiten: Einerseits werden die Eltern auf mögliche Behinderungen oder Krankheiten vorbereitet und können schon während der Schwangerschaft über Therapien nachdenken. Andererseits können sich Paare unter Druck gesetzt fühlen, ein behindertes oder schwer krankes Kind abzutreiben. Hier kommt es zu einem **ethischen Dilemma**: Was den einen als Vermeidung von Leid oder unnötigem Pflegeaufwand erscheint, bewerten andere als selektive Tötung nicht erwünschten Lebens. Dies kann gesellschaftlich sogar in großem Maßstab erfolgen: Es gibt Länder, wo signifikant weniger Mädchen als Buben zur Welt kommen – eine Selektion nach Geschlecht!

Bei der **Präimplantationsdiagnostik (PID)** wird ein künstlich erzeugter Embryo vor dem Einsetzen in den Uterus genetisch untersucht. Nicht erwünschte oder überzählige Embryonen werden eingefroren oder „entsorgt".

Wird es dazu kommen, dass massenhaft Kinder mit vorher bestellten Merkmalen geboren werden? Dann wären wir von der „Schönen neuen Welt" nicht weit entfernt.

Noch weiß man zu wenig über das Zusammenspiel der Gene bei vielen Merkmalen. Doch wie wird eine Gesellschaft damit umgehen, sollte man Embryonen auf Augenfarbe oder Intelligenz selektieren können? In Österreich ist die PID bisher nur unter ganz bestimmten Voraussetzungen erlaubt. Doch PID und PND haben in vielen Ländern die Haltung zum ungeborenen Leben verändert.

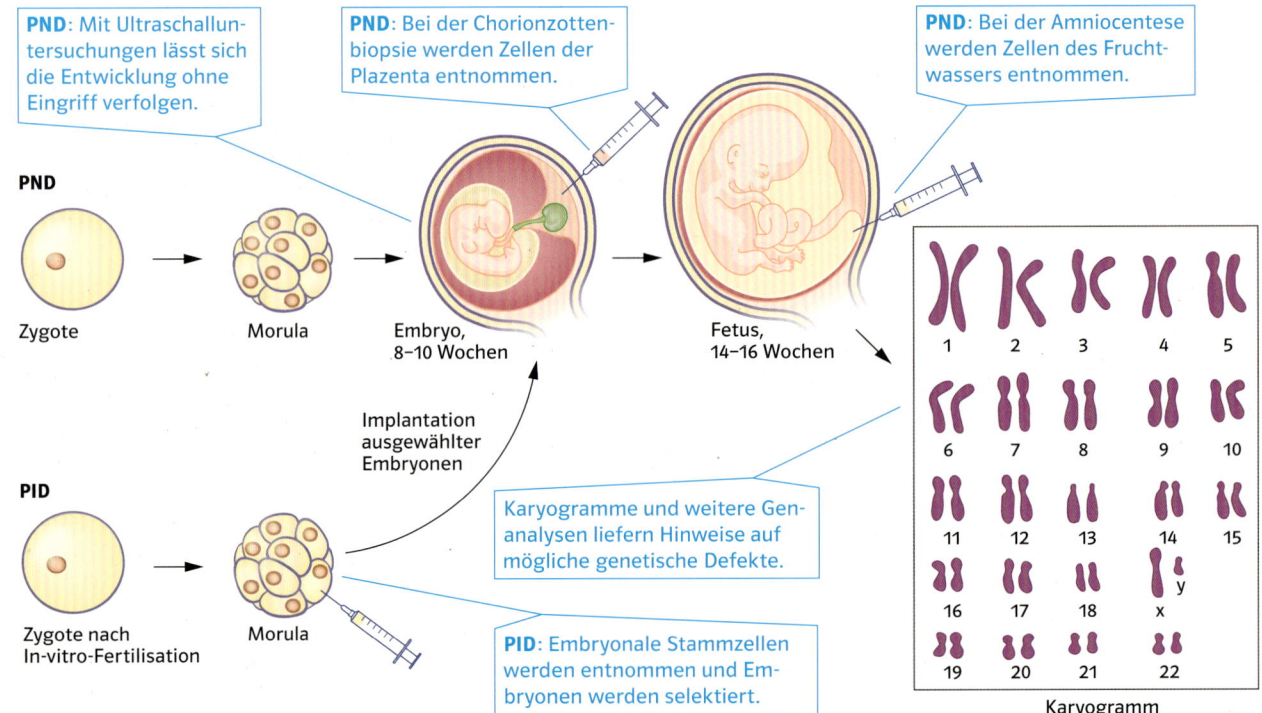

Abb. 24: Pränatal- und Präimplantationsdiagnostik.

Sterbehilfe – Erlösen vom Leid oder gesellschaftlich akzeptierte Tötung?

Sind Behinderungen oder Krankheiten Grund genug, dem Leben ein Ende zu setzen?

Bioethik beschäftigt sich nicht nur mit Gentechnik, obwohl die Gentechnik-Debatte regelmäßig den Weg in die Schlagzeilen findet. Ein ganz anderer Bereich, der seit einigen Jahren immer wieder diskutiert wird, betrifft das **Recht auf Leben**.

Krankheit, Leiden, Sterben, Tod – ständig wird der Mensch damit konfrontiert. Und jedes Mal stellt sich ihm (und seiner Umgebung) die Frage, wie damit umzugehen ist. Im Nationalsozialismus wurden als „unwert" bezeichnete Menschen in so genannten **Euthanasieprogrammen** getötet. Das Erbgut der deutschen Reichsgemeinschaft sollte „verbessert" werden. Nur noch starke und gesunde Diener und Dienerinnen des Führers sollten existieren.

Heutzutage befürchten manche eine Wiederkehr dieses Euthanasiegedankens – versteckt unter dem Deckmantel der Eigenverantwortlichkeit. In vielen Ländern gibt es beispielsweise eine Debatte darüber, ob Menschen, die unheilbar krank sind und unter sehr starken Schmerzen leiden, sich mit Hilfe eines Arztes oder einer Ärztin umbringen dürfen (**assistierter Suizid**).

Eigentlich ist dies Ärztinnen und Ärzten untersagt. Studien, etwa für den US-amerikanischen Bundesstaat Oregon, zeigen zudem, dass eher sehr alte und noch dazu oft depressive Menschen Sterbehilfe in Anspruch nehmen – obwohl laut Gesetz bei psychischen Problemen tödliche Mittel nicht verschrieben werden dürfen. Manche von ihnen wollten offenbar ihren Angehörigen nicht zur Last fallen.

Alternativen bieten die **Palliativmedizin**, die mit individueller Betreuung und Medikamenten das Leiden zu mildern sucht; die **Hospizbewegung**, die das natürliche Sterben in Begleitung ermöglicht; die **bessere Unterstützung** von Menschen mit Behinderungen und Krankheiten sowie ihrer pflegenden Angehörigen (→Abb. 25).

Abb. 25: Eine alte kranke Frau und ihre Betreuerin. Wie viel ist es uns wert, kranken Menschen ein gutes Leben zu ermöglichen?

Ist Assistenz zum Suizid in Österreich erlaubt?

Sterbehilfe wird international unterschiedlich geregelt

Diese Frage ist mit einem klaren Nein zu beantworten. Allerdings bleibt abzuwarten, ob der Gesetzgeber bei dieser Haltung bleibt. Einige Interessensgruppen und Politiker setz(t)en sich für den assistierten Selbstmord ein. Bisher wurden diese Vorstöße abgelehnt, zuletzt im Januar 2019.

In einigen Ländern (zB Belgien und Holland) sowie in manchen Bundesstaaten der USA ist die Assistenz zum Suizid mittlerweile straffrei, teilweise sogar für Jugendliche und Kinder (→Abb. 26). In Deutschland wird immer wieder intensiv darüber diskutiert. Derzeit gilt dort folgende Regelung: Die „Beihilfe zur Selbsttötung" mit Hilfe einer Person, die ein Mittel zum Suizid bereitstellt, ist nicht strafbar, wenn die oder der Betroffene das Mittel selbst und aus freiem Entschluss einnimmt und wenn sich die Beihilfe auf

TODKRANKE KINDER

Belgien erlaubt drei Jugendlichen Sterbehilfe

Abb. 26: Schlagzeile in der Frankfurter Allgemeinen Zeitung am 9.8.2018.

einen Einzelfall beschränkt (weder gewerbsnoch vereinsmäßig, wie zB in der Schweiz). Allerdings dürfen diese Mittel nicht verordnet werden.

Es ist jedoch nicht immer leicht feststellbar, ob die betroffene Person aus freien Stücken handelt. Vielleicht hätte sie sich zu einem anderen Zeitpunkt anders entschieden und eine Schmerzlinderung einer Tötung vorgezogen?

Aufgabe

S 1 Liste Argumente für bzw. gegen Sterbehilfe auf. Du kannst diese in deinem Freundeskreis, bei Verwandten oder im Internet sammeln oder vielleicht auch Lehrer und Lehrerinnen aus Religion, Philosophie oder Wirtschaft befragen. Begründe deine eigene Haltung dazu und diskutiert darüber in der Klasse.

CRISPR/Cas9 – Kandidat für Nobelpreis?

Im November 2017 wurde einem 44-jährigen Patienten in den USA mit Hilfe von künstlichen **Genscheren** an einem bestimmten DNA-Abschnitt in Leberzellen ein funktionsloses Gen gegen ein funktionierendes Gen ausgetauscht. Das Verfahren heißt **Genome Editing** (wörtlich: „Genombearbeitung"), die Krankheit, an der er leidet, Morbus Hunter. Diese Krankheit beruht auf einer Mutation, durch die ein wichtiges Enzym in viel zu geringen Mengen gebildet wird. Dadurch reichern sich im Körper bestimmte Stoffwechselprodukte an, die in höherer Konzentration Nerven und Organe schädigen. Ob das Genome Editing im Fall dieses Patienten von Erfolg gekrönt ist, bleibt abzuwarten.

Ähnlich wie bei Restriktionsenzymen erkennen auch die neueren Genscheren eine bestimmte Basenabfolge. Die derzeit interessanteste Genschere ist das **CRISPR/Cas9-System**[1]. Denn es ist präziser, einfacher und billiger als bisherige Verfahren. Entdeckt wurde es im Erbgut von **Bakterien** bereits 1987. Dort zerstört es eingedrungenes Viren-Erbgut. Dessen DNA-Bruchstücke werden dann in das Bakteriengenom integriert und dienen dort als Erkennungssequenz für den Fall eines nochmaligen Virenangriffs – sozusagen ein **bakterielles Immunsystem**. Denn die aus ihnen transkribierten RNAs dienen CRISPR/Cas9 als Lotsensequenzen: Sie führen die Genschere zu komplementären Erbgutsequenzen in der DNA wiederholt eingedrungener Viren.

Es dauerte 25 Jahre, bis man erkannte, dass CRISPR/Cas9 in allen lebenden Zellen (und damit nicht in Viren) funktioniert. Das war vor allem das Verdienst der Arbeitsgruppen um die französische Mikrobiologin **Emmanuelle Charpentier** (die mit den wegweisenden Arbeiten dazu an den Max Perutz Laboren der Universität Wien begann) und der amerikanischen Struk-

turbiologin **Jennifer Doudna** (→Abb. 27), aber auch des amerikanischen Neurologen **Feng Zhang**.

Abb. 27: Jennifer Doudna und Emmanuelle Charpentier

Indem man CRISPR/Cas9 künstlich mit einer bestimmten **RNA-Lotsensequenz** versieht, kann man zielgerichtet diejenige DNA-Sequenz schneiden und verändern, an die die jeweilige RNA-Lotsensequenz bindet. So lassen sich im Erbgut **einzelne DNA-Basen oder kurze DNA-Abschnitte einfügen bzw. herausschneiden**. Fügt man neue DNA-Abschnitte als Vorlage hinzu, kann durch **homologe Rekombination** auch eine **längere DNA-Sequenz eingefügt bzw. ein DNA-Abschnitt ausgetauscht werden**. Voraussetzung ist immer das Erzeugen eines **Doppelstrangbruchs** (→Abb. 28).

Viele Forschungsgruppen weltweit versuchen, CRISPR/Cas9 künstlich zu verbessern und für verschiedene Verfahren tauglich zu machen. Erste CRISPR/Cas9-veränderte Pflanzen werden bereits im Freiland getestet. Auch für den Einsatz beim Menschen gibt es erste Studien. Es ist derzeit stark umstritten, ob CRISPR/Cas9 als Gentechnik einzustufen ist, sofern nur vorhandene Gene ausgeschaltet werden, zB durch punktuelle Deletionen einzelner Basen. Das Verfahren hat so großes Potential, dass es nach Meinung vieler nur eine Frage der Zeit ist, bis dafür der Nobelpreis verliehen werden wird.

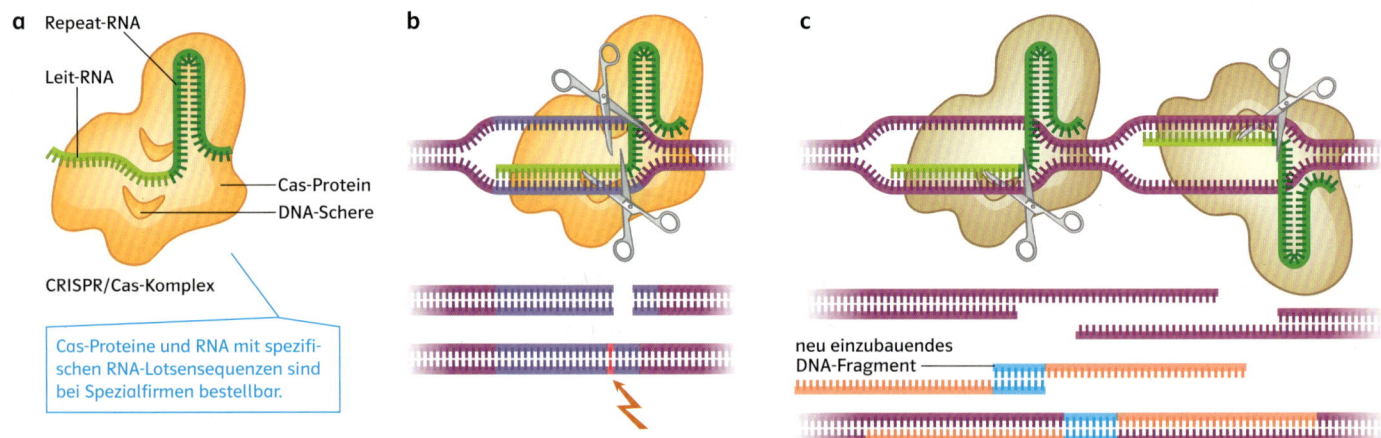

a Repeat-RNA
Leit-RNA
Cas-Protein
DNA-Schere
CRISPR/Cas-Komplex

Cas-Proteine und RNA mit spezifischen RNA-Lotsensequenzen sind bei Spezialfirmen bestellbar.

b

c neu einzubauendes DNA-Fragment

Abb. 28: CRISPR/Cas9. a) Aufbau eines CRISPR/Cas-Komplexes, **b)** Die RNA-Lotsensequenz findet die komplementäre Stelle in der Ziel DNA und Cas erzeugt einen Doppelstrangbruch – das Gen ist deaktiviert, **c)** Veränderte Cas-Proteine erzeugen Einzelstrangbrüche, wonach der zerschnittenen Ziel-DNA ein Fragment hinzugefügt werden kann – so kann zB eine Mutation repariert werden.

Glossar
[1] **CRISPR/Cas:** **C**lustered **R**egularly **I**nterspaced **S**hort **P**alindromic **R**epeats = gruppierte kurze palindromische (spiegelverkehrt komplementäre) Wiederholungen von bestimmten DNA-Sequenzen, die 23 bis 47 bp lang sind, während die zwischen ihnen liegenden Spacer 21 bis 72 bp umfassen; Cas9 ist ein mit CRISPR assoziiertes (**CRISPR-a**ssociated) Enzym, dass an bestimmte RNA-Sequenzen bindet (die RNA-Lotsensequenz) und DNA schneidet.

Aufgaben
W 1 Beschreibe mit eigenen Worten die Funktionsweise von CRISPR/Cas9. Du kannst dafür Videos aus dem Internet zu Hilfe nehmen.

W 2 Sind Organismen, die mit Hilfe von CRISPR/Cas9 entstanden sind, gentechnisch verändert? Diese Frage beschäftigte 2018 sogar den Europäischen Gerichtshof. Recherchiere im Internet verschiedene Ansichten dazu.

CRISPR/Cas9: Anwendung in Embryonen

Genomeditierung gegen Unfruchtbarkeit?

Manche Paare können auf natürlichem Wege keine Kinder bekommen. Einige entscheiden sich dann für die *In-Vitro-Fertilisation* (IVF; siehe Band 6). Doch selbst diese Methode funktioniert nicht immer.

Eine Forschungsgruppe um Kathy Niakan vom britischen Francis Crick Institut hatte den Verdacht, dass dies an einem **ganz bestimmten Gen liegen könnte:** *OCT4*[1]. Dieses Gen wird in den ersten Tagen der Embryonalentwicklung angeschaltet. Niakan und ihre Gruppe fanden heraus, dass sich nur in Anwesenheit des *OCT4*-Proteins ungefähr sieben Tagen nach der Befruchtung aus der Morula eine **Blastozyste** bildet (siehe auch Band 6). Dabei handelt es sich um ein kugelförmiges, flüssigkeitsgefülltes Gebilde, in dem sich die Embryo-Zellen an einem Pol befinden (→Abb. 29).

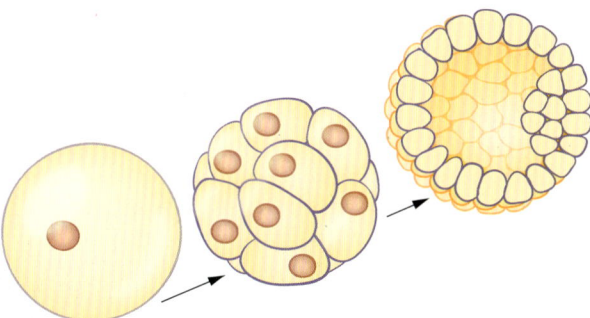

Abb. 29: In Embryonen mit funktionierendem *OCT4*-Gen bildet sich eine reguläre Blastozyste mit ca. 200 Zellen.

Methodik

Für ihre Forschung hatte die Arbeitsgruppe 41 Embryonen genutzt, die bei IVF-Behandlungen übriggeblieben waren und deren Eltern sie der Forschung zur Verfügung gestellt hatten. Die Wissenschafterinnen und Wissenschafter schalteten *OCT4* bei einem Teil von ihnen mit Hilfe der **CRISPR/Cas9-Methode** aus (→S. 136). „Nach sieben Tagen wurde die Embryonalentwicklung gestoppt und die Embryonen analysiert" (Zitat aus der Pressemeldung des Francis-Crick-Instituts vom 20.9.2017). Es zeigte sich, dass keine lebensfähigen Blastozysten gebildet werden, wenn *OCT4* verändert ist.

Therapiemöglichkeiten

Diese Ergebnisse könnten erklären, warum manche Paare nicht schwanger werden. Möglicherweise könnte aufgrund dieser Erkenntnis eine **Gentherapie** entwickelt werden, mit deren Hilfe das mutierte Gen in Eizelle oder Spermium oder im Embryo gegen eine funktionierende Variante ausgetauscht wird.

Nach Ansicht der beteiligten Forscherinnen und Forscher sind die Ergebnisse zudem für die **Stammzellforschung** von Bedeutung, da man nun ein Gen identifiziert habe, dass für die frühe Zellorganisation entscheidend sei.

Bioethische Kritik

Bioethisch ist diese Forschung in mehrfacher Hinsicht diskussionswürdig:

- Es werden Embryonen getötet.

- Es werden Embryonen genetisch verändert, also – je nach Ansicht – Menschen, die nicht selbst darüber befinden können, ob sie diesen Eingriff wollen.

- Sollte es zu Gentherapieversuchen an Eizellen oder Spermien kommen, würde direkt in die Keimbahn eingegriffen, also Geschlechtszellen verändert. Das hieße, dass eine Genveränderung vererbt werden würde – was sogar von vielen Wissenschafterinnen und Wissenschaftern abgelehnt wird.

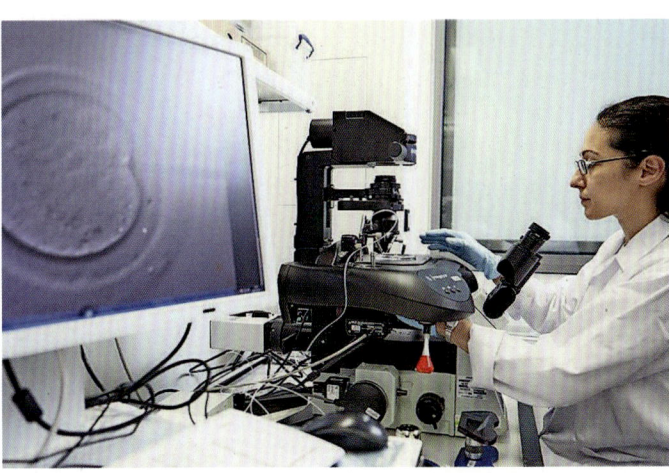

Abb. 30: Kathy Niakan erforscht am Francis-Crick-Institut in London die genetische Steuerung des Zellwachstums während der frühen embryonalen Entwicklung.

Literatur

Fogarty, N.M.E.; Carthy, A.; Snijders, K.E; et. al.: Genome editing reveals a role for OCT4 in human embryogenesis. In: Nature. 2017, H. 550, S. 67–73.

Glossar

[1] *OCT4*: Gen auf Chromosom 6 (beim Menschen), steht für „Oktamer-bindender Transkriptionsfaktor": Ein Transkriptionsfaktor ist ein Protein, das die Transkription eines Gens in Gang setzt oder verhindert; Oktamer bedeutet achtteilig. In diesem Fall bindet das *OCT4*-Protein an die Basensequenz ATGCAAAT in Promoterregionen des Genoms und aktiviert dadurch die Transkription der Gene, die an diese Basenabfolge anschließen.

Aufgaben

W 1 Welche Inhalte aus den Themenseiten stecken hinter diesem Experiment?

S 2 Nimm Stellung zu dem Absatz „Bioethische Kritik" und begründe deine Haltung.

S 3 Sprache kann viel über eine Haltung aussagen. Analysiere diesbezüglich das Zitat im obigen Text: Was bedeuten „gestoppt" und „analysiert" für den Embryo? Welches Embryonenbild steckt hinter dieser Aussage?

S 4 Suche im Internet nach (möglichen) Anwendungen für CRISPR/Cas. Stelle Vor- und Nachteile dieser Anwendungen in biologischen, sozialen und ethischen Aspekten gegenüber. Diskutiert in Gruppen, inwieweit diese Anwendungen eurer Meinung nach zum Einsatz zugelassen werden sollten.

Kompetenz-Check: Bio- und Gentechnik

Was hast du in diesem Kapitel gelernt?

Lösungen
🌐 48q8k6

✓ Du hast wichtige Methoden der klassischen Züchtung und der Gentechnik kennengelernt.

✓ Du kannst zwischen „grüner" und „roter" Gentechnik unterscheiden.

✓ Du weißt, wie ausgewählte gentechnische Methoden funktionieren.

✓ Du kannst Begriffe wie „Restriktionsenzym", „transgen", „Reportergen", „Marker", „DNA-Chip" und „somatische Gentherapie" erklären.

✓ Du bist in der Lage, zu ausgewählten bioethischen Themen aufgrund fundierter Argumente eine eigene Meinung zu entwickeln und deine Haltung zu begründen.

Du kannst dir Fachwissen aneignen und kommunizieren

W 1 Suche dir vier fachwissenschaftliche Begriffe aus dem Bereich der Gentechnik heraus, die dir in diesem Kapitel begegnet sind und die für dich neu waren. Schreibe zu jedem von ihnen eine Definition und veranschauliche deinen Text mit einer Zeichnung.

W 2 Auf den Internetseiten des „DNA Learning Centers" findest du Animationen zu PCR, Elektrophorese und Sequenzierung. Bildet „Expertengruppen" zu je einer dieser Methoden. Schaut euch in eurer Gruppe das entsprechende Video an. Nutzt diese Informationen und die passenden Textseiten dieses Kapitels, um den anderen Gruppen eure Methode zu erklären.

W 3 Zeichne ein Comic, indem du den Gentransfer mittels *Agrobacterium* darstellst. (Abb. 31 zeigt ein Beispiel für die Interaktion zwischen Bakterium und Phage.)

Abb. 31: Comic zur Infektion eines Bakteriums durch einen Phagen.

Du kannst Erkenntnisse gewinnen

E 1 Begründe, warum die Anzahl der Allele und der verwendeten Mikrosatelliten darüber entscheidet, wie „treffsicher" eine Identifizierung mittels genetischen Fingerabdrucks ist. Nutze dazu u.a. die von dir aufgestellte mathematische Formel von Aufgabe 1 auf Seite 119.

E 2 In Abb. 32 sind die Schnittstellen verschiedener Restriktionsenzyme auf einem Plasmid dargestellt. Überlege und begründe, warum es sinnvoll sein kann, mit zwei Enzymen zu schneiden. (Hinweis: Bei Genfragmenten ist es wichtig, dass sie in einer bestimmten Richtung eingebaut werden. Sonst können sie keine Proteine bilden.)

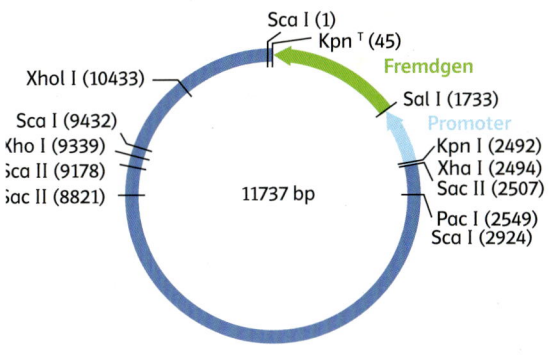

Abb. 32: Plasmid

E 3 Zusatzaufgabe für Fortgeschrittene: Recherchiere die Sequenz eines Gens, zB auf den Internetseiten des US-amerikanischen National Center for Biotechnology Information (→„DNA & RNA" →„Quicklinks: Genbank" →oben neben „Nucleotide" Art oder ein bestimmtes Gen eingeben →in der Ergebnisliste die DNA-Sequenz als „FASTA" (bestimmtes Format) kopieren). Kopiere die Sequenz in das entsprechende Fenster im frei verfügbaren Programm „Webcutter" (Alternative: WatCut der University of Waterloo). Du kannst verschiedene Optionen wählen, aber letztlich wird angezeigt, wo welche Restriktionsenzyme schneiden (→Abb. 33).

```
        HpaI
        Tru9I        AluI        BstDEI
        TruI        Cac8I  MwoI    MnlI      MnlI          MnlI
   tgtgtgtatgaagttaacttcaaagcaagcttcctgtgctgaggggggtgggaggtaagggtgtgatgaggcaggg base pairs
   acacacatacttcaattgaagtttcgttcgaaggacacgactcccccaccctccattcccacactactccgtccc 1 to 75
        MseI            HindIII  DdeI
        HindII          CviJI
        HincII
```

Abb. 33: Schnittstellen von Restriktionsenzymen im ersten Teil des menschlichen BRCA1-Gens (Webcutter 2.0).

Du kannst Standpunkte begründen und reflektiert handeln

S 1 Du hast in diesem Kapitel einiges über gentechnisch veränderte Organismen (GVOs) erfahren. Wie stehst du zum Einsatz von GVOs in der Landwirtschaft und in der Medizin? Begründe deine Haltung.

S 2 Denke noch einmal über eure Diskussionen in der Klasse oder Familie zu bestimmten bioethischen Themen nach. Konnte immer Einigkeit erzielt werden? Falls nicht, was könnte dies für Politikerinnen und Politiker bedeuten, die eine Entscheidung zu einem umstrittenen Thema treffen müssen (zB Leihmutterschaft, Sterbehilfe, Abtreibung)?

S 3 Analysiere einen Monat lang eine Tageszeitung. Werden bioethische Themen darin angesprochen? Wenn ja, welche fachwissenschaftlichen Hintergrundinformationen werden vorgestellt? Welche Standpunkte werden dort vertreten? Teilst du diese Ansichten? Begründe deine Meinung.

S 4 Neben „grüner", „roter" und „weißer" Gentechnik werden zuweilen weitere Farben für bestimmte Einsatzgebiete dieser Methode verwendet. Unter „grauer" Gentechnik werden Prozesse in der Abfallbehandlung, des Nachweises von Schadstoffen und deren Beseitigung verstanden. Recherchiere ein Beispiel dafür und liste Argumente für und gegen den Einsatz solcher GVOs auf. Hier ein Beispiel für Plastik-abbauende GVOs: *„könnte eine Möglichkeit sein, des Plastikmüllproblems Herr zu werden"* (PRO), *„nicht absehbar, wie solche Organismen die Umwelt beeinflussen würden, wenn sie aus Kläranlagen entkämen, weil …"* (KONTRA). Begründe am Ende kurz, ob du für oder gegen den Einsatz solcher GVOs bist. Falls du dich nicht entscheiden kannst, begründe auch dies.

Semestercheck (8. Semester)

Das hast du in diesem Semester gelernt

Hast du einen Überblick über die Inhalte des vergangenen Semesters? Teste dich selbst!

Entwicklungsgeschichte des Menschen → *Evolution des Menschen, S. 82–95*	Stammbaum der Primaten • Stammbaum der Hominiden • Greiffuß • aufrechter Gang • Lucy • Paranthropus • Australopithecus • Homo • Entwicklung des Gehirns • Ausbreitung des Menschen • molekulare Uhr • Kulturelle Evolution	→ *Kompetenz-Check, S. 96*
Evolution als Basis für die Vielfalt der Organismen und für den Wandel von Ökosystemen, Organen und zellulären Strukturen → *Die Entstehung der Artenvielfalt, S. 98–111*	Binäre Nomenklatur • morphologischer Artbegriff • Biospezies • Phylogramm • Reproduktionsbarriere • Gradualismus • geografische Isolation • sympatrisch – parapatrisch • sexuelle Selektion • adaptive Radiation • Selektionsdruck • Koevolution • Trade-off • Hardy-Weinberg-Regel	→ *Kompetenz-Check, S. 112*
Biotechnologische Verfahren, deren Anwendung und mögliche Auswirkungen → *Bio- und Gentechnik, S. 114–130*	Auslese-, Kreuzungs- und Hybridzüchtung • GVOs • Rote und grüne Gentechnik • genetischer Fingerabdruck • PCR • Sequenzierung • Genkartierung • Mikrosatelliten • DNA-Chips • Horizontaler Gentransfer • Plasmide • Restriktionsenzyme • Marker- und Reportergene • CRISP/Cas9 • Insulinherstellung • Stammzelltherapie	→ *Kompetenz-Check, S. 138*
Wissenschafts- und Bioethik → *Bio- und Gentechnik, S. 131–137*	Bioethik • GVOs in der Landwirtschaft • Herbizidresistenz • PID • PND • Embryonenschutz • Euthanasie	→ *Kompetenz-Check, S. 138*

Diesen Basiskonzepten bist du begegnet

Im Laufe des Semesters bist du den Basiskonzepten der Biologie an vielen Stellen begegnet. In folgender Tabelle ist als Beispiel bereits eine Stelle aus diesem Buch angegeben. Vervollständige die Tabelle und ergänze sie auch mit passenden Beispielen, die im Schulbuch nicht gekennzeichnet sind.

Seite	Thema / Kapitel	Erklärung des Basiskonzeptes
Kompartimentierung		
105	Artenvielfalt	Arten bilden Kompartimente, die sich verändern und miteinander konkurrieren können.
Steuerung und Regelung		
Struktur und Funktion		
Reproduktion		
Stoff- und Energieumwandlung		
Information und Kommunikation		
Variabilität, Verwandtschaft, Geschichte und Evolution		

Register